W0088565

Gisela Schoeller
**ISIS**

Gisela Schoeller

# ISIS

## Auf der Suche nach dem göttlichen Geheimnis

Kösel

ISBN 3-466-34259-7


Druck und Bindung: Kösel, Kempten.
Umschlag: Elisabeth Petersen, Glonn. (Isis-Gestalt aus dem Grab der ägyptischen Königin Nefertari, Gemahlin Ramses II [1290-1224 v. Chr.]; Tal der Königinnen)
S. 2: Bronze, 6. – 8. Jh. v. Chr.,
Wien: Ägyptisch-Orientalische Sammlung

1 2 3 4 5 6 · 96 95 94 93 92 91

# *Inhalt*

# *Hinführung*

Um mythische Bilder wieder zum Leben zu erwecken, hat man nicht interessante Anwendungsmöglichkeiten auf moderne Angelegenheiten zu suchen, sondern erleuchtende Hinweise aus der inspirierten Vergangenheit.

*Campbell*

Um mich von »inspirierter Vergangenheit erleuchten« zu lassen, fuhr ich nach Ägypten. Ich wollte den Spuren des Osiris-Mythos, der mich mehr als alles anderen Mythen betroffen gemacht hatte, im Lande selbst nachgehen. Dieser Mythos ist nur in der kleinasiatisch-hellenistisch überfremdeten Fassung des Griechen Plutarch bekannt geworden, die mich sehr unbefriedigt gelassen hatte. An ihr scheiterte meine Suche nach genuin ägyptischem Geist. Plutarch hat zweifellos ein großes Verdienst, da er den Mythos aus alten ägyptischen Texten erstmals zu einer fortlaufenden Erzählung zusammenstellte. Doch er schuf sein Werk als *griechischer* Geschichtsphilosoph und nicht als ein betroffener Glaubender. Ich bin heute davon überzeugt, daß ich dieses Buch ohne meine Begegnung mit dem alten Ägypten nicht hätte schreiben können.

Bei der Suche nach ursprünglichen *ägyptischen* Texten war mir zunächst das Buch »Ägypten« des Heidelberger Ägyptologen Jan Assmann wegweisend. Seine fünf »Ikone« bilden die Grundlage für meine fünf Mythologeme und lieferten mir eine Reihe von Texten. Ein roter Faden war gefunden. Es folgte eine Zeit der Vertiefung in ägyptologische Literatur, um Religion und Geschichte der alten Ägypter genauer kennenzulernen. Denn eine eigentlich »Ägyptische Mythologie« gibt es nicht, ich mußte mich selbst auf den Weg machen, entlang der neueren ägyptologischen Forschung.

Die tiefenpsychologische Deutung konnte erst einsetzen, als mir die alten Texte und Bilder so vertraut wurden, daß ich mich gleichsam bei ihnen »zuhause fühlte« und nicht einfach von außen schaute. So hoffe ich, daß es mir gelungen ist, einen altägyptischen Mythos zum Leben zu erwecken, nachdem er zuvor mich selbst erweckt hat.

Das Land selbst und die noch immer wirkende numinose Kraft der alten Tempelreliefs und insbesondere der Grabmalereien gespürt zu haben, erfüllt erst die Texte, die ich bearbeitete, mit Leben. Da die Bilder der gleichen Imaginationskraft der Seele entstammen wie unsere Träume, sprechen sie so unmittelbar an. Mythische Symbole sind zwar immer in einer bestimmten Kultur verwurzelt, aber das ursprüngliche Potential jedes echten Mythos ist grenzüberschreitend. Der Mythos jeder Gemeinschaft wirkt zugleich als Träger anderer möglicher Welten. Wenn aber nur das äußere Gewand der Mythen zeitbedingt, ihre Wahrheit jedoch zeitlos ist, müssen sie auch uns noch etwas zu sagen haben.

Um ihre Botschaft zu vernehmen, müssen wir in diese zeitlose Wahrheit hineinlauschen und *die* Botschaft, die *uns* dabei betroffen macht, neu mit Leben füllen.

Während unsere wissenschaftlich-technische Welt einseitig das Denken anspricht und die Seele leer läßt, »schafft der Mythos eine Verbindung zu dem Geheimen, das man selbst ist«.[1] Dieses »Geheime« meint jene göttliche Dimension in der Seele jedes Menschen, die jenseits seiner Verfügungsgewalt liegt und die sich nur dem inneren Auge der Intuition und der seelischen Erfahrung erschließt.

Mythen waren von jeher ein Weg, der zu dieser Dimension, dem »gesunden Boden« der Seele, hinführte. Wurde ein Mythos im Ritual oder auch durch Erzählen wiederholt, so erneuerte sich zugleich die von ihm ausgehende Heilswirkung. Er eröffnete den Teilnehmern den Raum der Urzeit, in den sie hinüberwechseln konnten, um von dorther eine ganzheitlichere Sicht und – durch Wiederanschluß an den Ursprung – neue schöpferische Kraft zu gewinnen.

Da archetypische Kräfte der Seele – und als solche müssen wir die Götter betrachten – nicht sterben können, wirken sie auch dann in uns, wenn wir sie für »tot« erklären. Denn psychische Energie, deren Strom sie regulieren, geht nicht verloren; sie bleibt höchstens ungenutzt oder wird verdrängt. So erlischt auch die Kraft der Mythen nicht, und es ist möglich, sie in einen neuen Lebenszusammenhang hineinzustellen. Lassen wir uns von ihnen anrühren, können sie unseren eigenen Lebensmythos wecken, dessen individuelle Wahrheit durch sie gespiegelt wird. Es sind also die Götter, die uns gleichsam die Augen für uns selbst öffnen. Diese Möglichkeit ist zum Beispiel in einer Mythengruppe gegeben, wo die Teilnehmer sich bewußt in die alten Mythen hineinbegeben, um sie neu zum Sprechen zu bringen, um von den inneren »Göttern« Antwort auf Fragen eigener Konfliktbewältigung zu erhalten, während sie in die Rollen der mythischen Götter eintreten. Sich vorurteilslos einer vorgegebenen, überpersönlichen Rolle aussetzen kann nur, wer bereit ist, etablierte Standpunkte beiseitezulassen. In der dadurch ermöglichten Konfrontation mit den eigenen Verstellungen bahnt sich eine innere Reinigung an, bei der die Götter an uns arbeiten dürfen. Erst wenn sie geschehen darf, kann sich das Zeitlose des Mythos in neuen Handlungsformen ereignen. Im allgemeinen erfolgt zunächst ein inneres Ge- und Be-troffen-Sein durch unterschiedliche Motive und Gestalten, je nach der Lebenssituation, in der der einzelne gerade steht. Sehr beeindruckend war zum Beispiel, wie eine Frau, die ihre Rolle in der Stille nach einem Spiel auf sich wirken ließ, plötzlich rief: »Daß es diese unsterbliche Ka-Kraft gibt, ist wie eine Erleichterung für mich! Das bedeutet ja: ich muß gar nicht meinen, alles alleine *machen* zu müssen!« – Diese Frau strahlte wie erlöst. Denn obwohl sie sehr lebensfroh sein kann, fällt sie andererseits auch immer wieder in eine depressive Hoffnungslosigkeit angesichts einer ihr ausweglos erscheinenden Ehe- und Familiensituation. Sie mußte erst den Umweg über den Mythos nehmen, um für sich zu erfahren, daß sie auf die Wirksamkeit einer Kraft vertrauen darf, die sie im Grunde ihres Wesens selbst ist. Und sie ist wohl nicht die einzige, die einen solchen Umweg braucht. Immer wieder kann ich in Mythengruppen dieses innere Gemeint-Sein erleben – ein Getroffen-Sein von der »inspirierten Vergangenheit«. Entscheidend ist dann, ob der Mensch seine innere Schau in das Bild, das er von seiner äußeren Situation hat, aufnimmt, um sie in den Alltag zu integrieren. Andernfalls ist nichts geschehen, und alles bleibt, wie es war.

»Ägypten, einziges Land, das Kraft seiner Religion die Götter auf die Erde herabgeholt hat, Vorbild für Heiligkeit und Frömmigkeit« – so heißt es im Corpus Hermeticum bei Asklepios.[2] Seit einigen Jahren ist es modern geworden, als Tourist nach Ägypten zu fahren. In der berühmten Pyramide von Gizeh »muß man gewesen sein«, dafür nimmt man in Kauf, daß zu viele Menschen gleichzeitig in die innen sehr enge Pyramide hineingelassen werden oder man vor dem weltbekannten Grab von Tutenchamun lange auf Einlaß wartet. – Ich vermag nicht zu beurteilen, ob allein die Tatsache, daß Ägypten »in« ist, dem Land eine kaum verkraftbare Zahl von Touristen beschert. Für die sehr hohe Besucherzahl ägyptischer Ausstellungen in Europa, deren es in den letzten zehn Jahren eine ganze Anzahl gab, dürfte dies jedenfalls nicht der Hauptgrund sein. Es ist wohl auch diese alte, Jahrtausende überdauernde Kultur selbst, die viele Menschen anspricht. Könnte es sein, daß gerade dieses Dauerhafte in einer so schnellebigen Zeit, in der sich alles im Handumdrehen verändert, den Menschen das beruhigende Gefühl von Ewigkeit vermittelt? Möchte unsere Seele – ganz im Kontrast zu unserem vorwärtsdrängenden Intellekt – nicht lieber innehalten, einfach *da* sein, wie die alten Statuen und Tempel, und schauen? Oder ist es vielleicht auch die Tatsache, daß uns in den monumentalen Bauwerken einer vergangenen Zeit nicht nur die *Größe* des Menschen entgegentritt, sondern wir in der gleichen Kultur ebenso schonungslos mit seiner *Sterblichkeit* konfrontiert werden? Den alten Grabmalereien verleiht die noch fehlende Perspektive einen besonders wirkungsvollen Ausdruck. Sprechen etwa die mythisch- ganzheitlichen Bilder auch dort, wo der Mensch sich dessen nicht bewußt wird, die Sehnsucht seiner Seele nach Wiedervereinigung der gespaltenen Bereiche an?

Ägyptische Mythen blieben bislang – im Unterschied zu griechischen oder auch indischen – ein Stiefkind, obwohl sie erheblich in die jüdisch-christlichen Bibeltexte hineinwirken. Gerade da aber liegt auch einer der Gründe dafür: das Judentum brandmarkte die Ägypter stets als Unterdrücker und Gottesfeinde, das Christentum leugnete bis in unsere Tage hinein hartnäckig die Herkunft christlicher Mythologeme aus den ägyptischen. Der wichtigste Grund ist, daß uns die ägyptische Hieroglyphenschrift bis zu Champollion ein Rätsel blieb. Nachdem eine Expedition aus Armee und Wissenschaftlern 1778 mit Napoleon nach Ägypten (das in seinen Augen den Schlüssel zur Weisheit der Alten Welt besaß) gereist war und – als berühmtesten archäologischen Fund – den Stein von Rosette entdeckt hatte, glückte Champollion 1822 die Entzifferung der Hieroglyphen.[3] Damit schuf er die Möglichkeit, Ägypten erst-

mals aus ägyptischer Sicht kennenzulernen und nicht mehr durch die Brille der Griechen und Römer. – Da ich mich dieser ursprünglichen ägyptischen Texte bediene, unterscheiden sich meine Deutungen auch von denen C.G. Jungs, der sich im allgemeinen auf die etwa zeitgleich mit Plutarch entstehende ägyptische Alchemie bezieht, vor allem aber von Erich Neumanns Verständnis des Osiris-Mythos.[4]
Als Erinnerungsstütze für die Leserinnen und Leser, die es ihnen erleichtern soll, den Überblick zu behalten, habe ich am Schluß des Buches einen »Orientierungs-Fahrplan« beigefügt, eine Art »Reisebegleiter« durch den Mythos. Zum einen enthält er Kurzfassungen der einzelnen Mythologeme, zum anderen schematische Darstellungen der Zuordnung der Götter zueinander. Für historisch Interessierte findet sich im Anhang außerdem eine Zeittafel zur Übersicht über die im Buch erwähnten geschichtlichen Epochen und Persönlichkeiten – als Orientierung in der *Menschen*welt gedacht.

Zum Schluß möchte ich noch jenen Menschen besonders danken, durch die ich im Gespräch immer wieder hilfreiche Anregungen empfing, die zur Klärung im Prozeß des Schreibens beitrugen. Ferner danke ich all denen – Analysanden und Gruppenteilnehmern –, die mir ihre Träume oder Erlebnisse zur Verfügung stellten. Vor allem gilt mein Dank Professor Erik Hornung, Ägyptologe in Basel, der mein Manuskript und dessen Veränderungen mitlas und mir als Fachexperte stets hilfreich zur Seite stand.[5]

# *1. Mythologem:* Der getötete Urgott – Verlust der Verbindung zum Ursprung

## 1. Suche und Klage – Der Weg beginnt mit einem Verlust

Mit brutaler Direktheit wirft uns der Osiris-Mythos unmittelbar in den Kern des Geschehens hinein: der Gott Osiris ist tot! Er wurde ermordet von seinem Bruder Seth. Der Mythos beginnt also mit einem Brudermord – das ist die harte Realität!
Ein gewaltsamer Tod führt immer auf unnatürliche Weise eine Trennung herbei – von anderen Menschen, aber auch vom eigenen Leben: Der Lebensprozeß wird unterbrochen, bevor er zu einem natürlichen Ende gelangt ist; der innere Schicksalsfaden wird abgeschnitten. Symbolisch drückt sich das darin aus, daß der Tote »gesucht« werden muß. Die Angehörigen stehen – nach tragischen Unglücksfällen etwa – oft unter solchem Schock, daß sie den Toten »suchen«. Dies geschieht entweder ganz konkret, indem sie ihn an Orten suchen, wo er sich gern aufhielt oder wo sie zuletzt mit ihm zusammen waren, oder symbolisch, indem sie gemeinsame Erlebnisse vor ihr inneres Auge rufen, um das Gefühl zu haben: er ist *da*.
Erst wenn der Schock abgeklungen ist, haben Schmerz und Trauer Raum. Sie bedürfen angemessener Zeit, um die gewaltsam abgebrochene, in den Zurückbleibenden jedoch noch weiterlebende Beziehung aufzulösen und auf einer anderen Ebene neu zu formen.
Auch Isis und Nephthys, die beiden Schwestern des Ermordeten, suchen ihn. Sie haben erfahren, daß er getötet wurde, wissen aber nicht, wo er ist. So suchen sie ihn überall. Daher sagt Isis in ihrer Trauerklage:

Ich durcheilte das Land. Ich durchzog den Nun. Ich suchte am Strome. Ich klagte weinend, weil du verlassen warst, und bekleidete dich Nackten am Ufer von Nedit. ... Die beiden Schwestern betrauern dich, ihre Flügel sind auf dir... Ich bin deine Schwester, trauernden Herzens, deine Gattin bin ich, krank vor Leid.[1]

Etwas zutiefst Menschliches schwingt durch den Schmerz dieser Göttin: »krank vor Leid« erfährt sie die Unabänderlichkeit des Todes, obwohl sie selbst als »Herrin des Lebens« gilt. Sie überläßt sich der Tiefe ihres Schmerzes und ihrer Ohnmacht und Hilflosigkeit ob der Brutalität, mit der ihr der Gatte entrissen wurde. Sie identifiziert sich nicht mit ihrer Hilflosigkeit, spaltet sich aber auch nicht in falsch verstandener Männlichkeit von ihr ab, wie es leicht geschieht, wenn jemand glaubt, unbedingt »tapfer« sein zu müssen. Die Weise, wie die Göttin Schmerz und Leid durchlebt, kann modellhaft wirken für jeden, der vom Verlust eines geliebten Menschen, aber auch einer Aufgabe oder eines anderen Wertes schmerzvoll betroffen ist. Und indem Isis ihrer Klage Raum gibt, ohne sich in ihr zu verlieren, heiligt sie menschliche Trauer und menschlichen Schmerz. Für die alten Ägypter war das von großer Bedeutung, denn dadurch wurde das alte Totenritual mit neuem Sinn erfüllt: die beiden Klagefrauen an der Leiche eines Toten traten von nun an in die Rollen von Isis und Nephthys ein. So erhielt menschliches Leid Sinn von einem übergeordneten göttlichen Geschehen her.

Als Ausdruck innerseelischen Geschehens, das sie ja auch von ihrem Ursprung her sind, spiegeln die Bilder dieses Mythos den Weg des Menschen zu seiner Selbstwerdung. Und der beginnt nicht selten mit einem Unfall, einer Krankheit oder einer anderen Lebenskrise. Wenn es in der Sprache des Mythos heißt: »Seth warf Osiris auf seine Seite (= tötete ihn) in Nedit« (= am Mordort), so kann das auf das psychische Geschehen übertragen etwa so aussehen: jemand ist ausgesprochen aktiv im Bereich beruflicher Leistung, aber im seelisch-geistigen Bereich überläßt er sich einer unbewußten »Trägheit«, kümmert sich gar nicht um die Bedürfnisse seiner Seele. Als Folge davon können sich ungelebte Kräfte im Unbewußten zunehmend mit Energie aufladen und schließlich das Ich überschwemmen oder in irgendeiner Form zusammenbrechen lassen. Die Krise ist da!

Macht der Mensch sich dann auf den Weg zu seiner Selbstwerdung, so beginnt auch dieser mit einer Suche, oft auch mit Klage

*Abb. 1:* Trauernde Isis (bemalte Holzplastik, 4. Jh. v. Chr., Paris: Musée du Louvre, Krypta des Osiris).

und Trauer. Etwas Vertrautes ging verloren, weil es nicht mehr trug. Bei einer Frau wäre das ihr innerer männlicher Pol, mit dem zusammen das weibliche Ich erst zur *ganzen* Persönlichkeit wird. Ohne ihn fehlt das innerseelische Gleichgewicht. Sofern er jedoch nicht mehr trägt, stimmt er nicht mehr, ist »unreif« im Vergleich zum weiterentwickelten weiblichen Ich. Er stimmt z.B. *dann* nicht mehr, wenn er an Autoritäten orientiert oder auf einen männlichen Partner projiziert war, die Frau nun aber ein selbständigeres Leben führt und eine entsprechend stärkere innere Männlichkeit braucht. Für solche Frauen kann die Suche der Isis zum Symbol einer schmerzhaften, aber sehr starken Suche nach Neuorientierung werden. Dieser geht, wie der Mythos zeigt, ein Zusammenbruch der alten Strukturen voraus.

Für einen Mann würde der Tod des Osiris eher den Zusammenbruch äußerer Strukturen, etwa seines Leistungsbereiches oder auch seiner physischen Kraft bedeuten. In beiden Fällen geht eine bisher männliche Ausrichtung des Lebens verloren, eine Richtungsorientiertheit, wie sie für den Mann stimmte, für die Frau jedoch Überlagerung ihres weiblichen Wesens durch Anpassung an patriarchale Vorgaben bedeutete.

Suche und Klage werden nun bei der Frau vom weiblichen Ich, beim Mann von seiner inneren Weiblichkeit getragen und fordern angemessenen Raum, denn Ohnmacht und Schmerz wollen durchlitten werden, soll eine wirkliche Wende erfolgen. Erst wenn wir bereit sind, wahrzuhaben und anzunehmen, was *ist*, geben wir den Weg dafür frei, daß Neues sich entwickeln kann. Daß dabei Empfindungen und Gefühle, bisherige Werte und Vorstellungen durcheinander geraten, ist natürlich und muß nicht beunruhigen. Es ist Teil des Prozesses. Gerade davor aber haben viele Menschen besonders Angst; sie versuchen krampfhaft, etwas festzuhalten, was nicht mehr ist. Was sie vermeiden möchten, ist eine Identitätskrise. Tatsächlich jedoch beschwören sie durch diese Vermeidung Schlimmeres herauf: sie fallen in eine Depression und verhindern Lebendigkeit. Will von innen her neue Identität sich formen, muß die alte notwendigerweise in eine Krise geraten, und der Weg kann nur durch vorübergehende Unsicherheit und Hilflosigkeit *hindurch* führen.

Wird das Unabhänderliche des Verlustes dann angenommen, kann die Klage in stille Trauer übergehen, die sich tief innen ereignet.

Bin ich frei genug, alles Machen-Wollen aufzugeben und keine schnelle »Lösung« anzustreben, dann kann ich innehalten, lauschen und geschehen lassen. So gebe ich mir selbst Raum – mir, das heißt: jener neuen Persönlichkeit, die sich in mir formen will. Indem ich meine Erfahrungen von Schmerz, Trauer und Hilflosigkeit zulasse und erspüre, bin ich näher bei mir selbst. Ich rufe meine eigenen Selbstheilungskräfte auf und lerne, ihnen eine Form zu geben. Ich lerne die Sprache meiner eigenen, inneren Gestalt-Werdung kennen und werde nicht Opfer von Idealvorstellungen, wie ich zu sein hätte.[2] Da meine bisherige zusammenbrach, bedarf ich einer neuen »Gestalt«. Das mag zunächst wie ein »Rückschritt« erscheinen, denn mir stehen nicht mehr die gleichen Kräfte, Möglichkeiten oder Maßstäbe zur Verfügung wie bisher. Doch was wie ein Rückschritt erscheint, ist zutiefst ein Versuch, eine neue Persönlichkeit zu formen.

Diese Übergangsphase fordert unsere Geduld heraus. Ein

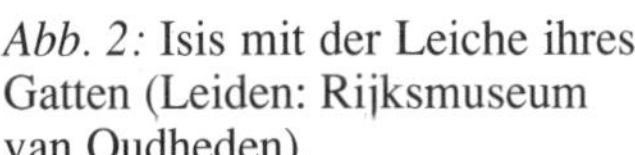

*Abb. 2:* Isis mit der Leiche ihres Gatten (Leiden: Rijksmuseum van Oudheden).

vorschnelles Wissen- oder Tun-Wollen dessen, was sein könnte, hingegen verlangsamt den Prozeß oder zerstört ihn sogar. Andererseits meint Geduld Passivität ebensowenig wie Leiden. Beide sind durchaus zielgerichtete Aktivitäten, auch wenn nach außen davon nichts sichtbar wird. Eine Flut von Bildern, Empfindungen, Gefühlen mag uns durcheinanderwirbeln, was leicht als chaotisch erfahren wird. Doch es gilt, aufmerksam wahrzunehmen und zu erspüren, was *ist*, und in dieser Konfrontation zu verweilen, ohne ausagieren zu wollen. Es ist eine ganz andere Art von »Aktivität«, die da von uns gefordert wird, als wir sie von unserer sonstigen Leistungsbesessenheit her kennen. Tiefere Wünsche und Bedürfnisse, die unserem Schmerz zugrundeliegen, werden sich uns enthüllen, und er, der uns vorher zu blockieren schien, kann uns plötzlich öffnen für das, was neu ins Werden treten möchte. So können wir teilhaben an unserem eigenen inneren Formungsprozeß, wir sind erleidend und wirkend zugleich. Unser Erleben selbst spricht zu uns, und als Lauschende empfangen wir Sinn.

Für die alten Ägypter wird in diesem Mythos erstmals die Unterwelt – als Verlust körperlich-sterblichen Lebens – der *bewußten* Erfahrung zugänglich gemacht. Anders gesagt: eine *Seelen*-Sicht tritt erstmals ins Blickfeld und verkörpert sich in der weiblichen Doppelgestalt von Isis und Nephthys. Sie ergänzt eine bis dahin rein männliche Sicht vom »Himmelaufstieg« des Toten. Von nun an wird Isis eine wichtige Funktion zukommen: sie wird die Verstorbenen sicher hinabgeleiten in die Unterwelt und sie zur Wieder-Auferstehung führen. Psychologisch ausgedrückt wird sie zur »Seelenführerin« in die Tiefen des Unbewußten und führt durch sie hindurch zum neuen Aufstieg.

Doch kehren wir dorthin zurück, wo wir unseren Mythos verließen: zur Trauer der beiden göttlichen Schwestern. Nachdem sie Osiris gefunden haben, »bekleiden sie den Nackten in Nedit«. Legen wir jene Version zugrunde, nach der die Leiche zerstückelt wurde, so sammeln sie die zerstreuten Teile des Leichnams und fügen sie zusammen.[3] Dies ist ein wunderbares Bild für das, was *angemessene* Trauer über das Ende einer Beziehung meint: jedes Element der zerbrochenen Beziehung will erst einmal gesucht, angeschaut und von Idealisierung oder Abwertung gereinigt werden. Auf eine innere Krise bezogen kann Zerstückelung sich auf die eigene Vergangenheit oder Gegenwart beziehen. Wirft der Mensch die ein-

zelnen Stücke nur wie Scherben auf einen Müllhaufen, wird Resignation und Unbehagen zurückbleiben. Denn zusammen mit den Stücken wirft er auch jegliches Engagement weg, das er in seine bisherige Entwicklung und damit zugleich in seine Schutz- und Überlebensmechanismen investierte; so lehnt er einen wesentlichen Teil seines tieferen Selbst ab. Auch in diesem Fall gilt: sammeln und differenziert anschauen – was war Schein, Machtgehabe, Gier o.ä., und was war notwendiger Schutz und echte Kraft? Konzentrieren wir dabei unsere eigentliche Aufmerksamkeit auf die inneren Kräfte, können die gesammelten Bruchstücke gereinigt werden von allem falschen Überbau. Was wir dann zusammenfügen, kann eine neue Form werden, auch wenn sie anfänglich noch ein »Mumienleib« ist. Aus ihm kann auf anderer Ebene eine neue Beziehung entstehen. Tot dagegen sind Idealisierung und Abwertung des verlorenen Partners.
Hören wir, wie plastisch Isis darüber zum toten Gatten spricht:

Ich bin gekommen, Liebling der Erde. Ich verknüpfe deine Knochen, ich füge deine Glieder zusammen. Ich gebe dir dein Herz.[4]

Die neue Form hat also Knochen und Fleisch – eine innere und eine äußere Struktur. Als Lebensmitte wird ihnen das Herz gegeben. Einer neuen Beziehung »geben wir Herz«, wenn wir alle kostbaren und wertvollen Erfahrungen der bisherigen Beziehung als Bausteine in die neue Form integrieren. Was zerstört und in seine Bestandteile zerlegt wird, ist in jedem Fall nur das vergängliche Gehäuse, nicht aber die darunter liegende, tragende Grundkraft des Lebens (sie wird uns im nächsten Mythologem begegnen).
Psychologisch lassen sich Suche, Klage und Trauer gleichsam als erste Stufe eines Rituals innerhalb des Selbstheilungsprozesses der Seele begreifen, der durch den Zusammenbruch einer alten Persönlichkeitsstruktur herausgefordert wird. Einer angemessenen Trauer Raum geben, heißt auch: sie nicht als ein Sich-Hängen-Lassen mißzuverstehen, das heißt: als ein Nachgeben gegenüber einem Sog, der ins Unbewußte hinabzieht. Wer auf »sein Leid« fixiert bleibt und sich am Verlorenen festklammern möchte, trauert nicht, sondern »drückt sich nieder«. Sich – das sind jene Kräfte in ihm, die leben möchten. So wenden sie sich gegen ihn, wenn der

Zustand lange anhält. Das macht das Selbstzerstörerische einer Depression aus. Freiheit und ein schöpferischer Prozeß können erst dort in Gang kommen, wo Trauer oder auch Erschöpfung Raum erhalten, indem sie bewußt er- und durchlebt werden.

## 2. »Er machte sich zu Millionen« – Das Geheimnis der Ausfaltung des Ursprungs

Wir können die Spur des Osiris einmal zurückverfolgen, um die Bedeutung seines Todes besser zu verstehen. Dabei geben uns seine Insignien als Totengott einen Hinweis: er trägt Krummstab und Geißel, ursprünglich Attribute eines Hirten, später die eines Königs. (Er übernahm sie von dem Lokalgott, an dessen Stelle er trat.) Osiris war demnach ein König – er war der letzte der »Urgötter«, die als Könige auf Erden regierten. Wer aber waren diese »Urgötter«?

Der erste von ihnen war der Ur-Schöpfergott Atum, der sich aus dem »trägen« Urgewässer des Anfangs, dem »Nun« erhebt. Dessen Formlosigkeit, ein Charakteristikum des Uranfangs, ist ein diffuses Urbild für Androgynie; männliche und weibliche Potenzen sind in ihm noch untrennbar vermischt. Dieser Urozean schafft nun gleichsam eine Atmosphäre, die sich an einer Stelle zu einer Insel, dem »Urhügel« verdichtet – eine Basis, auf der erstmals ein personaler Gott erscheinen kann: Atum – die erste geformte Gestalt, in der noch alle polaren Kräfte vereint sind. Er ist noch »Vater und Mutter« zugleich, denn Männliches und Weibliches haben sich noch nicht differenziert. Atum ist ein mythisches Bild dafür, wie die überbordende Energiefülle des Nun plötzlich zur Form-Werdung drängt. Sein Name bedeutet: der »All-Eine« (da er die Einheit ist, die noch alles in sich begreift) oder auch: der »Vollendete« (etwas, was sich durch unendliche Zeiten angestaut hat, bricht sich plötzlich Bahn und vollendet sich in der einen Gestalt).

Natürlich ist das ein Mythos, der Imagination von Menschen entsprungen. Doch wir müssen uns vorstellen, daß die Menschen zu jener Zeit nicht mehr einfach von ihren Instinkten und Bedürfnissen getrieben wurden, sondern sich plötzlich ihrer Existenz *bewußt* wurden und in ihr einen Sinn sahen. Zugleich erspürten sie eine Kraft in sich selbst, die sie nicht machen konnten, die ihnen aber

Möglichkeiten und Entfaltungen schenkte. Sie erlebten sie als eine explosive, nach Leben und Ausformung drängende Kraft, der sie nicht widerstehen konnten. Die Erfahrung, die sie an sich selbst machten – mit der Bewußtwerdung jener Lebenskraft tauchte ja auch die Frage nach ihrem Woher auf – projizierten sie zurück auf den Uranfang allen Werdens. Und da sie sich selbst personal erlebten, unterschieden von anderen Personen, stellten sie sich auch Atum als eine Person vor. In ihn hinein projizierten sie den Beginn aller Vervielfältigung, die sie in der Natur wahrnahmen. Er war der »All-Eine, der sich zu Millionen machte« und entspricht damit der archaischen Stufe der Menschheit, auf welcher der Mensch noch problemlos mit dem All verschmolzen ist (ebenso wie – in der Einzelentwicklung des Menschen – das Neugeborene mit der Mutter symbiotisch eins ist). Doch alles ist bereits in ihm angelegt. Es muß nur hervortreten in weiterer Ausdifferenzierung und Gestalt-Werdung.

So spiegelten die Menschen ihre Erfahrungen in Symbolen und Mythen und erhielten zugleich die in sie projizierte Lebensenergie durch die Spiegelung zurück.

Aus der Tiefe seines Wesens bricht Atums männliche Zeugungskraft auf, und durch Selbstbegattung befruchtet er seine eigene Weiblichkeit. Die Dynamik der göttlichen Lebensenergie kommt in Gang. Der Drang des All-Einen, sich fortzuzeugen, führt zur Ausfaltung der ursprünglichen Einheit, und Atum speit das erste göttliche Paar aus. In ihm tritt er erstmals aus sich heraus und sich selbst als männlich *und* weiblich – wenn auch noch schemenhaft – gegenüber in Schu und Tefnut. Die erste Ahnung von Trennung ereignet sich.

Wir wissen heute, daß die alte mythische Sicht von der ursprünglichen Doppelgeschlechtlichkeit des Menschen richtig ist: nicht nur psychisch, sondern auch körperlich ist der Mensch doppelgeschlechtlich angelegt, trägt er männliches und weibliches Potential in sich. Das macht seine ursprüngliche Ganzheit aus. Erst wenn er – um seiner Entwicklung willen – aus dieser Ganzheit »herausgefallen« ist, erfährt er sich als »halb« und sucht nach der verlorenen Ergänzung. Doch ist diese Ganzheit einmal verloren, kann sie nur bewußt, das heißt auf einer anderen Ebene, wiedererlangt werden. Atum leitet mit seiner Tat etwas ein, was Gebser die »magische Entwicklungsstufe« menschlichen Bewußtseins nennt, auf welcher

Innen und Außen, Mensch und Welt noch nicht voneinander unterschieden sind.[5] Auf ihr ist der Mensch noch vorpersonal an die Gruppe, das kleine Kind (in der Einzelentwicklung) noch an die Mutter, gebunden und in dieser Symbiose aufgehoben (beim Kind bis zum Alter von 3 bis 4 Jahren). Auch Tefnut tritt im Mythos noch nicht eigenständig aus Schu heraus. In symbiotischer Einheit zeugen beide das zweite Götterpaar – Nut und Geb – auch sie noch in ewiger Umarmung vereingt: »Die Urelemente ruhen noch ungetrennt beieinander und geben keinen Raum frei, in welchem Schöpfung entstehen könnte«[6]. Noch herrscht der Drang nach Verschmelzung vor, Auseinander-Setzung hat noch nicht stattgefunden.

Es ist bekannt, daß Menschen, die mit einem Partner verschmolzen sind, nicht von sich aus über ihre Symbiose hinausblicken können, um die Notwendigkeit einer Trennung zu erkennen. Ein derartiger Erkenntnisakt muß von einem Dritten kommen, der außerhalb der Symbiose steht. Im Mythos ist es Schu, der Vater. Er erkennt seine Möglichkeit, Lebensraum zu schaffen, und trennt seine Kinder voneinander, indem er Nut als Himmelshorizont über den am Boden liegenden Gatten Geb emporhebt – ein erster Bewußtseinsakt! Differenzierung ereignet sich. Ohne die Trennung der Verschmelzung wäre keine Entwicklung des Lebens möglich. Jedes befruchtete Ei wiederholt diesen Vorgang. Trennung ist Voraussetzung dafür, daß Ordnung und Struktur entstehen können. Die Trennung von Himmel und Erde wird zum Urbild polarer Anordnung überhaupt, auch für menschliches Wesen.

Der Impuls dazu kommt aus Schus eigener Schöpferkraft: von innen her ordnet er die Welt. Die göttliche Schöpfungsenergie gewinnt eine weitere Form: Schu ist »Herr der Luft« – der Atem- und somit der Lebensluft – reine Energie, die sich ausfalten möchte und dafür Raum braucht. Der Luft-Raum wird zum Lebens-Raum. Was aus unserer Sicht als »Ureltern-Trennung« erscheint, ist aus der Sicht Schus eine »Urkinder-Trennung«. Es ist ein eindrucksvolles Bild, wie er stützend seine Tochter hochhebt, während diese sich schützend über alles wölbt, was sich auf ihrem Gatten bewegt und aus ihm hervorsprießt. Dabei stützt sie sich mit Händen und Füßen auf ihm ab, so daß ein Hin- und Herfließen zwischen beiden Kräften stattfinden kann. So bleibt die »duale Einheit«, jenes Charakteristikum der Ägypter, gewahrt.

Damit fällt – erstmals in der Menschheitsentwicklung – die über-

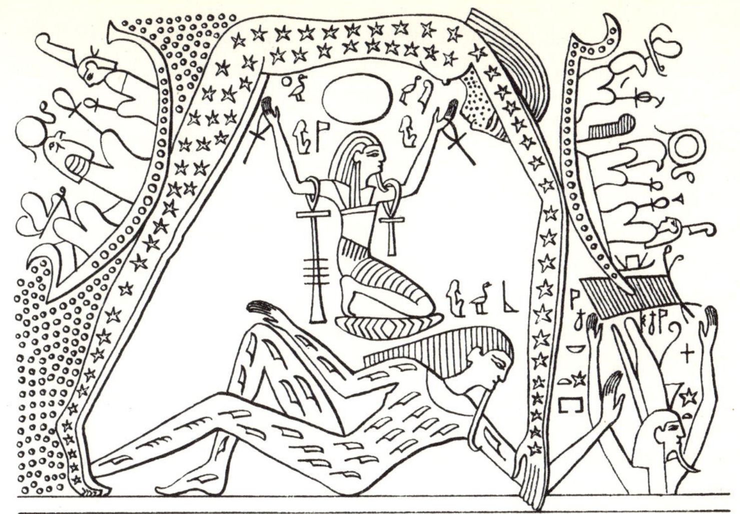

*Abb. 3:* Schu trennt die Himmelsgöttin vom Erdgott, Nut von Geb.

greifende Einheit auseinander und polarisiert sich: die »mythische« Stufe beginnt: Jetzt kann das Außen als Objekt erkannt werden. Der Mensch erfährt sich als eine Identität, die eine eigene Innerlichkeit besitzt und sich von anderen Menschen abhebt. Aus dem Gruppenbewußtsein taucht ein personales »Ich bin« empor – beim Kind mit ungefähr 3 Jahren, menschheitsgeschichtlich etwa im Neolithikum. Ein Kind, fixiert in der Symbiose mit der Mutter, könnte sich ohne die schöpferische Tat Schus ebensowenig entwikkeln wie die Menschheit. Er ist ein Raum-gebender Vater, nicht ein eifersüchtiger wie die griechischen Götterväter Uranos und Kronos.[7] Geben Eltern ihren Kindern Raum wie Schu, können sie sich entfalten und reifen.

Im ägyptischen Mythos erscheint also die Trennung von Himmel und Erde nicht, wie in Mythen anderer Völker, als Schuld oder als Ursache des Bösen, sondern als Raum- und damit Lebensermöglichung. Im Zeitalter einer von Stickoxyden, Radioaktivität oder Ozon-vergifteten Luft kann uns Neid auf den Ägypter erfüllen, der »darauf vertrauen konnte, daß die Götter ihm immer wieder ein neues ›Atemfeld‹ (Rilke) schenken«[8].

In Schu und seiner Tat wird die Zeugungspotenz Atums wirksam: »Ka« heißt sie. Liebevoll gab er sie an seine Kinder Schu und

Tefnut weiter: »Du legtest deine Arme um sie mit deinem Ka, damit dein Ka in ihnen sei!«[9] Der »Ka« – das ist jene von Atum ausgehende, in ihm sich erstmals manifestierende und alle Generationen umspannende Ur-Lebenskraft. Als Atum sie weitergibt an Schu und Tefnut, inkarniert sie sich sowohl in einer männlichen wie in einer weiblichen Gestalt. Durch die Jahrhunderte hin wird sie in gleicher Weise auf dem Weg der Umarmung weitergegeben werden. Schu setzt mittels seiner Ka-Kraft den ersten *bewußten* Schöpfungsakt und schafft damit die Voraussetzung für alle weitere Entwicklung. Seine Tochter Nut ist es, die als erste den von Schu geschaffenen Lebensraum mit Leben füllt, indem sie vier Kinder in ihn hinein gebiert und so die duale Form-Möglichkeit weiter ausfaltet. Eine Doppelung der Paar- Konstellation entsteht: Isis und Osiris, Nephthys und Seth.
Dieses vierte Schöpfungsstadium bringt erstmals die Qualität der Vierheit, jene neue Orientierungsmöglichkeit der mythischen Stufe: der bisherige Einheitsraum wird nach vier Himmelsrichtungen hin aufgeteilt. Überall auf der Welt taucht diese Symbolik der Vier auf: in Indien hat Brahma vier Gesichter, Shiva vier Arme. Auf unserem Bild trägt Schu viermal das Lebenszeichen. Das von der Himmelsgöttin geborene »viergesichtige« neue Leben trägt zweimal die männliche und die weibliche Ausdrucksform. Beide Inkarnationsformen sind jetzt deutlich voneinander unterschieden. Was mit der Selbstbefruchtung (psychologisch meint sie: Selbstbegegnung) Atums, des All-Einen, begann, wurde zunächst zur vereinten, dann zur differenzierten Zwei, danach zur Vier und wird »zu Millionen« werden. Das ist der Weg der Schöpfung.

## 3. Der Brudermord – Aufsprengung und Zerstückelung anfänglicher Ganzheit

»Ganzheit« – das ist für den mythischen Menschen kein abstrakter Begriff, sondern erscheint im Bild: es ist der all- eine Gott, in dem noch alles enthalten ist, oder es ist eine Vierheit von Göttern, die einander als vier Geschwister, die in zwei Paaren auftreten, zugeordnet sind. Nach Marie-Louise von Franz »scheint es einer archetypischen seelischen Strukturanlage im Menschen zu entsprechen, daß Ganzheitsorientierungsversuche quaternären Charakter besitzen«[10]. Bedeutet jedoch die gegengeschlechtliche Zuordnung eine Ergänzung, so bringt die gleichgeschlechtliche auf ihrer männlichen Seite eine Spaltung mit sich. Das liegt im Wesen männlicher Natur begründet: durch aktive Zielstrebigkeit und Gerichtetheit steuert sie auf unterscheidende Trennung hin und setzt so eine differenzierende Entwicklung in Gang. So entsteht zunächst eine wertfreie Spannung zwischen zwei Polen, die noch keine sich ausschließenden Gegensätze bedeuten. Es ist jedoch erste Voraussetzung für Wandlung, daß Polarität überhaupt in Erscheinung tritt.

Wie die meisten alten Völker, so glaubten auch die Ägypter, daß zu Beginn der Menschheit Götter als Könige auf Erden regierten. Es lösten einander ab: Atum (der All-Eine), Schu (der Luftgott), Geb (der Erdgott) und Osiris, der – so scheint es – als Kulturbringer galt. Die Entwicklungsbewegung geht also von der allumfassenden Einheit über die Luft (als Zwischen- und Schöpfungsraum) zur Erde als tragendem Boden und dann zu ihrer Ausgestaltung. Übernahm der Sohn das Königtum, trat der Vater ins Jenseits zurück; das heißt aber auch, daß ein anderes Entwicklungsstadium in den Vordergrund trat. Die Reihenfolge Schu – Geb deutet wohl an, daß der Lebensodem als lebengebendes Prinzip Vorrang hatte vor dem tragenden Grund der Erde. Osiris war der erste Gott-König, der nicht mehr ein Element verkörperte, sondern die Aufgabe hatte, die Erde für und mit den Menschen zu gestalten. Doch dieser Auftrag nahm ein jähes Ende: als Erstgeborener hatte er die Nachfolge seines Vaters angetreten, aber sein Bruder wollte ihm das Königtum streitig machen. Auf diese Weise kommt ein »Ich will« in die bis dahin wertfreie Spannung, und der erste Neid entsteht. Seth tötet den Bruder und bringt so – nach Aussage der alten Ägypter – Streit, Tod und Böses in die Welt.

Es ist auffällig, daß hier der an Geburt Jüngere der vorhergehenden Bewußtseinsstufe angehört. Daher wird er stets als Tier oder zumindest mit Tierkopf dargestellt. Er hat noch kein menschliches Gesicht, das heißt: noch keine menschliche Sicht- und Ausdrucksweise. Impulsiv wie ein Tier und mit unkontrollierter Gewalttätigkeit bricht er über Osiris herein – Symbol der dunklen Macht des Unbewußten, das sich, zu Beginn der Menschheitsgeschichte wie der individuellen Entwicklung, gegen Bewußtwerdung besonders zur Wehr setzt. Das bewußtseinsmäßig ältere Stadium siegt in

Gestalt des Seth über den Neuaufbruch eines Bewußtseins, das die erstmals innen erfahrene Seelenhaftigkeit im Außen zu gestalten versucht. Das Macht-Volle der magischen Stufe siegt über die Innerlichkeit der mythischen Stufe, die ihre eigene subjektive Realität entdeckt. Die Destruktivität gewinnt die Oberhand. Das wird als Katastrophe erfahren und ist es auch, denn das neue Bewußtsein ist der rohen Gewalt einer Machtgier noch nicht gewachsen (Macht ist das Kennzeichen der magischen Stufe!). Das Ertränktwerden des Osiris kann somit als ein Symbol für psychisches Überschwemmtwerden, die Zerstückelung als Symbol für Auflösung durch das Unbewußte angesehen werden.

Auch den Menschen heute ist die Angst vor Auflösung der Persönlichkeit nicht fremd. Der psychotische Mensch, bei dem die psychischen Strukturen, auf denen das Bewußtsein basiert, auseinanderbrechen, erlebt wirklich eine Zerstörung seiner Existenz. Derartige »Zerstückelungsvorgänge« sind den frühen archaischen Schichten im Menschen zuzuordnen. Es fehlt eine tragfähige Verbindung zwischen dem Ich und dem Persönlichkeitskern, aus der das Ich Stabilität gewinnen könnte. So hat der Mensch das Gefühl, nicht wirklich »Boden unter den Füßen« zu haben und gerät in Angst oder Panik. »Ich habe mich nicht« oder: »Ich weiß nicht, wo ich bin« sind Äußerungen von Menschen, welche die Bedrohung durch die Möglichkeit innerer Zerstückelung spüren. Ihre Angst ist biographisch bedingt, ihre Entwicklung wurde auf der archaischen Stufe gestört. Für unsere frühen Ahnen war die Angst vor Auflösung durch den Tod durchaus entsprechend, denn sie befanden sich erst auf der archaischen oder magischen Entwicklungsstufe.[11] Ihnen standen allerdings bereits gesunde Vorformen des Ich zur Verfügung, um Rituale zu ihrem eigenen Schutz zu entwickeln.

Entwicklungsgeschichtlich betrachtet bedeutet die Mordtat des Seth – im Unterschied zum Mord Kains an Abel – einen Rückfall in ein früheres Bewußtseinsstadium. Sie wird gleichsam zur mythologischen Grundlage der Kreuzigung Jesu durch die Pharisäer, der Tötung frühchristlicher Märtyrer durch die Römer, oder auch für brutales Niederknüppeln von Demonstrationen für mehr Menschenrechte in unserer Zeit: neue und entwicklungsfähige Impulse werden durch Denk- und Wertschemata eines überholten Systems zerschlagen. Das ruft zu Recht unsere Empörung hervor. Schauen

wir uns allerdings den Ursprung solcher Verhaltensweisen im Einzelmenschen an, so müssen wir uns selbst fragen: wer von uns hat nicht ureigenes Lebenspotential mit Hilfe der von den Eltern oder anderen Autoritäten übernommenen Wertsysteme abgewürgt? Wer von uns hat nicht schon eine von innen her geforderte neue Lebenseinstellung überhört und durch Festhalten an gewohnter Bequemlichkeit verhindert? Wer von uns erträgt schon gern den Spiegel, den neue Impulse und Aufbrüche uns vorhalten? Was sich heute vielerorts im großen Rahmen des Außen ereignet, hat seinen Ursprung im kleinen Rahmen innerpsychischen Geschehens bei jedem von uns. Ergeht durch Traum oder Schicksal ein Aufruf zur Wandlung an uns, werden unsere Ohren eigenartig taub und unsere Augen eigenartig blind. Denn meist lieben wir den Drang nach Sicherheit mehr als die Neugierde, verborgene Möglichkeiten in uns zu entdecken, und die Mühe, uns dafür auf den Weg zu machen.
Innerpsychisch könnte der Mord des Seth an Osiris etwa so aussehen: ein plötzlicher Affektausbruch überrollt das Ich und raubt diesem seine bisherige Denk- und Handlungsfähigkeit. Unkontrollierte Emotionen toben und zerstören vertraute Beziehungen und verwirklichte Möglichkeiten. Vom Unbewußten überwältigt oder vom unbekannten inneren Gegner »getötet«, hat der Mensch einen »Rückfall« in ein bereits überwunden geglaubtes Stadium erlitten. Daran ändert sich solange nichts, als er mit seinen Emotionen identifiziert bleibt oder jammert und klagt. Er bleibt der »Seth-Stufe« verhaftet. Dagegen hat jemand, der sagen kann: »Es ist, wie wenn ein böser Feind mich auseinanderreißt!«, ein gutes Stück mehr Abstand zu seinen Affekten und erlebt eine destruktive Kraft in seinem eigenen Innern, die deutlich von dem durch sie bedrohten Ich verschieden ist. Sie wird durch die Metapher »wie ein Feind« symbolisch gefaßt und auf eine mythische Ebene gehoben. Auf ihr ist der Mensch bereits in der Lage, sich mit feindlichen Kräften auseinanderzusetzen.
Einen weiteren Schritt charakterisiert die Haltung einer Frau, die im Mythenspiel bewußt die Rolle des Seth wählte: »Ich spüre so viele Aggressionen in mir. Sie sollen nicht unkontrolliert nach außen kommen und jemanden in Stücke reißen!« Hier kann die Gefahr der eigenen destruktiven Kräfte – für sie selbst und für andere – bereits reflektiert und instinktiv die Möglichkeit erfaßt

werden, sie in der Gestalt des Seth zu kanalisieren, um sie an einen überpersönlichen Daimon (Schutzgeist) anzubinden.

Weil Aggression ein archetypisches Potential in uns ist, bedarf sie der Eingrenzung durch Rituale. Werden Aggressionen nicht erkannt als das, was sie sind, haben sie Zerstörungsmacht: »Wenn ein Archetyp nicht verstanden wird, wird man von ihm besessen«, sagte Jung. Unkontrolliert ausagierte Wut zerstört die Fähigkeit des Ich, Affekte gesammelt in eine Richtung zu fokussieren, aber gezielte Wut kann Wunder wirken. Die genannte Frau erlebte ihre Aggressionen solange als bedrohlich, als sie keine Form gefunden hatte, sie zum Ausdruck zu bringen. In der Rolle des Seth konnte sie sie in einer göttlich-animalischen Macht personalisieren, und das bedeutete: sie wandte sich der magischen Stufe im eigenen Innern zu, wo solche Affekte beheimatet sind. So forderte sie sich selbst heraus, diese Ebene in sich genauer wahrzunehmen. Besonders wichtig war auch, daß sie anschließend ihr Erleben der Gruppe mitteilen und es mit ihr zusammen reflektieren konnte. Das gemeinsame Hinschauen verhalf ihr zur Integration der vorher ungebändigten Kräfte und bewirkte Anregung und Nachdenken bei den übrigen Teilnehmern. Für die Frau trat an die Stelle der bisherigen Richtungslosigkeit die hinter ihrer Aggression eigentlich verborgene Kraft, für die sie nun eine Form im gelebten Alltag zu finden hatte im Sinne der ursprünglichen Bedeutung von »aggredi« als: auf etwas zugehen.

Natürlich hat die hier aufgezeigte Möglichkeit auch ihre Voraussetzungen. Eine davon ist die Entwicklungsstufe dieser selbstkritischen Frau. Die andere betrifft den Leiter der Gruppe, der selbst eine tiefgreifende Initiation in die Welt der Mythen erlebt haben muß und mit den in ihnen wirksamen dynamischen Kräften nicht verschmolzen oder von ihnen fasziniert sein darf. Er muß um seine Aufgabe als »Hüter der Schwelle« wissen und darf nicht zum »Zauberlehrling« werden, der mythisches Kraftpotential weckt, aber nicht mit ihm umzugehen vermag. Er muß sich selbst bereits mit den dunklen Kräften in den Mythen auseinandergesetzt haben. Kräfte, die im Spiel auftauchen, müssen unbedingt am Schluß gemeinsam von der Gruppe angeschaut und reflektiert werden, damit die Teilnehmer sich des Geschehenen bewußt werden.

Es ist zweifellos ein schwieriges Unterfangen, die dynamisch-archetypischen Kräfte des eigenen Unbewußten auszuhalten und ihnen eine bewußte Form zu geben, ohne sich in sie einzulassen und sie auszuagieren. Im Ausagieren wiederhole ich nur ein eingefahrenes Muster, löse dieses aber nicht auf. Es macht durchaus einen wesentlichen Unterschied, ob ich meine Kräfte spüre und mich mächtig *fühle*, oder ob ich sie mißbrauche. Gerade der Mißbrauch göttlicher Kräfte wird in der Zerstörungswelle der modernen Zeit erkennbar; ihm etwas entgegenzusetzen, ist die Aufgabe all derer, die sich für das Leben einsetzen. Dazu gehört heute jedoch unbedingt, daß wir um unsere eigene Zerstörungsfähigkeit wissen. Im Mythenspiel ist es daher notwendig, daß der Osiris-Spieler in einem weiteren Spiel sich auch als der gewalttätige Seth, dieser hingegen sich als Opfer der Gewalt erlebt, damit jeder von beiden seine Fähigkeiten zu zerstören und sich zerstören zu lassen, erfährt.[12]

Im Gegensatz zu der durch Seth konstellierten Zerstörung lehrt uns die Natur Gegenteiliges: Altes, Abgelebtes muß sterben und zerstört werden, damit Neues geboren werden kann. Das demonstriert sie uns Jahr um Jahr in Herbst und Frühling. Was das für einen Menschen bedeuten kann, zeigt der Traum einer Frau um die Lebensmitte in einem ausdrucksstarken Symbol: sie sieht sich dastehen, und an ihren herunterhängenden Armen sind ihre Hände ein Stück oberhalb des Handgelenks abgehackt, schweben jedoch an der gleichen Stelle noch in der Luft. Im Hintergrund von ihnen (nach Art der Kirlianphotographie, die sie z.Zt. des Traumes noch nicht kannte) sind transparent die neuen Hände sichtbar. Drastisch und tröstlich zugleich sagt der Traum durch ein Bild, daß alte Handlungsweisen der Zerstückelung anheimfallen müssen, damit neue, die im Hintergrund bereits warten, sich manifestieren dürfen.[13]

Im hier angedeuteten Sinn ist Zerstückeltwerden ein gesunder Vorgang. Darum gehört zur Einweihung eines Schamanen der »Zerstückelungstod«. Die bisherige Lebensgestalt wird »getötet, um wieder in ein unbeflecktes, geöffnetes, noch nicht von der Zeit versehrtes Dasein einzutreten«[14]. Es handelt sich also um ge- und be-wußte »Zerstückelung«, die verantwortlich auf *symbolische* Weise ausgeführt wird, um Wiedergeburt zu ermöglichen. Es gibt vieles in unserem Leben, was zerstückelt werden muß, wenn eine neue Lebensorientierung ansteht: alte Denkschemata und Wertsysteme, überholte Vorstellungen und Ideale, überhöhte Ich-Ansprüche, Besitzgier, infantile Wünsche usw. Wenn Überlebtes ausein-

anderbricht, befreit es das, was vorher gebunden und verdeckt war. So wird Tod durch »Zerstückelung« zum Tor für einen neuen Kontakt mit dem fruchtbaren Urgrund der Welt.
Der »getötete Urgott« symbolisiert auch das Zerbrechen eines ursprünglichen Gottesbildes – eines Bildes, das wir uns gemacht hatten, das jedoch eines Tages nicht mehr unserer Erfahrung von der Wirklichkeit Gottes entspricht. In solchen Zeiten sind wir leicht geneigt, Gott selbst zu leugnen, anstatt unser Bild von ihm einer Wandlung zu unterwerfen. An Osiris wird deutlich, daß der Gott in seiner diesseitigen Erscheinungsweise – als Bild, das die Menschen bisher von ihm hatten – tot ist, in einer jenseitigen, den Menschen entzogenen Weise, jedoch weiterlebt – in seiner göttlichen Existenz.

## 4. Heilende Weiblichkeit – Sammlung als Weg nach innen

Zum »viergesichtigen« Leben, das Nut gebar, gehört ein Brüder- *und* ein *Schwestern*paar. Isis und Nephthys verkörpern zusammen die weibliche Sicht der Wirklichkeit und die Ausfaltung weiblicher Energie. Sie sind zutiefst mit dem Geheimnis des natürlichen Zusammenhangs von Leben und Tod befaßt, die innerhalb des weiblichen, ganzheitlichen Bezugsrahmens als zwei Aspekte eines größeren Ganzen gelten, von denen der Tod immer Voraussetzung für neues Leben ist.
Der männliche Pol bedarf nach seiner Aufsplitterung der Heilung durch das Weibliche. Sammeln und Zusammenfügen ist eine typisch weibliche Tat. Auflösung in Teile entspricht sich differenzierender männlicher Energie. Sammeln als ein Zurück- Holen und Nach-innen-Nehmen ist intensive Kon-Zentration, ist jene ergänzende weibliche Energiebewegung, die innerhalb eines fruchtbaren Prozesses die männliche Energie vor gänzlicher Auflösung bewahrt, indem sie sie zum Nachschwingen veranlaßt.
Im Mythos fällt auf, daß Isis erst nach dem Tod des Gatten als Handelnde in Erscheinung tritt. Energetisch betrachtet setzt also die weibliche Energiephase erst nach Auflösung der männlichen ein. Durch ihre intensive und radikale Konzentration auf den Augenblick und auf das Wesentliche erhöht Isis ihr eigenes Energie-

potential und wird gleichzeitig durchlässig dafür, es auf Osiris überströmen zu lassen: es ist eine energetische Umarmung, wenn sie hinter der Mumie steht und »mit ihren Flügeln Luft entstehen läßt«[15], jene gleiche Atemluft, die ursprünglich von Schu ausging. Isis schenkt dem Toten jenen göttlichen Lebensodem, der die Auferstehung im Jenseits bewirkt.

Die Dynamik der Isis spiegelt wider, was geschehen kann, wenn der nicht mehr widerstandsfähige Abwehrpanzer eines menschlichen Ich zerbricht: die Isis-Seele wird frei und kann die ihr eigene Lebendigkeit entfalten. Sie tut das stufenweise. Am Anfang steht das bereits erwähnte Suchen und Sammeln der auseinandergebrochenen Strukturelemente, die in einem zweiten Schritt durch Trauer gereinigt und in einem dritten Schritt zusammengefügt werden. Dabei wird Isis von ihrer Schwester Nephthys unterstützt, mit der sie in einem fließenden Miteinander kommuniziert. Weist das »Zusammenfügen« auf eine Heilung der äußeren Gestalt hin – »Knochen knüpfen, Glieder zusammenfügen« – so wird in einem weiteren Schritt die so gefügte Gestalt mit neuem Lebensodem beschenkt und schließlich aufgerichtet: sie »richtete die Mattigkeit des Müden auf«[16].

Das ist ein Symbol für Auferstehung zu jenseitigem Leben. Als Ritus gehörte die Aufrichtung der Mumie zum ägyptischen Totenritual und nahm vorweg, was – nach allgemeinem Glauben – dem Toten im Jenseits widerfuhr. Isis wird fortan die Funktion haben, die Toten ins Jenseits zu geleiten und sie zu beleben, so daß sie dort nicht der Auflösung anheimfallen. Damit sie den Weg in die Unterwelt ohne Schaden überstehen, müssen sie zuvor rituell zu einer Mumie »zusammengefügt« werden. So meinen Heilung und Wiederbelebung nicht eine Wiederherstellung des bisherigen Zustandes in der diesseitigen Welt, sondern eine Auferstehung zu den jenseitigen Göttern.

Was in mythisch-ägyptischen Zeiten auf ein Leben nach dem konkreten Tod bezogen war, verstehen wir auf der tiefenpsychologischen (und ebenso auf der mystischen) Ebene als »Geburt eines neuen Menschen« im Sinn einer seelisch-geistigen Wiedergeburt, nachdem der »alte Mensch« der »Zerstückelung« anheimfiel. Ist unser bisheriges Ich-Ideal zerstückelt, kann eine Neuorientierung der Persönlichkeit stattfinden. Die Stagnation ist überwunden, die Energie kann wieder fließen. Der Weg dazu kommt einer Einweihung gleich, weil er durch die Tiefen der Unterwelt unserer Seele führt. Und das »Tageslicht«, das wir nach unserer Rückkehr erblikken, ist von anderer Qualität als das frühere. (Davon werden wir im 6. Mythologem hören.) Wesentlich ist, daß bei einer Erneuerung des Männlichen, wie sie in unserem Mythos geschieht, die weibliche Geist-Seele die Führung übernimmt, da sie das Wissen um Heilung in sich trägt, insofern sie die gegensätzlichen Pole von Leben und Tod in sich vereint.

Die mit ihren Flügeln den Toten umarmende Isis erscheint mir noch unter einem anderen Aspekt wichtig: als Gebärde meint eine Umarmung von hinten im alten Ägypten ein Beschützen. Es ist ein ansprechendes Bild mütterlichen Behütens, das nichts Einengendes an sich hat. Werte, zu denen wir im Leben eine emotionale Beziehung hatten, können so – ebenso wie Osiris – auch nach ihrem Verlust noch geschützt werden. Auf diese Weise wird sowohl die Wirklichkeit des Verlustes angenommen als auch der Vorgang innerer Neuformung vor einem »Angriff von hinten«, vom Unbewußten her, bewahrt. So kann ein Mensch, der sich in der Phase des »Osiris in der Mumie« befindet, sich geborgen fühlen in seinem Zustand einer »Pause« – einem Übergangszustand der Ruhe, in dem die bisherige Struktur bereits verloren ist und eine neue Gestalt sich noch nicht geformt hat. Es ist ein offener Zustand, in dem der Mensch auf eine Antwort von innen wartet – eine Antwort dessen, was sich neu formen will. Da ist es gut, wenn das eigene mütterliche Warten-Können auf eine sich ankündigende »Schwangerschaft« mit ihren schützenden Fittichen zur Wächterin dessen wird, was Gestalt gewinnen möchte, und mit Isis sagen kann: »Meine Arme sind auf dir in Leben und Heil!«

In der Gestalt einer geflügelten menschlichen Frau vereinigt die Göttin Isis Göttliches und Menschliches, Himmel und Erde, Geistiges und Materielles. Daß diese Darstellung einer Göttin die Menschen des Neuen Reiches (NR) besonders ansprach, zeigen jene Särge, allen voran der des Tutenchamun, an deren vier Ecken je eine Göttin ihre Flügel um den Toten ausbreitet: Isis, Nephthys, Neith und Selkit. Unter solchem Schutzgeist konnte er vertrauensvoll seine Reise ins Land des Osiris antreten.[17] (Es dürfte wohl keinem Zweifel unterliegen, daß solche Särge sich später in der Bundeslade der Israeliten widerspiegeln.)

*Abb. 4:* Isis schützt die Mumie ihres Gatten (Berlin: Staatliche Museen Preußischer Kulturbesitz, Ägyptisches Museum).

## 5. Die »geheime Gestalt« – Der im Samen verborgene Keim

Es scheint mir wichtig, dem Geheimnis der Mumie, der die Ägypter soviel Aufmerksamkeit widmeten und die auch die Unterweltsgestalt des Totengottes Osiris ausmacht, noch ein wenig nachzugehen. Als Nach-Tod-Körper bildet sie das Gefäß, das die Identität der Persönlichkeit gewährleistet. Denn »im Sinn seiner ganzheitlichen Auffassung vom Menschen möchte der Ägypter auch den Körper fortleben lassen. Was neben dem Körper das Wesen des Menschen ausmacht: Ka, Ba und Schatten, trennt sich im Tode von ihm, soll sich aber in den Gefilden des Jenseits immer wieder mit ihm zu neuer, lebendiger Ganzheit vereinen.«[18]

Die eigentliche Bedeutung der Mumiengestalt liegt in ihrer Funktion, Gefäß zu sein, in dem der Umwandlungsprozeß stattfindet (wir werden im 6. Mythologem noch mehr davon erfahren). Isis dient diesem Wandlungsprozeß, indem sie die – noch in der Mumie verborgene – Lebenskraft mit großer Ehrfurcht behütet und sie mit ihrer Trauer und Hingabe gleichsam nährt. Darum nennen die Unterweltsbücher sie das eigentliche »Mysterium«, denn sie birgt die »geheime Gestalt«, jenen »Auferstehungsleib«, der sich in ihrem Inneren neu formt. Darin ist sie dem Kokon vergleichbar, in den die Raupe sich sterbend einspinnt, während sie die verborgene Gestalt des neuen Schmetterlings bereits in sich trägt. Ebenso gleicht sie der Samenhülle, die den Keim noch verbirgt, in dem zum Beispiel der gesamte Baum als »Inbild« bereits enthalten ist. Osiris, in der Mumienhülle geborgen, wäre somit auch ein Symbol für das Samenkorn, das hineinsinkt in den Urgrund der Schöpfung, um sich von dorther zu entfalten. In ihrem Gefäßcharakter ist die Mumie Bild für die Schutzhülle, deren ein Mensch bedarf, der sich innerlich »zerrissen«, »chaotisch«, »orientierungslos« oder in Gefahr befindet, »sich zu verlieren«. In ihrer Starre ist sie Symbol für den Zustand der Depression, bei dem die bewußte Energie gleichsam völlig gelähmt ist und alles Leben sich ins Unbewußte zurückgezogen hat. Während ein Mensch dann im Außen wie ohne Leben erscheint, sind in seinem Innern Umformungsprozesse im Gang, die die »Mumienhülle« verbirgt und schützt. Mir fällt dabei ein 26jähriger Mann ein, der sich »wie tot« fühlte und »am liebsten nicht mehr aufstehen« wollte. Fast eineinhalb Jahre weilte er im

»Land der Toten«, und ich konnte – analog zu Isis – ihn nur »Flügel breitend« in den Tod hineinbegleiten und geduldig warten, bis neue Keime Gestalt gewinnen wollten. Daß sein eigentliches Potential in dieser Zeit im Geheimen und Verborgenen lag, wurde deutlich, als er plötzlich wieder auftauchte und bereit war, seine künstlerischen Fähigkeiten zu leben. Er hatte sie bisher abgewehrt, weil er meinte, sich mit jenen messen zu müssen, die »in seinem Alter bereits berufliche und finanzielle Erfolge« aufwiesen. Das Gefühl der Minderwertigkeit ihnen gegenüber wurde nun ersetzt durch Freude am schöpferischen Tun und dem Erleben, wie ständig neue Ideen sich formen wollten.

Wo wir in Grenzsituationen kommen, die aussichtslos und vernichtend erscheinen und in eine Erstarrung zu führen drohen, sind solche Prozesse angezeigt. Wenn wir dann von einem Gefühl innerer Leere bedroht oder gar überwältigt sind, ist es heilsam, uns der inneren Führung zu überlassen. Sie weiß den Weg, auch wenn das Ich ihn nicht mehr sieht. Das ist durchaus nicht Passivität; unsere Aktivität besteht in der willentlichen Zustimmung. Dann kann der Mensch gleichsam wieder eintauchen in den Urozean des Ungeformten und noch nicht Gewordenen, Alt- Gewordenes auflösen und Neuformung geschehen lassen. *Das* ist der Prozeß des Lebens! Es geschieht nicht eine *Veränderung* des Gegebenen, sondern eine Neuformung der Weise, wie dieses Gegebene in der Welt gelebt wird. Es scheint mir bedeutungsvoll, daß die Mumienhülle bei den alten Ägyptern auch die Bezeichnung »Adel« oder »Würde« erhielt, hatte sie doch die wichtige Funktion, das Heranreifen einer neuen Daseinsgestalt des Verstorbenen für eine jenseitige Dimension zu verhüllen. »Auferstehung« bedeutet dann: Befreiung von der Mumiengestalt und »Bekleiden mit einem neuen, verklärten Jenseitsleib«[19].

Auch in uns setzt das verborgene Neue sich durch, wenn wir es zulassen. Doch die Zeit muß reif dafür sein. Dann durchbeißt es den Kokon wie der Schmetterling, und der Mensch fühlt sich verwandelt. Eine neue Lebensorientierung ist geboren. So bewahrheitet sich der Pyramidenspruch:

> Du schläfst, damit du erwachst!
> Du stirbst, damit du lebst![20]

# 2. *Mythologem:* Zeugung und Schwangerschaft – Neue Verbindung zum Ursprung

## 1. Erweckung des verborgenen Keims – Die Dynamik schöpferischer Weiblichkeit

Die Suche nach dem Toten wandelt sich auf der nächsten Stufe in die Suche nach dem im toten Osiris verborgenen Schöpfungspotential, um das Isis – als »Herrin des Lebens« – bereits weiß. Es ist jener innere Keim, der sich zu neuer Gestalt formen möchte. So schließt die Suche der Isis nach dem Toten die Suche nach dem Leben mit ein, das aus dem Tod heraus wächst. Geheimnisvoll erscheint jetzt ihr Tun, das der Mythos mit folgenden Bildern zum Ausdruck bringt:

> Deine Schwester kommt zu dir, jubelnd aus Liebe zu dir. Sie setzt sich auf deinen Phallus, damit dein Same eingehe in sie, die bereit ist.[1]

Sehnsucht nach Vereinigung mit dem Partner ist die Gegenbewegung zur Suche nach dem *verlorenen* Geliebten. Dabei fällt auf, daß erstmals innerhalb der bisherigen Götter-Genealogie von »Liebe« die Rede ist. Während Nut und Geb noch dem Drang der elementaren Urkräfte folgten, so begegnet bei Isis zum ersten Mal ein ausdrücklich formulierter, bewußter Wunsch nach Einswerdung mit dem Geliebten. Dieser Geliebte aber ist, wie wir bereits wissen, ein Toter, eine Mumie – ein für rationales Denken unvereinbarer Widerspruch! Was verbirgt sich hinter diesem eigenartigen Geheimnis?

Von Heldenkindern aller Mythen und Märchen heißt es, daß sie auf geheimnisvolle Weise gezeugt oder geboren wurden. Es gibt aber noch einen anderen Hinweis: aus der Adventszeit kennen wir ein Lied, das auf einem vom Propheten Isaias gebrauchten Bild fußt.

Dort heißt es nämlich:

Aus dem Baumstumpf Isais wächst ein Reis hervor; ein junger Trieb aus seinen Wurzeln bringt Frucht.[2]

Hier wird ein Naturgeschehen, das jeder von uns beobachten kann, prophetisch auf die künftige Geburt Jesu angewendet.
Der indische Mythos verwendet Bilder, die denen des ägyptischen Mythos sehr ähnlich sind:

Als Lichte ruht Shakti auf Shiva, der totenstarr wie ein Gebirge unter ihr ausgebreitet ist. In unersättlicher Umklammerung umfängt sie ihn als seine Lebenskraft. Ohne sie ist Shiva nur ein Leichnam, ein In-sich-Ruhen des Göttlichen, das nicht geschieht.[3]

Die in allen drei Fassungen verborgene Wahrheit ist *eine:* Leben aus dem Tod! Es ist eine Wahrheit, die mythischen Menschen selbstverständlich war. Der Tod wird durch Zeugung ausgeglichen, und das Geheimnis dieser Zeugung ist das Geheimnis strömender Lebensenergie. In der hinduistischen Tradition ist Shiva, der männliche Geist, statisch und inaktiv, während Shakti, der weibliche Geist, die dynamische Lebensenergie darstellt, die ihn erst initiiert und aktiviert. Nur wenn Shiva mit Shakti vereint ist, kann er sich bewegen.
Ab dem NR wird in Ägypten der oben angeführte Text auch bildlich dargestellt: Isis sitzt als Falkenweibchen auf dem Phallus der Osiris-Mumie. Ein aus der gleichen Zeit (18. Dynastie) stammender Osiris-Hymnus berichtet, daß Isis »die Regungslosigkeit des Starren löste (vgl. Shakti!) und seinen Samen empfing«.

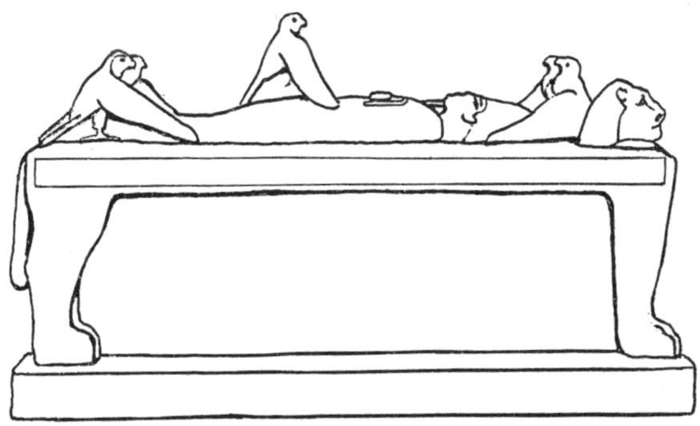

*Abb. 5:* Osiris auf dem Löwenbett (um 600 v. Chr., Abydos, Kairo: Ägyptisches Museum).

Eine auffällige Parallele: im indischen wie im ägyptischen Text erscheint der Gott als »starrer Leichnam«, die Göttin als die Lebendige, deren fließende Energie ihn aus seiner »Starre löst«. Ohne sie »geschieht das Göttliche nicht«, sondern »ruht in sich«. Für uns, die wir gewohnt sind, dem Männlichen Dynamik und Aktivität zuzuordnen, dem Weiblichen hingegen Ruhe und Passivität, bedeutet das eine völlige Umkehrung der bisherigen Sichtweise, die im Westen allzusehr vom Biologisch- Naturwissenschaftlichen her bestimmt wurde. Höchstens in mystischen Strömungen wird Weiblichkeit in ihrer aktiven Lebensdynamik sichtbar. Die beiden alten Texte zeigen uns, daß ursprünglich sowohl im Osten wie im Westen diese Auffassung bekannt war, jedoch geht es dabei nicht um ein biologisches Geschehen, auch wenn die Mythen ihre Bilder von dorther nehmen, weil sie das geheimnisvolle Geschehen nicht anders zum Ausdruck zu bringen vermögen. Erst heute sind wir auch im Westen wieder offen dafür, die der Frau aufgrund ihres inneren männlichen Pols eigene dynamische Kraft zu sehen.
Es geht an dieser Stelle des Mythos um ein inneres energetisches Geschehen. Der Tod des Osiris ist Ausdruck für den Stillstand seiner männlichen Energiebewegung und damit zugleich für den Beginn seiner weiblichen Phase: in ihr fließt die Energie in sich selbst zurück und sammelt sich. Der indische Mythos zeigt uns sehr deutlich, daß das, was nach außen hin als Stagnation erscheint, innen Sammlung meint: Shiva erreicht seinen Zustand der »Totenstarre« durch intensive Konzentration in der Meditation. Sie ist charakteristisch für ihn, und er möchte am liebsten ewig in ihr verharren. Nur Shakti allein gelingt es, ihn in Bewegung zu bringen, zu bewirken, daß »Göttliches geschieht«.
Auch Osiris ist ohne Isis »nur ein Leichnam«. Doch die Ägypter, deren Existenz und Kultur vom Wechsel zwischen Überschwemmung und Dürre bestimmt war, stellen das Ende der männlichen Energiebewegung als Ermordung dar: der nach vorn drängende Gott wird getötet von dem eigenen Bruder, der Entwicklung verhindern und lieber unbewußt bleiben möchte.[4]
Der Mythos benutzt also das Motiv zweier ungleicher Brüder, um zu verdeutlichen, daß wir Menschen einerseits einen starken Drang nach Entwicklung und Bewußtwerdung spüren, daß diesem aber auf der anderen Seite ein Sog, unbewußt zu bleiben, entspricht. Die Ermordung des Osiris durch Seth verbildlicht, worauf Jung

sehr eindrücklich hinweist: wenn wir *einseitig* nur dem Drang nach Weiterentwicklung folgen und die langsameren, »im Schatten liegenden« Kräfte nicht mitnehmen, werden diese uns irgendwann hinterrücks überfallen.

Während sich dieses »Vor und zurück« auf der rein männlichen Ebene abspielt, findet zwischen männlichem und weiblichem Pol ein Wechselspiel statt. Es bedarf des ständigen Wechsels zwischen vorwärtsdrängender männlicher und innehaltender weiblicher Bewegung, wenn Energie schöpferisch wirken soll. In unserem Mythos verlangt diese Dynamik, daß Isis zur gleichen Zeit, da für Osiris die weibliche Phase beginnt, in ihre männliche eintritt: in die Phase fließender Energie. Denn nur so kann sie den Gott aus seinem Innehalten wieder zu neuer Bewegung erwecken. Daß das schöpferische Wirken des Osiris zu einem so jähen Ende kam, läßt vermuten, daß er Isis bisher in seine Entwicklung nicht einbezog. Götter-Dramen sind Seelen-Dramen, die auf der Bühne unserer Seele spielen; deshalb verkörpern Isis und Osiris gegengeschlechtliche Pole unserer Seele von starker Potenz. Das Wechselspiel zwischen beiden kann dann z.B. meinen: wenn die männliche Seelenkraft in uns zuviel analysiert und auseinandergenommen hat, bis wir gar den Überblick verlieren, muß die weibliche erst einmal sammeln und zusammenfügen. Denn Weiblichkeit möchte immer *lebendige* Zusammenhänge sehen, sonst begreift sie nichts mehr. Jeder, der eine längere Zeit fortdauernder Aktivität hinter sich hat, kennt das Bedürfnis nach einer Ruhepause – nach Zurücknahme der Energie. Gönnen wir uns das über lange Zeit hinweg nicht, werden wir oft in eine Energielosigkeit oder gar Antriebslosigkeit *hineingeworfen*; eine Krankheit oder eine andere Krise sorgt dafür, daß wir uns Ruhe gönnen müssen.

Im heutigen kollektiven Geschehen lassen sich sowohl männliche wie weibliche Energiephasen in ausgeprägter Form beobachten. Da sind auf der einen Seite Technik und Industrie in ihrem Drang, Raum und Zeit zu erobern. Sie kennen nur Beschleunigung, ja, rasende Geschwindigkeit, aber kein Innehalten. Das löst bei den Menschen, die spüren, daß ihre Seele nicht mehr mitkommt, eine Gegenbewegung aus: Meditation und andere Übungen der Sammlung nehmen zu, jedoch auch extreme Formen, bei denen das Zur-Ruhe- Kommen als völlige Passivität erscheint, wie z.B. im Drogen- oder Alkohol-Konsum. Doch da der Ruf der Seele nach mehr Innehalten sich weitgehend nur als ein Schrei nach mehr »Freizeit« äußert, in der dann in anderer Form das hektische Getriebe sich fortsetzt, schlägt Seth heute zunehmend zerstörerisch zu.

An der Basis spüren allerdings auch schon viele Einzelmenschen das Bedürfnis nach einer Vereinigung zwischen männlicher und weiblicher Energiebewegung in sich selbst. Für solche könnte der alte Mythos mit seiner Botschaft von der verlorenen ursprünglichen (aber noch unbewußten) Androgynie und der Sehnsucht, sie bewußt auf einer höheren Ebene wiederzufinden, wegweisend sein: können wir männliche und weibliche Seelenkraft gleichsam als zwei »Liebende« verstehen, die zu fruchtbarer Vereinigung erst durch den dynamischen Rhythmus von Aktivität und Ruhe gelangen und geben wir beiden Bewegungen Raum und Zeit, so werden Geben und Nehmen in uns letztlich eins werden. Auf dem Weg dorthin wird manche Frau einen toten Osiris in sich erwecken, mancher Mann seine vergessene Isis erst suchen müssen. Das ist keine unüberwindliche Aufgabe, wenn wir die Sehnsucht beider Kräfte nach dem jeweiligen Gegenpol ernstnehmen. Erst das gemeinsame Wirken beider ermöglicht schöpferisches Tun, denn kreativer Geist ist androgyner Geist.

Um zu solcher Zwei-Einheit zu gelangen, muß die Frau eine eher »aggressive« Tat (im ursprünglichen Bedeutungssinn von »aggredi«: auf etwas zugehen) ausführen, wie an Isis deutlich wird. An dieser Schwelle zu ihrer männlichen Phase, wo die weibliche Sichtweise in den Hintergrund tritt, kann die Frau allerdings leicht einer *falschen* Männlichkeit verfallen, indem sie meint, es dem (äußeren) Mann gleichtun zu müssen. Für einen bisher aktiven Mann hingegen müssen Vorwärtsdrang und betonte Bewußtseinskontrolle erst einmal »sterben«, damit er zu einer rezeptiven weiblichen Haltung finden kann. Dabei wird er den Verlust seiner bisherigen männlichen Sicherheit erleben, und es wird ihn hart ankommen, die Unsicherheit und Hilflosigkeit, in die er in der Übergangsphase gerät, erst einmal zuzulassen und durchzustehen. Sich bewußt auf den Weg zum gegengeschlechtlichen Pol im eigenen Innern zu machen, ist in jedem Fall schwieriger, als unbewußt in ihn hineinzufallen. Für die Frau wie für den Mann entsteht beim Übergang ein Moment, oder auch eine etwas längere Phase, in der es so scheint, als ob sie den »Boden unter den Füßen

verlieren«, weil ihnen das entschwindet, womit sie bisher vertraut und verwachsen waren.
Andererseits wird gerade dadurch ein heilsamer Reinigungsprozeß ausgelöst, der zu mehr Ganzwerdung führen will. An Osiris läßt sich ablesen, wie der Durchgang durch den Tod – und damit durch die Phase reinen Empfangens – Wandlung bewirkt: was zunächst Entfernung vom Ursprung und gleichsam »Chaos« war, wird eine neue, schöpferisch wirkende Verbindung zu ihm, in Gang gesetzt durch Isis.
Damit Entwicklung auf solche Weise verlaufen kann, tut ein Mann, der – wie Osiris – in sein *Auch*-Frau-Sein unbewußt hineingeworfen wird, gut daran, das *so* anzunehmen, wie es ist, ohne sich männlich dagegen wehren zu wollen. Das bedeutet dann, daß er *bewußt* in eigene Verantwortung nimmt, was ihm zunächst nur »passiert« ist.
Die Mumienstarre des ägyptischen Osiris entspricht dem »Ödland« im mittelalterlichen Gralsmythos. Psychologisch meint sie den Zustand einer Depression, religiös den einer »Gottesferne«. Die im Ödland verloren gegangene Fruchtbarkeit entspricht dem stagnierenden Energiefluß.
Kosmisch bedeutet der durch Gewalt herbeigeführte Tod des Osiris eine Zerstörung der Schöpfungsordnung und Rückfall ins Chaos. Chaos als Wider-Ordnung entstand nach Auffassung der Ägypter immer dann, wenn die Menschen sich zu weit vom Schöpfungs-Ursprung entfernt hatten. Neue Ordnung konnte folglich nur durch Rückkehr zu diesem Ursprung hergestellt werden.
Auf die Psyche des Menschen bezogen, ist »Chaos« ein Symbol für die Übergangsphase zwischen dem bereits abgesunkenen alten und dem noch im Unbewußten verborgenen neuen Bewußtsein. Nichts stimmt mehr in dieser Phase, in der erst einmal die Orientierung verlorengeht und eine neue noch nicht in Sicht ist. Rückkehr zum Schöpfungsursprung läßt sich dann verstehen als ein Zurückfließen der Lebensenergie zu ihrem inneren Ursprung, wo sie sich gleichsam »neu aufladen« muß. Auf der physischen Ebene vollzieht sich ein solcher Prozeß ohne unser Zutun im selbstverständlichen Wechsel zwischen Aus- und Einatem, Schlafen und Wachen oder im Pulsschlag des Herzens. Auf der psychischen Ebene hingegen bedarf es der bewußten Mitwirkung, damit Altes wirklich »sterben« und Neues sich entwickeln kann.

Isis selbst sagt über ihre bewußte Mitwirkung, über ihre männlich-aktive Phase:

Es gibt keinen Gott, der tat, was ich getan habe, noch eine Göttin: ich machte mich zum Manne, obwohl ich eine Frau war.[5]

Dieser alte Text sagt verblüffend klar, was wir tiefenpsychologisch heute so ausdrücken würden: Isis wechselt hinüber zu ihrem inneren männlichen Pol. Sie *weiß* also darum, daß sie androgyn ist – anders als der Urschöpfer Atum. Meines Wissens ist sie die erste ägyptische Gottheit, die sich ihrer weiblich-männlichen Zwei-Einheit völlig bewußt ist und sie auch einsetzt. Das bedeutet, daß sie auf einer differenzierteren Stufe als Atum zur Ur-Schöpferin wird – einer Schöpferin *durch Liebe*. Die »Herrin des Lebens« lockt mit ihrer Liebe hervor, was noch in der »Trägheit« des »Urgewässers Nun« ruht. Mit ihrem göttlichen Lebensodem weckt sie die Urkraft des Lebens in dem in der Mumienhülle verborgenen »Keim«. Ihr schöpferischer Ruf geht dabei von der himmlisch-geistigen Seite ihres Wesens aus (erinnern wir uns, daß auch Shakti als »Lichte« bezeichnet wird), die sich in der weiblichen Gestalt jenes Vogels verkörpert, der in Ägypten das Sonnenhaft-Geistige symbolisierte. Sie ist die »Geistin«, welche die erstarrte Mumie des Gottes zu neuem Leben, und das heißt zur Zeugungsfähigkeit, erweckt, indem sie in ihre männlich-zündende Kraft hinüberwechselt.

Was Isis tut, kann als göttliches Urbild für etwas stehen, was überall dort zwischen Menschen geschieht, wo jemand in einem anderen ungelebtes, noch unerkanntes Potential entdeckt und es durch seinen Geist-Impuls anregt, sich auszugestalten. Es ist die Liebe der Isis, welche die Trennung vom Ursprung überwindet, der Osiris zum Opfer gefallen war. Liebe als eine Ur-Kraft unseres Daseins vermag Gegenstrebiges zur Ganzheit auf einer neuen Ebene zu führen, Verborgenes ans Licht zu locken und Gestalt werden zu lassen. Während männliche Bewußtwerdung auf dem Weg der Trennung und Differenzierung erfolgt, geschieht weibliche Bewußtwerdung, wie Isis sie vorlebt, auf dem Weg der Sammlung hin zur Liebe, die Trennung überwindet, indem sie durch ihre Geist-Kraft neues Leben aus der Tiefe hervorruft. Dabei trägt sie die »Flügel« geistiger Freiheit – nicht, um in die Höhen des Weltalls wegzufliegen, sondern um die Erde und Irdisches zu be-geisten, mit Geist zu durchdringen bis in die Tiefen der Unterwelt, mit denen sie gleichfalls vertraut ist. Denn Isis vereint in sich Himmel, Erde und Unterwelt, und damit zugleich Lichtes *und* Dunkles.

Darin liegt ein bedeutsamer Hinweis für die menschliche Frau: solange sie ihre eigenen dunklen Tiefen nicht kennt und annimmt, kann sie nicht mit den Flügeln ihres Geist-Seins neue schöpferische Potenz aus männlicher Erstarrung erwecken. Gerade das aber ist eine wesentliche Aufgabe, die ihr heute zu-fällt. Auch wenn die mythischen Bilder und Worte einer längst vergangenen Epoche entstammen, so ist doch das von ihnen angesprochene Thema hochaktuell: nachdem männlicher Machbarkeitswahn »tote Materie« als seine Spur hinterlassen hat – sichtbar in der sterbenden Natur und vielen neuen Krankheiten, die in der Seele zunehmend auftretende Unlebendigkeit, Antriebslosigkeit, Depression und innere Leere hervorrufen – kann Neu-Zündung schöpferischen Potentials wohl auch heute nur

*Abb. 6:* Nephthys (Bronze, etwa 6. Jh. v. Chr., Wien: Ägyptisch-Orientalische Sammlung).

von der weiblichen Seite her erfolgen. Dazu bedarf es der Beziehung und Liebe – so lernen wir von Isis. Nur so kann das in der Tiefe des Abgestorbenen noch verborgene Ur- Potential ans Licht gelockt werden. Es ist jene göttliche Kraft in uns, die sich danach sehnt, erkannt und zum Leben geweckt zu werden. Tote Materie liebevoll umhüllend, vermag Isis das Verborgene zu ent-hüllen und zu ent-bergen. Erst wo das irdische Gehäuse des Leibes nicht mehr hindert, kann die unsterbliche Zeugungskraft aus ihrem jenseitigen Wurzelgrund ins Diesseits hineinwirken. Im Phallus des *toten* Osiris verdichtet sich ihr Geheimnis zur reinsten Form und überwindet die Grenze des Todes.

Zu Beginn des Mythos erfuhren wir, daß Isis gemeinsam mit ihrer Schwester Nephthys den ermordeten Bruder sucht, beklagt und schützt. Nephthys, die nur sehr selten allein auftritt, sondern meist gemeinsam mit Isis, wirkt gleichsam aus dem Schweigen des Hintergrunds. Beziehen wir beide Schwestern auf eine einzige Frau, so entspräche Isis eher dem weiblichen Ich, Nephthys hingegen der im Schatten liegenden Weiblichkeit, die allerdings – im Unterschied zum Gegeneinander der Brüder – stets im Einklang mit ihrer Schwester handelt. Sie erscheint mir wie ein auf tiefer Ebene mitschwingender Resonanzboden. Ihr Name, der »Herrin des Hauses« (oder auch: »des Tempels«) bedeutet, weist sie als Hüterin des Innenbereichs, des Unbewußten aus. So kann sie zum Echo und Spiegel für die aktivere Isis werden und gehört als tragende Kraft unabdingbar zu ihr – wie das Schweigen zum Wort, wie die Ruhe zur Tat. Sie gibt dem Tun der Isis die notwendige Tiefenlotung.

Bezieht eine Frau ihre im Schatten liegende dunkle weibliche Seite als teilnehmend und mitwirkend ins gesamte Persönlichkeitsgeschehen ein, dann kann diese »Schattenseite« als positiv und hilfreich erlebt werden, die Handeln rund und lebendig macht. Schal und oberflächlich muß demgegenüber die Aktivität einer Frau bleiben, wenn das Unbewußte ihr nicht Resonanz geben darf: der volle Klang des Frau-Seins wird verhindert. Die Verbundenheit mit der hintergründigen Nephthys- Seite hingegen ermöglicht einer Frau, sich am Faden von Erschütterung, Schmerz und Trauer in die verborgene Bedeutung ihrer Gefühle hinabzulassen und den Verlorenen *auch* im Urozean »Nun« zu suchen. So kann sie ihre tiefen weiblichen Gefühle mit ihrem inneren Mann-Sein verbinden

und einen neuen Energieaustausch in Gang setzen. Isis bietet uns ein Modell dafür, wie eine Frau, die den Zusammenbruch ihres bisher männlich betonten Ich erlebt hat, sich den weiblichen Tiefenkräften, aber auch den ursprünglichen Kräften ihrer männlichen Wesensseite im Unbewußten wieder annähern und sie in ihr bewußtes Leben integrieren kann, um durch das Zusammenwirken beider schöpferisch zu werden.
Aus der Aktivität ihres Auch-Männlich-Seins als Erweckerin schwingt Isis dann hinüber in ihre weiblich-empfangende (*nicht: passive*) Haltung, damit der Same des Osiris »eingehe in sie, die bereit ist«. Während der bislang rezeptive Osiris nun zu einem zeugenden erwacht, wandelt sich das Tun der Göttin zur Hingabe an das Durchdrungen-Werden von jener göttlichen Zeugungskraft, die aus der Tiefe durch Osiris hindurchwirkt. Als solche vermag sie Kräfte freizusetzen, die für unser normales Auge gebunden erscheinen: aus dem toten Fleisch wird lebendiger Geist geboren – Leben auf der höchsten Stufe des Lebendig-Seins, wo sich Lebensenergie in größtmögliches Gegenwärtig-Sein verdichtet und hindurchstrahlt durch jegliche irdisch-menschliche Hülle. Wenn eine Offenbarung, die dem inneren Auge wahrnehmbar wurde, in die Welt hinein fruchtbar werden soll, bedarf sie von der Welt her eines Bildes, eines empfangenden Schoßes, sonst geht sie verloren. Der »Jubel« der Isis kennzeichnet die Erfahrung, daß für eine Frau eine Begegnung mit männlich-göttlichem Geist immer schöpferisch ist, handle es sich um eine innerseelische Vereinigung oder um eine solche mit einem konkreten Partner. Sowohl die Hingabe der weiblichen Seele der Frau als auch die Hingabe der weiblichen Seele des Mannes an das Göttlich-Männliche ist ein Geheimnis der Mystik. Sie war den alten Ägyptern noch fremd, doch scheinen Züge davon in Isis bereits aufzuleuchten. Hingabe als eine aktive Empfangsbereitschaft kennzeichnet die Erfahrung der menschlichen Seele in der Begegnung mit dem Göttlichen, das sich in die Welt hinein zeugen will.
Wir leben heute in einer Zeit, in der es nicht mehr möglich sein wird, ohne bewußte Entwicklung des innerseelischen Gegenpols echte Partnerbeziehung zu leben oder wirklich schöpferisch zu sein. Männliche Zeugungskraft wie weibliche Empfangsbereitschaft wollen Raum in jedem Menschen, in Mann und Frau. Ein Leben des Gegenpols kann allerdings nie bloßes Ausleben meinen,

sondern immer nur im Dienst der Gesamtpersönlichkeit stehen, die eine Integration *beider* Seiten will. Unsere Tragik scheint mir zu sein, daß wir im Verlauf der Jahrhunderte – aufgrund des herrschenden patriarchalen Denkens – isishafte Weiblichkeit, die stets das Ganze des Lebens im Blick hat, zerstörten. In unserer zunehmenden Konzentration aufs Detail verloren wir das Ganze immer mehr aus dem Auge. Das Nacheinander männlicher Logik, die Ganzheiten in Teile zerlegt, wirkt zerstörerisch ohne die Ergänzung durch weiblich-intuitive Zusammen-Schau (ich nenne das, vom Bild weiblicher Geistigkeit im Mythos ausgehend, eine »Rundsicht-Geistigkeit«). In unserer Zeit, da Gegentendenzen zur patriarchalen Sicht sich allerorts zu Wort melden, verwechseln allerdings noch viele, die sich für eine Ganzheitsschau einsetzen, weibliche Sicht mit undifferenziertem Harmoniestreben. Auf diese Weise entsteht leicht eine verschwommen wirkende Weltanschauung, die nicht zu überzeugen vermag. Isishafte Weiblichkeit hingegen ist durchdrungen von einer Klarheit, die keine Grenzen verwischt, weil sie bewußt von einem Pol zum anderen hinüberschwingt.
Am Beispiel einer 43jährigen Frau möchte ich zeigen, wie das Erwachen neuer Osiris-Kraft heute aussehen kann und wie sie sich mit einer Resonanz-gebenden neuen Form von Weiblichkeit verbindet. Die Frau wurde durch eine plötzlich aufkommende depressive Phase gezwungen, ins Dunkel der eigenen Seele hinabzusteigen. Sie wußte nicht, wie es dazu gekommen war, noch begriff sie, was geschah. Sie erlebte nur, wie sie Schritt um Schritt in ein immer dichter und undurchdringlicher werdendes Dunkel hineingeschickt wurde. Da sie spürte, daß ein Sich-Wehren dagegen sinnlos gewesen wäre und daß eine Art »inneres Wesen« diesen Gang einfach forderte, nahm sie die Herausforderung an, ohne zu begreifen. Es wurde zunehmend unerträglicher. Ihren Beruf erfüllte sie mit letzter Kraft; dabei kam sie sich vor, als nähme sie sich von außen her wahr. Sehr aufmerksam und bewußt hingegen achtete sie auf ihren Weg ins Dunkel und alles, was sie dabei erlebte. Nach etwa 8 Wochen hatte sie das Gefühl, nicht mehr weitergehen zu können. Es war für sie, als müsse sie sterben.
Genau an diesem »Todespunkt« jedoch schlug das Geschehen um: sie sah dort, wo sie vorher gerade noch tiefste Schwärze wahrnahm, einen winzigen Lichtkeim auf dem Grund der Dunkelheit

ihrer Seele aufleuchten – gleich der Sonne, die sich am tiefsten Punkt der Mitternacht erneuert. Sie wußte: jetzt beginnt der Wieder-Aufstieg. Frohen Herzens begann sie ihn. Bald danach entdeckte sie, daß etwas sich verändert hatte: »Jubelnd setzte sie sich auf den Phallus« einer bisher unbekannten Kreativität, die plötzlich einfach da war und von der her ihr eine ganz neue Energie zufloß. In der weiteren Folge durfte sie erleben, wie eine ganz neue Innerlichkeit in ihr erwacht war, die sie bisher nie hatte leben lassen. Sie begriff nun, was gestorben war: eine abgelebte Form von Männlichkeit, ein Besser-Wissen-Wollen, mit dem sie bis dahin andere überrannt hatte.

Eine neue »Osiris-Kraft« war aus ihrer Tiefe emporgetaucht, jedoch nicht ohne den schmerzvollen Gang ins Dunkel der eigenen Seele bis hin zum Todespunkt. Ein Traum aus der gleichen Zeit bestätigte ihr, daß sie am Nullpunkt bisheriger Lebensorientierung angekommen war: sie sah sich auf den Fundamenten eines großen, hufeisenförmigen Gebäudes, das zusammengestürzt war, umhergehen; doch waren die Trümmer bereits weggeräumt. Sie sagte zu ihrem Begleiter: »Alles ist zerstört!« – »Mitnichten!« erwiderte er. »Schau dir die stabilen Fundamente an! Auf ihnen kannst du sogleich einen Neubau errichten!«

Gerade in solchem »Bruch« kann der Mensch erfahren, daß die »Ka«- Kraft des Ursprungs Lebendiges hervorbringt. Dieses Paradoxon leuchtet allerdings nur demjenigen auf, der das übergreifende Ganze schon in sich erlebt hat und an jene Ordnung (ägyptisch: »Ma'at«) glaubt, die allem Lebendigen zugrundeliegt und einen Sinn gibt, der nicht begreif-, sondern nur erlebbar ist.

## 2. Abstieg in die Unterwelt – Die Erneuerung der männlichen Kraft aus ihrem Ursprung

Osiris kehrte unfreiwillig zurück in den »Nun«, der vor aller Schöpfung war. Als Gott der Tiefe hat Nun – ebenso wie Tatenen, Aker und Geb – männlichen Charakter. Als Fülle des Urbeginns jedoch trägt er die Ungeschiedenheit männlicher wie weiblicher Wachstumskräfte in sich, enthält die Fülle aller »Samen«. Von Samen wissen wir, daß sie ihre Zukunft als Möglichkeit bereits in sich enthalten. Insofern ruht im Nun die unausschöpfbare Fülle aller Möglichkeiten. Osiris kehrt in die Formlosigkeit uranfänglicher Doppelgeschlechtlichkeit zurück, damit seine männliche Energie wieder zum Fließen kommen kann; das entspricht der psychologischen Erfahrung, daß wirkliche Erneuerung der Persönlichkeit nur im Unbewußten erfolgen kann, dem urschöpferischen Raum aller Möglichkeiten in uns selbst.

Wie Samen im Dunkeln wachsen, so reifen auch neue Erkenntnisse, Einsichten und Fähigkeiten im Schweigen der Tiefe. Wie der Same, so bedürfen auch sie der Schutzhülle, hinter der sich, wie in der Mumienhülle, die »geheime Gestalt des Auferstehungsleibes« verbirgt. Wird sie zu früh entfernt – etwa, weil wir keine Geduld haben, neue Ideen ausreifen zu lassen – so werden sie keine oder nur kümmerliche Frucht bringen. Vielleicht entdecken wir die Fülle zukunftsträchtiger Samen auch gar nicht, denn Kostbarkeiten sind in archetypischer Tiefe verborgen und wollen gesucht und entdeckt werden. Sie offenbaren sich einem profitgierigen und billigen Schnellgewinnungsverfahren nicht. Ein Denken, das gleich Raketen nur nach oben schießt und durchs All rast, wird ihrer nicht gewahr werden. Wir müssen uns schon zu Hacke und Spaten bequemen, um den Erdboden zu lockern und unseren Tiefenwurzeln Atemluft zukommen zu lassen.

Bei den Ägyptern war, wie wir bereits hörten, der Himmel weiblich, die Erde und Erdtiefe männlich. Mir scheint, als ob gerade diese Umkehrung der sonst üblichen Perspektive heute wegweisend sein könnte. Für den Mann ginge es dann darum, seine vernachlässigte oder ihm sogar unbekannte weiblich-empfangende Seite zu entwickeln, um die Einseitigkeit männlichen Machen-Wollens auszugleichen und das Wehen des intuitiv-weiblichen Geistes bei sich ankommen zu lassen. Er würde sich seiner erdhaften Seite bewußt und könnte das phallische Sich-Aufrichten erst einmal als einfachen Ausdruck männlicher Lebenskraft verstehen, die – wie ein Schößling – aus der Tiefe emporsprießt und kundtun möchte: ich bin *da* und möchte wahrgenommen und erfahren werden in meiner Weise, die im Unbewußten bereitliegende Lebens-Energie immer wieder Gestalt werden zu lassen.

Im »Gang« des Osiris in die Unterwelt sehe ich ein männliches Analogon zum Abstieg der sumerischen Göttin Inanna. Dabei fällt sofort ins Auge, daß die Göttin sich bewußt auf den Weg macht und erst in der Tiefe durch ihre dunkle Schwester getötet wird.

Osiris hingegen taucht unbewußt hinab, nachdem er *zuvor* durch seinen dunklen Bruder getötet wurde. Vielleicht könnte das bedeuten, daß ein Mann nur ungern freiwillig in seine dunklen Tiefen hinabsteigt und eher von seiner unbewußten Weiblichkeit hinabgezogen oder von seiner schattenhaften Männlichkeit hinabgejagt wird. Für einen bewußten Abstieg bedarf er einer weiblichen Führerin, während umgekehrt Inanna durch einen männlichen Geleiter zur Göttin der Tiefe geführt wird. Führen wir den Vergleich weiter, entdecken wir, daß der Aufstieg Inannas durch den Weisheitsgott Enki, jener des Osiris durch die Weisheit der Isis ermöglicht wird – also wiederum jeweils eine gegengeschlechtliche Gottheit! Und es ist eine, für die – hier wie dort – kennzeichnend ist, daß sie sowohl ihre jeweils dunkle Seite als auch ihren gegengeschlechtlichen Pol integriert hat.
Für den Menschen symbolisiert ein solches Geleit die Vermittlung zwischen den Tiefenschichten des Unbewußten und dem Bewußtsein, das auf solche Weise Erneuerung erfährt. Setzen wir Osiris für den kulturschaffenden Geist, so schneidet dieser sich ab von seinem instinkt- und triebhaften Bereich, wenn er sich vom Rhythmus des Auf und Ab in der Natur entfernt und nur dem Drang nach vorne folgt. Das hat zur Folge, daß die Instinkte nicht in die Gesamtpersönlichkeit integriert werden und ein schattenhaftes Eigenleben führen. Kann die unterdrückte Instinktnatur nicht länger in der Verdrängung gehalten werden, gewinnt der primitive Zerstörungsdrang die Oberhand. Dieser wirft den Mann hinab in die Tiefe dunkler Männlichkeit, in der er gleich einem Ertrinkenden untergeht. Denn wo die mächtige Instinktnatur nicht in die Entwicklung der Persönlichkeit einbezogen wird, bleibt sie unmenschlich und unbezogen. Wie der Seth-Schatten selbst nur Spielball seiner Triebe ist, entsprechend wirft er auch den Menschen herum, der ihn nicht mitleben läßt. So wird Zerstückelung zur Folge der Unfähigkeit, den mächtigen Schatten mit der übrigen Persönlichkeit zu vereinen. Ein Mann, der den Osiris-Archetyp lebt, darf nicht nur seinen Idealen folgen, wenn er volles Mann-Sein leben will, sonst jagt ihn irgendein Unglück in die Tiefe.
Wie eine Frau – gleich Inanna – durch Abstieg zur dunklen Schwester ihre bisher nur lichte Seite durch deren Gegenbild ergänzt, so kann für einen Mann der Tod seiner über-hellen Männlichkeit zum Eingangstor in die unbewußten Schichten seiner chthonischen Er-

gänzung werden, jener urmännlichen Quelle numinosen Charakters, von der schöpferisch-zeugendes Handeln letztlich ausgeht. Weiß der Mann um die Erneuerung männlicher Potenz (allgemein verstanden, nicht auf Sexualität begrenzt) aus den Urtiefen des männlichen Unbewußten, dann wird es ihm möglich, auf seiner »Nachtmeerfahrt« dorthin zurückzukehren, ohne Angst haben zu müssen, seine männliche Identität aufzugeben. Wenn er das Unbewußte jedoch nur mit der verschlingenden »Großen Mutter« identifiziert, wird es ihm selbstverständlich Angst einjagen. Aus ägyptischer Sicht ist es jene überindividuelle Ka-Kraft Atums (in vielen Kulturen unter dem Bild eines Ur-Phallus erscheinend), aus der männlich-schöpferisches Tun sich erneuert.

Freilich bedeutet der Weg des Mannes in die Tiefe auch eine Konfrontation mit der Schattenseite männlicher Energie, der Sethhaften Zerstörungswut. Solche Auseinandersetzung ist unangenehm, doch wo sie vermieden wird, konstellieren sich die dunklen und zerstörerischen Kräfte im Außen. Dann kann ein Mann, der sich mit Geltung und Ansehen identifiziert und so von seinen erdhaften Kräften abspaltet, diesen z.B. in Form von Jähzornsausbrüchen begegnen – entweder bei seinen Angehörigen oder bei sich selbst. Oder wenn er rücksichtslos Leistungs- und Machtsteigerung im Beruf sucht, kann ihn etwa eines Tages eine Depression einholen.

Hinzu kommt, daß »es scheint, als ob sich in unseren Tagen der dunkle Aspekt (Gottes) in Form der zerstörerischen, verstrahlenden, vergiftenden, erstickenden, krankmachenden Seite des technischen Fortschritts verwirklicht«[6]. Nachdem der Mann seinen Gott in Maschinen und Raketen nach außen gesetzt hat, muß er sich in der Konfrontation mit seinem Schattenbruder notwendigerweise auch mit der weltzerstörerischen Macht seines Seth auseinandersetzen. Immer aber wird eine Schattenbegegnung mit dem dunklen Bruder von ihm den Blick in den Abgrund eigener Brutalität und des eigenen Vergewaltigers fordern. Vergewaltigt hat er oft nicht nur seine innere Weiblichkeit, sondern leicht auch seine eigene männliche Schöpferkraft. Anerkenntnis der Ambivalenz seiner männlichen Natur ermöglicht einem Mann, einen neuen Zugang zu seiner phallisch-göttlichen Kraft zu finden. Denn männliches Sich-Aufrichten, das sich nicht in ihr gründet, muß eines Tages umfallen. Ich wirke aus der in mir anwesenden und lebendigen göttlichen Urkraft »Ka« heißt im Sinne des Osiris-Mythos: »Ich und der Vater sind eins!« Wo hingegen männlich-rationales Bewußtsein sich absolut setzt und seine Macht ohne Verbindung zur göttlichen Tiefenenergie entfalten möchte, da wird technischer Fortschritt wichtiger als Menschen und als die Erhaltung der Schöpfung.

## 3. Die »göttliche Frucht des Leibes« – Die neue Lebensmöglichkeit darf heranreifen

Jeder seelische Entwicklungsprozeß entspricht einer Schwangerschaft und verlangt danach, wie diese ausgetragen zu werden. Das ist eine Phase des Nach-innen-Schauens und -Lauschens auf das »Kind«, die neue Energie- und Entwicklungsmöglichkeit, die sich entfalten will. Gleich einer werdenden Mutter warten wir voll Hoffnung, bis das neue Leben reif genug ist, um in die Welt hineingeboren zu werden. In einer solchen Phase wird die bisherige Aktivität zu einem großen Teil geopfert. Darum ruft auch Isis jetzt die männlichen Götter auf, aktiv zu werden, damit sie sich ganz auf das Geschehen in ihrem Schoß konzentrieren kann.

> Isis erwacht, schwanger vom Samen ihres Bruders Osiris.
> Die Frau erhebt sich eilends,
> frohen Herzens über den Samen ihres Bruders Osiris.
> »Oh, ihr Götter, ich bin Isis, die Schwester des Osiris.
> Sein Same ist in meinem Leib.
> Ich habe die Gestalt eines Gottes geknüpft im Ei,
> auf daß er die Herrschaft antrete über dieses Land.
> Kommt, ihr Götter, und beschützt ihn im Innern meiner Vulva.
> Wisset in euren Herzen, daß er euer Herr ist,
> dieser Gott in seinem Ei!«
>
> »Juble«, sagt Re-Atum, »dein Herz sei vergnügt!«
>
> »Ich bin Isis, die strahlkräftiger ist
> und erlauchter als alle Götter.
> Es ist ein Gott in meinem Leib,
> ein Same des Osiris ist er.«

> Re-Atum sagt: »Wenn du schwanger bist, sollst du dich verstecken, Jungfrau.
> Ein Knabe ist es, den du trägst und den du gebierst zu den Göttern.
> Wahrlich, es ist der Same des Osiris.
> Nicht soll kommen jener Widersacher, der seinen Vater getötet hat.
> Er wird sonst das Ei zerbrechen in seinem Kindesstadium.«[7]

Jetzt ist es Isis, die erwacht – erwacht zu einer neuen Wahrnehmung ihrer eigenen Weiblichkeit. Sie lernt sich gleichsam auf einer neuen Ebene kennen, zu der sie vorher noch nicht erwacht war: die Göttin gewinnt ein neues Selbstbewußtsein innerhalb ihrer göttlichen Dimension. Ihr Erwachen wirkt wie ein Sprung in eine neue Energiestruktur. Die Erfahrung ist so überwältigend neu, daß sie sie drängt, sich den Göttern mitzuteilen. Das ihr innewohnende, neue Geheimnis – Frucht des Durchdrungen-Werdens vom geheimnisvollen Phallus des Toten – läßt sie zu einer Kündenden werden: »Ich habe die Gestalt eines Gottes geknüpft im Ei, auf daß er die Herrschaft antrete über dieses Land.« Die Freude der Isis, Empfangenes weiterschwingen zu lassen und weitergeben zu dürfen, ist Ausdruck des Bewußtseins, daß die göttliche »Frucht des Leibes« nicht als eigener Besitz betrachtet wird, sondern als ein Geschenk an Götter und Menschen.

Das »Magnifikat« der Maria im Evangelium scheint den Jubelgesang der Isis neu zu weben, und die Botschaft des Engels mutet wie eine Neufassung der Rede Atums an – mit dem einen Unterschied, daß *er* nur bestätigen kann, was Isis bereits weiß, während die Botschaft des Engels Maria eine überwältigend neue Botschaft bringt. Ist Isis »froh über den Samen ihres Bruders Osiris«, so ruft Maria aus: »Mein Geist jubelt über Gott, meinen Retter!« – Isis weiß, daß diese Schwangerschaft ihr eine besondere Stellung unter den Göttern verleiht: »Ich bin Isis, die strahlkräftiger und erlauchter ist als alle Götter!« Ähnlich ist Maria sich bewußt, daß sie eine besondere Auserwählung unter den Menschen erfährt: »Siehe, von nun an preisen mich selig alle Geschlechter!«

Angesichts solchen Getroffen-Seins vom Göttlichen bricht spontaner Jubel im Herzen auf, und der Getroffene muß künden. Das ist uns auch von Propheten und Heiligen bekannt. Zwar ist es freie Entscheidung des Menschen, *ob* er sich in den Dienst der Gottheit stellt. Hat er sich jedoch für diese Hingabe entschlossen, dann läßt das Göttliche, das ihn ergreift, kein Ausweichen mehr zu, und

Propheten wie Heilige müssen auch gegen ihren eigenen Willen künden; denken wir nur an Jeremias oder an Hildegard von Bingen, die immer krank wurde, sobald sie einen unangenehmen Auftrag Gottes nicht erfüllen wollte.
Versuchen wir, das in die psychologische Sprache C.G. Jungs zu fassen, dann können wir sagen: geben wir uns der Führung unseres größeren Selbst beziehungsweise unseres eigentlichen Wesenskerns anheim, dann müssen wir ich-haftes Wollen opfern. Der Auftrag der überpersönlichen Macht wird unausweichlich, sobald wir uns in ihren Dienst – und das ist zugleich der Dienst am größeren Ganzen – gestellt haben. Dann gehört das Große, das der einzelne erfährt, allen, die bereit sind, es zu hören und es aufzunehmen. Nach dem Glauben der Indianer ging der Großtraum eines Stammesmitglieds, auch wenn er noch ein Junge war wie »Schwarzer Hirsch«, den gesamten Stamm an. Maria wußte sehr deutlich, daß Jesus um aller Menschen willen geboren werden sollte, und für Isis stand außer Zweifel, daß ihr Sohn geboren würde, um den »Bruch« in der Schöpfungsordnung wieder zu heilen.
Isis galt als die »Strahlkräftige« schlechthin unter den Göttern Ägyptens. Ihre »Strahlkraft« wurde erkennbar in ihrem Heilung wirkenden Wort und in ihrem belebenden Tun. Grundsätzlich verstanden die Ägypter darunter das Hindurchleuchten des Jenseitig-Göttlichen durch Diesseitig-Menschliches. Soll dies sich ereignen, muß der Mensch sich für das Göttliche durchlässig machen, wie Maria es tat mit ihrer Antwort: »Mir geschehe nach deinem Wort!« Dieses Göttliche, das in sie eintritt, wird sie dereinst überstrahlen: »Er wird über das Haus Jakobs herrschen in Ewigkeit!« So weiß auch die Göttin, wie sehr ihre Strahlkraft dem Sohn und allen Menschen zugute kommen wird: »auf daß er die Herrschaft antrete über dieses Land!« Gehen wir von dem mit einer Suchwanderung begonnenen Prozeß der Einzelseele aus, dann könnte das heißen: die Isis-Seele im Menschen, die sich durch die gegebene Situation zu aktiver Empfangsbereitschaft herausfordern läßt, kann schwanger und überstrahlt werden von dem inneren Licht, das durch sie ausgetragen und in die Gemeinschaft der Menschen hineingeboren werden will. Auch sie erwacht dann zum Bewußtsein, daß ein neues Mann-Kind in ihr wachsen und sich entfalten möchte.
Da Isis weiß, daß dieses Kind bedroht sein wird durch den Feind seines Vaters, ruft sie alle männlichen Götter zu seinem Schutz

auf: »Beschützt ihn im Innern meiner Vulva!« Auch wir können solche neuen Keime in uns gar nicht sorgsam genug behüten, denn Seth-haft zerstörerische Tendenzen werden auch in uns alles daran setzen, ihre Macht zu behalten und zu erweitern. Leider haben sie allzu häufig Erfolg, weil unsere mütterliche Aufmerksamkeit versagt oder wir die männlichen Götter unserer Seele nicht um ihren Beistand bitten. Im Mythos folgen sie dem Ruf der Isis, so daß dem »Gott in seinem Ei« die volle Zeit seiner Schwangerschaft gewährt ist. Sie entspricht jenen Inkubationsphasen der Seele, in denen neue Erkenntnisse, Möglichkeiten, kreative Potenzen und Prozesse ausreifen möchten, was vom Ich viel Geduld erfordert. Es ist gleichsam ein »Tun im Nicht-Tun« angesagt – ein spezifischer Wesenszug weiblichen Bewußtseins in der Hingabe an das neue Leben.

Isis weiß, daß der neue Gott ein besonderer Gott sein wird, denn er wird sich im Menschsein verkörpern, also Sohn zweier Welten sein – ein Charakteristikum jeder Geist-Zeugung! So kann sie zu den Göttern sagen: »Wisset in euren Herzen, daß er euer Herr ist, dieser Gott in seinem Ei!« (Wir werden erst später verstehen können, was sie damit meint.) – Auch der höchste Gott, Re- Atum, fühlt sich mitverantwortlich für das ungestörte Heranreifen dessen, den er als »Same des Osiris« anerkennt: »Nicht soll kommen jener Widersacher, der seinen Vater getötet hat! Er wird sonst das Ei zerbrechen in seinem Kindesstadium!«

Es ist gut für die schwangere Isis-Seele, wenn sie einen so mächtigen Schutz hat, denn der neue Keim ist besonders gefährdet durch Seth-hafte Macht- und Habgier von seiten des Ichs, aber auch durch dessen Überforderungen und Verletzungen. Findet ein fruchtbarer Dialog mit den männlichen Göttern innerhalb der Seele statt, werden diese ins seelische Wachstum einbezogen und eingebunden, ohne leistungsbetonte »Programme« aufstellen zu müssen, die den inneren Prozeß stören oder gar abbrechen.

Eine 37jährige Frau zeigte mir ein spontan gemaltes Bild. In der Mitte war eine sitzende Frau zu sehen, die schützend mit ihren Händen eine goldene Kugel vor ihrem Herzen umfaßte. Der Frau fiel dazu ein: »Die Sonne«. – Rechts von der Sitzenden trachtete ein schlangenhafter dunkler Geist der »Sonne« nach dem Leben, links ragte ein großer Engelsflügel ins Bild hinein. – Ich war sofort an das Sonnenkind im Schoß von Nut-Isis, eine Darstellung transparenter Schwangerschaft aus dem NR, erinnert; sie ist das Urbild für die orthodoxe »Gottesmutter des Zeichens«.[8]

Es ist immer wieder erstaunlich, wie solche uralten Symbole auch aus dem Unbewußten moderner Menschen spontan aufsteigen und so ihre zeitlose Gültigkeit bestätigen. Die Sonnc, Symbol des täglich neu aus dem Unbewußten auftauchenden Bewußtseins, eignet sich sehr gut als Beispiel für das durch eine dunkle Macht bedrohte Neue. Bei der genannten Frau war alles, was zu keimen begann, sofort bedroht von einer selbstzerstörerischen Einstellung, in welcher der dunkle Geist des Vaters weiterlebte. Daß es für sie auch positive Möglichkeiten geben könne, schien ihr unglaubhaft. Entsprechend skeptisch betrachtete sie den Engelsflügel.

Jeder Prozeß, der zu einer neuen Lebensorientierung oder zu einer neuen Einsicht führt, ist eine kleine oder große Schwangerschaft. Doch sie ist nur dann transparent, wenn wir sie als solche leben und nicht schnell etwas »machen« wollen. Es scheint vielen Menschen schwer zu fallen, einen Inhalt, eine Idee oder einen Konflikt, die noch nicht ausgereift sind, meditierend und wohlwollend-liebevoll zu umkreisen. Vielleicht könnten wir alle ein wenig besser miteinander umgehen, wenn unsere Isis-Seele häufiger schwanger sein und ihre Schwangerschaft austragen dürfte.

Für die Ägypter, die eine Seele in unserem Verständnis noch nicht kannten beziehungsweise noch kein Wort dafür hatten, war das Herz Sitz und Kern der Persönlichkeit. So konzipierte der Schöpfergott von Memphis, Ptah, die Welt zuerst in seinem Herzen, dem Mutterschoß der Geist-Zeugung. Männliche Schöpfergötter können »Vater und Mutter« zugleich sein. Was Ptah mit dem Wort seines Mundes erschafft, hat er zuvor in der Schwangerschaft seines Herzens ausgetragen.

Dies könnte ein Modell sein für die kleinen und großen Schwangerschaften unserer Seele. Die Ganzheit unserer Persönlichkeit wäre beteiligt, wenn das Herz trächtig sein und Frucht austragen dürfte, gewachsen aus der Begegnung und Verbindung mit der geistigen Kraft unserer schöpferischen Tiefe, die immer archetypischer Boden ist.

# *3. Mythologem:* Das göttliche Kind – Heilbringer für Himmel und Erde

## 1. Die Herbergsuche – Habgier verhindert neues Leben

Isis sagt: Thot sprach zu mir: »Verbirg dich mit deinem kleinen Sohn, bis seine Kraft voll entwickelt ist, damit man ihn auf den Thron seines Vaters setze«... So floh ich zur Abendzeit und sieben Skorpione mit mir, die mir dienten. Ich verbot ihnen, den zu leiten, der mir nachstellt. Endlich erreichten wir die Häuser der Frauen vor dem Sumpfgebiet hinter Buto. Sobald eine vornehme Dame mich von weitem sah, schloß sie die Tür vor mir. Das verdroß die Skorpione. Sie berieten miteinander, legten ihr Gift zusammen auf den Stachel der Tefun, und während ein armes Fischermädchen mir ihre Tür öffnete, schlüpfte Tefun unter der Tür der Reichen hinein und stach ihren Sohn. Da war ihr Herz betrübt, weil sie nicht wußte, ob ihr Sohn am Leben blieb. Sie rannte unter Wehklagen durch die Stadt, aber keiner kam herbei. Um des unschuldigen Kindes willen rief ich ihr zu: »Komm her, mein Mund hat Lebenssprüche.« ... Ich legte meine Hände auf das Kind, um es zu beleben und sprach: »Gift der Tefun, fließe zu Boden! Kreise nicht herum, dringe nicht ein in den Körper! Ich bin die Herrin des Zaubers. Jedes beißende Gewürm gehorcht mir!« – Auf diese Weise rief ich das Gift jedes Skorpions beim Namen, daß es zu Boden fließe. Dann brachte die Reiche all ihre Habe und füllte auch das Haus des Mädchens, zum Dank und als Buße, weil sie nicht geöffnet hatte.[1]

Als die Geburt ihres Kindes nahe ist, verläßt Isis die männlichen Götter, kommt als Mensch auf die Erde und sucht Herberge bei den Menschen-Frauen – ein Motiv, das später bei der griechischen Leto und, uns allen vertraut, bei der biblischen Herbergsuche wiederkehrt. Wie in allen Mythen und Märchen, wo

Götter Herberge bei den Menschen suchen, findet auch Isis nur Aufnahme bei den Ärmsten der Armen, den Fischern des Deltagebietes. Um die Geburt des Horus vor den Nachstellungen des Seth zu schützen, flieht sie in die Verborgenheit der Deltasümpfe, beschützt von sieben Skorpionen. Diese sind eigentlich Begleittiere der Göttin Selkit; da Isis ihrer bedarf, übernimmt sie hier also auch die Selkit- Qualität. (Ägyptische Götter sind da ausgesprochen flexibel!)

Skorpione und Schlangen sind die gefürchtetesten Tiere im Sumpfgebiet des Nildeltas. Aus ihren feuchtdunklen Verstecken schießen sie blitzartig hervor, wenn sie sich bedroht fühlen. Dem Bereich der Erdtiefe zugehörig, markieren sie die Grenze zwischen Leben und Tod. Mit ihrem aggressiven Gift wirken sie zerstörerisch und können – zumindest für ein Kind – tödlich sein.

Der Skorpion ist eines der ältesten Tiere der Erde. Nur bei Einbruch der Dunkelheit kommt er hervor und packt Insekten in Bruchteilen von Sekunden als Beute. Mit vernichtender Aggression verteidigt er sich und schlägt zu. Seine Stiche wurden in Ägypten ebenso gefürchtet wie der Biß der Schlangen. Daher gab es so viele Heilungs-Zaubertexte gegen diese Tiere.

Die Schlange (im Delta war es besonders die Kobra) – sie ist eine noch undifferenzierte chthonische Macht – kann durch ihr lähmendes Gift den Tod bringen. Von jeher umgab sie eine paradoxe Zweideutigkeit von Unheil und Heil, womit sie die Zwiespältigkeit unserer irdischen Existenz symbolisiert: Sie kann den Tod bringen und die Heilung. Das gleiche Gift, das tödlich wirken kann, wird in der homöopathischen Medizin zu Heilzwecken benutzt. Daß bei innerer Anwendung das Gift beider Tiere eine entschlackende, entgiftende Wirkung hat, paßt zu ihrem Wiedergeburtsaspekt: die Schlange geht aus jeder ihrer Häutungen verjüngt hervor. Beim Skorpion ist er weniger offensichtlich. C.G. Jung sagte einmal über den Skorpion, daß er den Weg von der menschlichen zur göttlichen Dimension öffnet, doch daß dieser durch Höllen und Sümpfe führt, die als Schatten und Hindernis erfahren werden.

Isis, die Herrin dieser archetypischen Kräfte in der Natur, wird in vielen Heilungs-Zaubertexten, wie sie im NR, besonders aber im späten Ägypten auftauchen, als die Heilerin schlechthin angerufen. In dieser Funktion begegnet sie uns auch im obigen Text. Doch bevor sie heilt, lösen die sie begleitenden Skorpione die tödliche

Bedrohung aus, und es scheint, als ob sich in ihnen der Zorn der Göttin verkörpere. Sie verhalten sich völlig synton zu ihr: es empört sie, daß die reiche Frau Isis die Türe vor der Nase zuschlägt. Und sie reagieren eigenständig, nachdem sie zuvor »beraten« haben: »sie legen ihr Gift zusammen auf den Stachel der Tefun«. – Sich beratende Skorpione – ein herrliches Bild für das, was C.G. Jung das »Bewußtsein im Unbewußten« nennt – ein Zusammenwirken selbst niederster animalischer Kräfte in Einklang mit uns! Sie dienen uns, wenn wir eine Beziehung zu ihnen haben und sie nicht abspalten.

Es ist ein wohlbekanntes Motiv in Mythen und Märchen, daß die Satten sich verschließen, wenn die Gottheit anklopft, die Armen hingegen Haus und Herz öffnen. Denn es war schon immer so und ist auch heute noch so: Wer Besitz hat, hat Angst, ihn zu verlieren, bestehe er nun in Geld, Macht oder Weltanschauung. Dann sind die Augen geblendet vom Glanz des ängstlich Festgehaltenen, und das – nur für innere Augen sichtbare – Licht der Gottheit kann nicht hindurchdringen. Im Unterschied dazu spürt das arme Fischermädchen mit seiner schlichten Bereitschaft wohl den Hauch der Göttlichkeit, der von der schwangeren Isis und ihrem ungeborenen Sohn ausgeht. Es empfängt die Demut einer Göttin, der eine armselige Hütte nicht zu gering ist, als eine Botschaft von Herz zu Herz. Das hat sich bis heute nicht geändert: welcher nur in ichhaften Wünschen gefangene Mensch wäre imstande, zu spüren, wo in einer Begegnung von Mensch zu Mensch der Atem einer größeren Dimension weht? Wie kann jemand das Geheimnis göttlicher Wirklichkeit wahrnehmen, wenn er die menschliche für die einzige und letzte Wirklichkeit hält? Wo wir jedoch die göttliche Wirklichkeit aufnehmen, werden wir entdecken müssen, daß wir ihr nicht mehr als eine armselige Hütte zu bieten vermögen.

Bei der reichen Frau im Mythos gibt es jedoch noch *eine* Stelle, an der sie verwundbar ist. Genau dort trifft sie der Todesaspekt der Isis in Gestalt der Skorpionin Tefun. Die siebenfache Wirkung ihres Giftes ist wahrlich weitreichend: die vorher hartherzige und abweisende Frau wird zu einer um Hilfe schreienden und um das Leben ihres Kindes bangenden Mutter. Isis, die Skorpionstiche zu heilen vermag, weiß sie auch herbeizuführen. Obwohl sie grundsätzlich Leben schenkt, kann sie in bestimmten Situationen auch tödlich bedrohen. Bei der reichen Frau tut sie es mittels ihrer

Skorpion-Qualität (in einem anderen Mythologem mit Hilfe einer Schlange).

Manche Leserinnen haben vielleicht Mühe, diese scheinbare Grausamkeit einer schwangeren Göttin zu begreifen (es bleibt eine offene Frage, wieviele der heute Herberge suchenden Menschen denen, die sie abweisen, *insgeheim* »Strafe« wünschen!). Solange wir das Tun der Skorpione herausgelöst und nur als Detail betrachten, bleibt es für uns auch unbegreiflich. Erst vom Ende der Begegnung her enthüllt sich der Sinn dessen, was schockiert: das Handeln der Skorpione (als Symbol für den Todesaspekt der Isis) war die einzige Möglichkeit, das Ich-Gefängnis der Frau zu durchbrechen. Indem die Skorpione ihr konkretes Kind verwundeten, bewirkten sie, daß der mütterliche Instinkt der Reichen über ihre Habgier siegte. Nur so kann das *innere* leidende Kind in ihr aus seiner bisherigen Isolierung befreit und wieder an den Lebensprozeß der Frau angeschlossen werden.

Nur über den Weg durch Angst und Not erfährt sie, daß ihr letztlich Heil geschieht. Wo jemand nur als Zerrbild seiner selbst lebt, bedarf es schon eines kräftigen Stachels, um ihn zu seiner eigentlichen Wirklichkeit zu wecken. Ihm nur mit liebevoller Zuwendung zu begegnen, hieße, sein Verhalten verstärken.

Ein bedeutsamer Hinweis liegt in der Tatsache, daß es eine *Göttin* ist, die sich das »erlaubt«: wer gezielt einen derartigen »Stachel« einsetzt, muß frei sein von ich-haften Zerstörungswünschen und Machtansprüchen. Es ist unser inneres, unser göttliches Selbst, das im Mitmenschen ungelebtes Wesens-Potential entdeckt, von dem der andere selbst noch nichts weiß. Nur aus diesem »erkennenden Wohlwollen« heraus, und das heißt aus einer Liebe, die das *Wesen* des Mitmenschen meint, darf jemand den zustechenden »Stachel der Tefun« gegen einen anderen einsetzen: um diesen vor der eigenen Selbst-Zerstörung zu bewahren. Isis, die während der gesamten Schwangerschaft ihr noch ungeborenes Kind vor den Angriffen Seths schützen muß, weiß am besten, daß eine Mutter ihr Kind gegenüber eigenen schattenhaften und zerstörerischen Kräften abschirmen muß.

So werden die Skorpione, die tricksterhaft eigene Initiative ergreifen, nur scheinbar zu Vermittlern des Todes. Sie zerstören, was das wesenhafte Leben der Frau bedroht: die Habgier, die nicht erst bei den christlichen Wüstenvätern, sondern bereits bei den Ägyptern als größte »Sünde« galt. Isis will nicht den Tod des Kindes; sie will die Verwandlung der Mutter, und *diese* kann nur durch Ich-Tod hindurch geschehen. Weil Isis »Leben und Heil« für den Menschen will, muß sie das, was dem Wachsen der Persönlichkeit im Wege steht, zerstören.

Hier unterscheidet sich Isis als »Große Göttin« deutlich von der Gestalt der »Großen Mutter«:

»Die Opfergaben für die Große Mutter hatten stets körperlichen Tod oder blutigen Mord zum Gegenstand, während das Opfer der Seele für die Große Göttin ein Ich-Opfer war, das sich im Herzen abspielte«[2]. Isis ist nicht eine Große Mutter, sondern sie fordert den »Tod eines separaten Ichempfindens«, der es »dem Individuum erlaubt, sein Ich zu transzendieren, ohne es auszulöschen«[3].

Die Geschichte dieser Heilung stellt ein treffendes Beispiel für das Zusammenwirken der dunklen und hellen Seiten der Isis dar und zeigt klar, daß die dunklen nur im Dienst der heilenden Kräfte wirksam werden dürfen. Im Gegensatz zu Seth will Isis nicht einen Tod um der Zerstörung willen, sondern aus jener tiefen Weisheit heraus, daß eigentliches Leben erst aus dem Tod heraus geboren wird. Die andere Seite dieser Weisheit lautet: jede Störung, ob körperlicher oder seelischer Art, drückt eine Disharmonie zwischen den verschiedenen Ebenen des Menschseins aus. So identifiziert sich die Frau mit ihrem materiellen Reichtum und wird daher ihrer spezifisch menschlichen Qualität als seelisch-geistiges Wesen nicht gerecht: sie sperrt ihre weiblich-göttliche Seelenkraft vor die Tür.

Die Lebenseinstellung einer Mutter hat jedoch Auswirkungen auf die Entwicklung ihres Kindes, und vom Ende der Geschichte her zurückblickend, könnten wir sagen: durch das Eingreifen der Skorpione wird die psychische Schädigung, die das Kind erleidet, in eine somatische überführt, weil sie dann ins Auge fällt. (Ähnlich suchen viele Menschen erst dann einen Arzt oder Therapeuten auf, wenn sie eine psycho-*somatische* Störung haben; die vorausgehende psychische bemerken sie nicht.) Indem Isis also die Skorpione ihr Werk tun läßt, schafft sie die notwendige Voraussetzung dafür, daß die Selbstheilungskräfte in der Frau erwachen: sie trifft das Kind und meint die Mutter. Sie heilt das Kind und bewirkt so eine Wiederherstellung des inneren Gleichgewichts in der Mutter.

Wie alt das Heilen durch Handauflegung ist, das noch heute und gerade heute wieder von geistigen Heilern angewandt wird, ist ein weiterer Hinweis, den uns der Text gibt. Auf solche Weise läßt Isis (und lassen alle Geist-Heiler) ihre heilende Energie auf das Kind überfließen und bildet ein Gegengewicht zur tödlichen Energie des Giftes, die zum Ausfließen gezwungen wird. Isis kann so als Symbol der unserer Seele innewohnenden göttlichen Heilkraft gesehen werden.

Isis trifft die Frau an ihrem wundesten Punkt, weil sie weiß, daß sie nur dort zu treffen – betroffen zu machen – ist. Beeindruckend ist, wie sie anschließend Milde und Barmherzigkeit anstelle von Gerechtigkeit walten läßt: dem entwicklungsfähigen Kind in der Frau zum Leben zu verhelfen ist ihr wichtiger, als die starre und geizhalsige Hülle der Frau zu bestrafen. Und das Wunder geschieht: von ihrem Kind her wird die Frau heil, ge-heil- igt, so daß sie nun selbst barmherzig gegenüber anderen sein kann. Sie hat erleben dürfen, daß inneres Gut kostbarer ist als äußere Habe, und sie »muß« dies durch ihr Tun verkünden. Daß sie Isis ihre Habe bringt, heißt psychologisch, daß das Ich, das durch schmerzhafte Erfahrung hindurch die Heilkraft seines innersten Selbst erfährt, sich dann freudig in dessen Dienst stellt. Von der reichen Frau her gesehen, können wir nämlich Isis als ihr inneres weibliches Selbst sehen, das sie nicht zuläßt, weil sie rein ich-haften Wünschen huldigt. Als Folge davon werden niedrige Triebkräfte in ihr destruktiv gegenüber dem Neuen, was sich bei ihr entfalten möchte. Hilfreich wirken unsere Triebe und Instinkte nur im Einklang mit der Gesamtpersönlichkeit. Darauf weisen alle Märchen hin, in denen hilfreiche Tiere auftreten: wer ihrem Rat oder ihrer Warnung nicht folgt, landet im Unglück.

Giftige Skorpionstiche – das könnten im Alltag gehässige und eifersüchtige Bemerkungen sein. Skorpione – das sind wohl auch jene Seiten in uns, die überall ein Haar in der Suppe sehen, ein »Aber« einfügen. Sie können nicht stehen lassen, daß andere sich an Schönem freuen, begeistert sind, sich wohlfühlen. Blitzschnell stechen sie zu mit dem zersetzenden Gift eines Mißtrauens oder einer Abwertung. Pessimistische Warnungen versuchen jede Freude zu zerstören. Vielleicht wissen wir gar nicht, wie oft wir unser inneres Kind durch destruktive Gedanken vergiften. Wer sich dagegen mit seinem Seth-Schatten auseinandergesetzt hat, vermag auch den Seth-haften Trieben (= Tieren) zu gebieten.

Damit alte Einstellungen sterben und neue wachsen können, müssen die schädigenden Mächte beim Namen genannt werden. Es ist das Geheimnis der richtigen Diagnose. Sie ist die Voraussetzung dafür, daß tödliches Gift ausfließen kann: erst die klare Distanzierung von zerstörerischen Wünschen oder Einflüssen macht den Weg zur Gesundung frei. Jedes einzelne Gift muß beim Namen genannt und wirkungslos gemacht werden. – Das täte noch mehr not in einer Zeit, da die verschiedensten Gifte zur Gefahr Nr. 1 geworden sind, in ihrer Wirkung jedoch heruntergespielt werden! Auch hier ist Habgier die Barriere, die einem Umdenken im Wege steht: die Gier nach *Haben* stellt den Besitz an Geld, Macht oder Ruhm an die oberste Stelle und verunmöglicht auf diese Weise die notwendige Distanz von ihr, um den Blick auf die Gesamtzusammenhänge freizugeben. Habgier steht, wie das Beispiel der reichen Frau zeigt, im Kontrast zur Hin-Gabe, und wir können den Durchbruch dieser Frau von ihrer völligen Isoliertheit in starrer Habgier hin zu einer, in der Erfahrung des Leides gereiften Hingabe miterleben: im Symbol der Hin-Gabe ihres Besitzes gibt sie sich selbst der größeren göttlichen Wirk-Kraft anheim. Das ist *ihr* Weg zur neuen Geburt ihres Herzens!

## 2. Das Horus-Kind – Hilflos der Gefahr des Todes ausgesetzt

Mit ihrem schöpferischen Zauberwort ruft Isis ihr Kind, den neuen »Keimling«, aus ihrem Schoß heraus auf die Erde.[4] Sie bedarf dazu keiner Hebamme. Und sie, als die Mutter, gibt ihm seinen Namen, wie das im alten Ägypten üblich war. Auch diese Namensgebung war ein schöpferischer Akt, da der Name das Wesen seines Trägers enthielt. Isis bringt in ihrer Namensgebung zum Ausdruck, daß ihr Sohn »Horus« dereinst zwei Bereichen angehören wird: der Erde, in der er durch seine Zeugung verwurzelt ist und die er als Wirkungsfeld von seinem Vater Osiris erben, und dem Himmel, den er – als wesensgleich mit Re – in der Sonnenbarke überqueren wird, dem er jedoch zunächst noch entgegen-wachsen muß.
Doch – wie alle göttlichen und Heldenkinder – ist auch das Kind der Isis bereits in seinen Anfängen bedroht. Sie selbst berichtet davon im folgenden Monolog:

Ich bin Isis, die schwanger war mit ihrem Nestling,
die den göttlichen Horus trug.
Ich gebar Horus im Falkennest in Chemmis.
Ich jubelte darüber gar sehr,
weil ich in ihm den Rächer seines Vaters erblickte.

Ich verberg ihn, ich versteckte ihn aus Furcht vor Seth.
Ich durchwanderte bettelnd Chemmis aus Furcht vor ihm.
Ich verbrachte den Tag, Nahrung suchend für das Kind.
Ich kehrte zurück, Horus zu umarmen und fand ihn,
den schönen, goldenen Knaben, das hilflose Kind, das vaterlose,
wie er die Ufer benetzt hatte mit dem Wasser seiner Augen,
mit dem Speichel seiner Lippen.
Schwach war sein Leib, matt war sein Herz,
und die Gefäße seines Körpers schlugen nicht.

Ich stieß einen Schrei aus: »Ich bin es doch, ich!«
Doch das Kind war zu schwach, um zu antworten.
Meine Brüste waren voll, sein Leib war leer.
Der Brunnen lief über, aber das Kind dürstete.
Es verweigerte den Krug, weil es zu lange allein war.
Ich fürchtete mich, weil niemand zu Hilfe kam.

Ich legte meine Nase an seinen Mund
und fand, daß er vergiftet war.
Ich schloß meinen Sohn schnell in die Arme
und sprang verzweifelt mit ihm auf und ab:
»Horus wurde gebissen, o Re, der schöne, goldene Knabe,
der schuldlose, jugendliche Sohn unter den Göttern,
Horus, über den ich gewacht und für dessen Herz ich Leben
wünschte!«

Das unvernünftige Kind wimmerte. Da kam Nephthys daher
und weinte, ihr Klagegeschrei lief durchs Delta.
Es kam Selkit: »Was ist los? Wer ist gegen Horus, den Sohn?
O Isis, bete doch zum Himmel, damit die Bootsmannschaft
des Re anhalte und die Barke nicht weitersegle,
solange Horus auf seiner Seite liegt![5]

Der Jubel der Göttin über die Geburt ihres Sohnes als dem »Rächer seines Vaters« wandelt sich sehr bald in Furcht vor der ständigen Bedrohung durch Seth, um dann – in einer weiteren Steigerung –

zu einer verzweifelten Not um das tatsächlich zwischen Leben und Tod schwebende Kind zu werden.

Isis hat ihr Kind in »Chemmis« (zu deutsch: »Papyrusdickicht«) geboren. Denn ein göttliches Kind kommt nicht im Himmel oder im Königspalast zur Welt, sondern unter den Ärmsten der Armen (vgl. die Geburt Jesu!). Das bedeutet psychologisch: es paßt weder zu den hohen Idealvorstellungen, die wir gern mit einem Neuanfang verbinden, noch zum Reichtum etablierter Mächte; seine Geburt ereignet sich vielmehr am ehesten dann, wenn wir uns besonders armselig fühlen und all unsere Ideale und Vorstellungen zerbrochen sind.

»Chemmis« ist ein geheimnisvoller und unzugänglicher Ort im Nildelta. Die tiefsten Schichten des Unbewußten werden mit ihm angesprochen: die Stufe der Sumpfpflanzen und des stehenden Gewässers. Darin spiegelt sich die »Trägheit« des Urgewässers, die geladen ist mit geheimnisvoller Kraft. Denn als »prima materia« (Urmaterie) birgt der Sumpf Möglichkeit und geeignete Bedingung für keimendes Leben.

Diese vegetative Stufe der Umwelt des kleinen Horus entspricht der archaischen Entwicklungsstufe eines Kindes, für das Um- und Innenwelt noch ungeschieden voneinander sind: es wächst sozusagen in den Armen der Natur auf. Innerhalb der Gesamtpsyche eines Menschen meint das Auftauchen des göttlichen Kindes in der vegetativen Schicht des Unbewußten ein autonomes Drängen der naturhaften und undifferenzierten Tiefe, aus sich selbst heraus schöpferisch zu werden – analog der Selbstentstehung Atums aus dem Urozean. Das Symbol des Kindes personifiziert die Lebensmächte, die »übergeordnete Persönlichkeit« (C.G. Jung) im Unbewußten, die Energie neu in Fluß bringen und die Persönlichkeit wandeln möchte. Es ist ein Neubeginn, der alles Zukünftige umschließt.

Den Ägyptern war die Geburt des göttlichen Kindes Wiederholung der Schöpfung, des »Ersten Males«, als der »Urhügel« aus dem Nun emportauchte. So wurde Chemmis zum Symbol des Urhügels, einem mythischen Ort; das heißt er konnte und kann überall sein, wo Schöpfung sich ereignen will. Jeder Tempel war »Chemmis«; überall, wo etwas Neues schöpferisch »geboren« wurde, war »Chemmis«. Das ist das Geheimnis eines mythischen Ortes: er wird zum Mittelpunkt der Welt, weil in dem Moment, wo neues

Leben entsteht, für einen Augenblick die Ewigkeit in der Zeit aufleuchtet und in der Zeit erfahren wird. Diese mythologische Erfahrung ist an keine bestimmte Zeit gebunden und kann sich genau so gut heute ereignen.

Immer spiegelt das Urkind den Drang des Göttlichen, sich auf neue Weise in die Welt hinein zu gebären und zu entfalten. Ein solcher Drang wohnt ebenso dem Weltstoff inne wie der menschlichen Seele. In ihr ist es die dem Herzen innewohnende göttliche Kraft, die sich in das Leben der betreffenden Persönlichkeit inkarnieren möchte.[6] Als Symbol der Hoffnung kommt es aus der Zukunft, geboren wird es aus der tragenden Kraft der Vergangenheit. »Es manifestiert in einer neuen Weise die Macht der Götter und bedeutet für den Menschen den Anbruch eines neuen Zeitalters«[7], das heißt eine Neuorientierung seines bisherigen Lebens, wie sie in Krisensituationen und besonders in der Lebensmitte von der eigenen Seele gefordert wird. In dieser Zeit träumen Frauen und Männer häufig, daß sie ein kleines Kind haben.[8] Selten wird es auf normalem Weg geboren – genau wie das Kind im Mythos. Meist ist es einfach da, manchmal erhält man es von seiner Mutter. Wesentlich ist: man erkennt es als sein eigenes und nimmt es an als Symbol eines Neuanfangs, den die eigene Lebensenergie setzen möchte. In diesem Augenblick wird in einem Menschen »Chemmis« gegenwärtig.

Eine Frau hatte im Traum Zwillinge bekommen, jedoch nicht selbst geboren. Sie mußte sie zuerst noch reinigen, da sie ganz mit Blut und Schleim beschmiert waren. Man wird an die deutsche Variante des Deltas, den »Kindl-Teich« erinnert, aus dem, nach altem Volksglauben, die Kinder, mit Urschlamm bedeckt, geholt wurden. Die 42jährige Frau erkannte, daß ihr im Therapieprozeß neue Möglichkeiten in eigene Verantwortung übergeben wurden, die sie allerdings noch von Resten der Urmaterie – von archaischen Einheitswünschen – reinigen mußte.

Manchmal ist so ein Traum-Kind winzig klein, ein »Däumling«. Eine Frau ließ es daher an ihrem Finger saugen. Ein späterer Traum präsentierte ein 20 Zentimeter großes Kind, wie eine Mumie gewickelt. Entsprechend nachlässig ging die Frau auch mit ihm um: sie klemmte es unter den Arm wie ein Bündel Zeitschriften, behandelte also lebendiges Leben wie einen toten Gegenstand. Statt dessen häufte sie intellektuelles Wissen an (im Traum war sie in einem Hörsaal), während ihre Liebes- und Hingabefähigkeit verkümmerte. Erst am Schluß des Traumes besann sie sich des Kindes und schaute, ob es frische Windeln brauche. – An diesem Traum wird deutlich, wie die etwa 43jährige Frau göttliches, neues Leben in ihrer Seele zur Mumie erstarren läßt.

Wie alle göttlichen Kinder, wird auch Horus auf besondere Weise gezeugt, empfangen und geboren[9] und, kaum geboren, von finsteren Mächten bedroht. Das »Falkennest von Chemmis« bezieht sich zum einen auf die Tatsache, daß im Delta viele Falken ihr Nest hatten; in seiner Hintergrundsbedeutung spricht es aber das Falke-Sein des künftigen Horus an, der zusammen mit dem Sonnengott den Himmel überquert. Der Falke ist der König der Lüfte und Symbol der Geist-Seele. Als Bild der chthonischen Seele stehen ihm Schlange und Skorpion gegenüber. In die Spannung zwischen beide Pole wird Horus hineingeboren – eine Spannung, die unser Menschsein überhaupt kennzeichnet: ein Ausgespanntsein zwischen dem an die Erde gebundenen Leib und den Flügeln geistig-seelischer Freiheit.

*Abb. 7:* Horus, als Falke mit Doppelkrone, in einem Papyrus-Dickicht versteckt.

Isis findet ihr Kind bei der Rückkehr im Todeskampf mit den chthonischen Urmächten: »die Gefäße seines Körpers schlagen nicht«, es ist »herzensmatt«. Das Gift hat bereits den gesamten Körper erfaßt, und das Kind ist nicht mehr imstande, zu saugen oder zu reagieren.

An dieser Stelle des Mythos reagieren Frauen in Mythenspielgruppen meist mit tiefem Erschrecken, und schnell kommt die Frage: »Wie geht es weiter? Muß das Kind sterben? Ich halte die Ungewißheit nicht aus!« So verständlich diese Frage für eine Frau und Mutter ist, so versteht sie doch den Mythos *nur* als eine »Geschichte«, die sich einmal ereignet hat. Und sie deutet auf ein Charakteristikum des Konsum-geschädigten modernen Menschen hin: er ist kaum noch imstande, Spannung auszuhalten, sondern möchte, wie das Kleinkind, jede Spannung sofort gelöst sehen.

Das Mythologem vom bedrohten göttlichen Kind möchte uns jedoch in erster Linie betroffen machen für die Erkenntnis, daß dieses Kind in uns selbst lebt und von *uns* bedroht wird. Solange wir dies noch nicht sehen, ist das Mythologem wahrlich schwer auszuhalten, weil unbewußt etwas Dunkles, Ungewisses geahnt wird, das Angst macht. Wird das Erschrecken ernstgenommen als das, was es in seiner Tiefe ist, so wird es zu einem »initiatischen Schock«: der Mythos einer fernen Zeit wird zu *meinem Mythos*, und das bedeutet, daß ich nicht mehr weiterleben kann wie bisher. Ich muß erkennen: ich selbst bedrohe das, was in mir neu werden möchte, mit Skorpionstichen und Schlangenbissen. Erst wenn ich mich dieser Erschütterung aussetze, wird sie mir zu einer heilsamen: ich werde auch die – noch hinter einem Schleier verborgene – heilende Wirklichkeit in meiner eigenen Seele entdecken.

Diesen Schleier scheinen wir nicht so gerne lüften zu wollen. So findet sich in einer Mythengruppe oft nicht so leicht jemand, der die Rolle der »*heilenden* Isis« übernimmt: »Diese Rolle ist zu groß für mich!« Es ist nicht einfach die Furcht, die übrigen Teilnehmer könnten einen für inflationiert halten. Es geht tiefer, und eine Frau drückte es so aus: »Ich habe Angst, diese Rolle könnte mich zu etwas herausfordern, von dem es kein Zurück mehr gäbe. Ich müßte Konsequenzen ziehen, und das würde mich isolieren. Ich könnte nicht mehr mit anderen zusammen skorpionhaft sein!«

Dieses mutige Bekenntnis spricht eine Angst an, die wohl jeder, der heute sein Leben bewußt zu leben versucht, kennt oder gekannt und überwunden hat. Neben der unbestreitbaren Tatsache, daß unser Konsumverhalten (auf materieller wie auf emotionaler und geistiger Ebene) uns die Bereitschaft zur Übernahme echter Verantwortung erheblich erschwert, muß wohl unser Eingeständnis stehen, daß unsere Angst letztlich die gleiche ist wie jene der reichen Frau im Mythos. Was sie unbewußt durch ihr Tun ausdrückt, würde sie bewußt etwa in folgende Worte fassen können: »Ich will mich mit der göttlichen Kraft in mir nicht konfrontieren, denn dann müßte ich ja Konsequenzen ziehen (in bezug auf meine Habgier)«. Nach Heilung ihres Kindes *zieht* sie jedoch die Konsequenzen, ohne dazu aufgefordert zu sein – ein Beweis für die Wirkkraft göttlicher Heil-Energie!

Kehren wir zur Bedrohtheit des Horuskindes zurück, die in einer auffälligen Parallele zu jener des fremden Knaben steht. Noch auffälliger ist, daß weder die »heilende Milch« (in Ägypten Symbol weiblicher Schöpferkraft) der Isis noch ihre Heilkunst das todkranke Kind erreicht. Die Heilerin par excellence wirkt nun selbst völlig hilflos und verzweifelt. Man wird unwillkürlich an die klassische Parallele aus dem Evangelium erinnert, wo Schriftgelehrte und Pharisäer dem am Kreuz hängenden Jesus zurufen: »Anderen hat er geholfen, sich selbst kann er nicht helfen!« – Hier wie dort die gleiche, menschlichem Verstehen-Wollen unbegreifliche Paradoxie!

Der verzweifelte Aufschrei der Isis zu Re ist die Klage aller Mütter der Welt angesichts des Todes ihres Kindes: »Das unschuldige Kind! Ich habe gewacht über ihn, damit er lebe!« Wo Isis als Schmerzensmutter selbst die Betroffene ist und eins in der Symbiose mit ihrem Kind, hat sie nicht genügend Distanz, um es selbst heilen zu können; so wird wohl auch kaum ein Arzt sein eigenes Kind operieren, wenn es auf Leben und Tod geht. Wo wir selbst zu sehr in eine Situation verwickelt sind, bedürfen wir der Hilfe von außen.

Und – könnten sich menschliche Mütter in einer Göttin wiederfinden, die mit einem »Zauberspruch« ihr Kind ins Leben zurückruft? In einer Göttin, die ihnen nicht die ganze Verzweiflung und grausame Ohnmacht angesichts des unter ihren Händen dahinsiechenden Kindes vorgelebt hätte? Mußte Isis sich nicht bis in die äußerste Not mütterlichen Leids hineinlassen und sich ihrer Göttlichkeit gänzlich entäußern, um für Menschen- Mütter – damals wie heute

– seelisches Leitbild und Gefäß sein zu können, in der sie sich aufgehoben fühlen und Sinn finden können im eigenen Leid?
Neben all den vielen, am Krankenbett ihres konkreten Kindes um dessen Leben ringenden Mütter, fällt mir eine 50jährige Frau ein, die – aufgrund unglücklicher Umstände bei der eigenen Geburt und in ihrer Kindheit – ihr Leben lang hart am Rand einer Psychose ums Überleben kämpft. Um ein sinngebendes Wort oder ein liebevolles Mitgefühl anderer Menschen hüllt sie schützend ihre Hände, wie um ein winziges Kind. Abgrundtiefer Schmerz erfaßt sie, wenn ihr solche Kostbarkeit immer wieder unter den Fingern zerrinnt. In ihren Träumen gab es daher viele tote und verkümmerte Kinder. Als ihr einige Male ein gesundes geschenkt wurde, hütete sie es wie einen Augapfel. Trotzdem entglitt es ihr wieder, und in tiefer Verzweiflung schrie sie auf zu Gott. Ein fingergroßes Kind war dann das erste Traum-Kind, das ihr nicht »wegrutschte«. Doch es mußte noch im Brutkasten beatmet werden. – Ein winziger Hoffnungskeim, geboren aus ihrem unerschütterlichen Vertrauen zu Gott, bedarf zwar noch eines von außen kommenden »Lebensodems«, doch ist er in einem Gefäß geborgen und von hilfreichen Menschen umgeben.
Die Kraft zur Erneuerung braucht gerade bei so tief gestörten Menschen einen langen Atem und drängt doch unaufhörlich zur Entfaltung, wenn solche Menschen sich nicht selbst aufgeben. So hält diese Frau nun, ein Jahr später und nach mehreren Jahren Therapie, im Traum einen gesunden und normal großen Säugling im Arm, den sie sogar an der eigenen linken Brust nährt: eine neue, eine nährende Qualität in ihr ist erstmals erwacht, und auch das Kind ist gesund. Besonders wichtig für sie ist außerdem, daß gerade ihre linke Seite, die bisher in ihren Träumen immer als die gefährdete oder bedrohte erschien, nun die heilbringende ist.
Innerhalb der kindlichen Entwicklung mag das, was mythisch als Vergiftung durch chthonische Tiere erscheint, als eine erste Überwältigung durch aufbrechende aggressive Triebe verstanden werden. Sie werden als Todesbedrohung und -gefahr erlebt, weil das unentwickelte Ich zunächst noch völlig identisch mit ihnen ist. Die harmonische Symbiose mit der Mutter wird zerstört, indem Emotionen in Form von Angst- und Todesgefühlen sie durchbrechen.
Jeder Schwellenübertritt in eine neue Bewußtseinsphase ist von ähnlichen Emotionen begleitet. Besonders aber höhere Werte, die

uns viel bedeuten – vor allem göttliche Werte – sind inneren oder äußeren Anfeindungen durch dunkle Mächte ausgesetzt. Das Ewige in uns setzt sich – im Symbol eines neugeborenen Kindes – unserem jetzigen Bewußtseinszustand bis zur äußersten Grenze aus, um eine neue Sinn- und Lebens-Antwort für uns werden zu können. Von Anfang an erfährt es Ungeborgenheit innerhalb des in einem bestimmten System gefangenen Bewußtseins. An dieser Ungeborgenheit nimmt die Isis-Seele Anteil – als Schoß und Gefäß des Ewigen.

Da können Skorpione zustechen mit einem abwertenden: »Das ist doch nichts als...« oder Schlangen sich anschleichen und zischen: »Du wirst es doch nicht schaffen!« Und schon kann es geschehen sein: was eben noch Ausblick auf Zukunft zu gewähren schien, taucht ein in den Todessog eines: »Gib es doch auf!« – Da findet sich auch unsere Seele in einem Gefühl der Verlassenheit vor, und wir sind der »Herzensmattigkeit« einer Depression oder Apathie nicht mehr fern. Und es war vielleicht nur ein kleiner Moment, in dem das mütterliche Auge unserer Seele nicht aufmerksam wachte über ihr Kind.

Zu einem göttlichen Kind – auch in unserer Seele – gehört die Erfahrung des Verfolgtwerdens bis hin zur Gefahr des Todes, wie in allen Mythen von göttlichen Kindern. Die andere Seite solchen Ausgesetztseins ist, daß sich Lebenskräfte entwickeln, die sonst vielleicht nie zum Vorschein gekommen wären. Daher erweist sich ein solches Kind erst durch sein Überleben als ein göttliches, als ein »Heiland«.

Sinn des Mythologems vom Kind als Heilbringer ist nach Kerenyi das »Sich-Enthüllen der Gottheit in der paradoxen Einheit des Tiefsten und Höchsten, des Allerschwächsten und Allerstärksten«[10]. So muß der künftige Falkengott schon als kleines Kind die tiefste Schwäche menschlichen Seins erfahren. In seiner »Herzensmattigkeit« wird er seinem Vater Osiris nah und gerät an die Schwelle zum Tod. Er muß das Ausgespanntsein zwischen diesseitiger und jenseitiger Welt erleiden, um fähig zu werden, dereinst beide in sich zu vereinen. Als künftiger König, dessen Kampfkraft mit der eines Skorpions verglichen[11] und dessen Schutzmacht die Kobra an seiner Stirn sein wird, ist er den aggressiven Kräften beider Tiere bereits als Kind ausgesetzt. Das entspricht Erkenntnissen heutiger Entwicklungspsychologie: ein Kind ist später ge-

gen das gefeit, wogegen es sich früh zur Wehr setzen, was es früh erleiden mußte. Was zunächst als tragisches Schicksal erscheint, erweist sich so im Nachhinein oft als eine Stärkung. Die frühe Auseinandersetzung, auch mit Gegenkräften in der Mutter, ruft die eigenen Kräfte auf den Plan, die sich entwickeln wollen, und verstärkt sie. Es geht dabei um das bekannte Motiv des »verwundeten Heilers«: Horus wird in der ägyptischen Spätzeit als Bezwinger und Heiler gegen die gleichen Tiere angerufen, die ihn jetzt tödlich bedrohen. So können auch wir anderen Menschen gerade in jenen Situationen Beistand leisten, durch die wir uns selbst, unter Einsatz all unserer Kräfte, hindurch-gelitten haben.
Die allem Leben entgegenwirkende Todeskraft ist natürlich auch ein Ausdruck für den Sog zurück ins Undifferenzierte, das sich jeder Ich-Entwicklung entgegenstellt. Innerhalb des Kreislaufs der Natur erweist sich jedoch Leben letztlich stärker als der Tod. Das macht jeder neue Frühling deutlich. Manche grünen Sträucher und Kräuter finden sogar ihren Weg durch die engsten Mauerritzen. Noch deutlicher wurde mir der Sieg blutvollen Lebens über künstliche Materie am Traum einer 42jährigen Frau: sie fährt in einer Straßenbahn, schaut durchs Fenster und sieht, wie die Tram an einer Stelle von ihrer normalen Bahn abweicht und um zwei rote Nelken herumfährt, die durch die feste Teerdecke der Straße wachsen. Die Gegenkraft des Todes fordert das Leben immer und überall heraus. Gäbe es sie nicht, käme auch keine Weiterentwicklung in Gang.

## 3. Heilung des Kindes – Die Durch-Lichtung der Finsternis

Während Isis das Unbegreifliche nicht fassen kann – und welche Mutter kann das schon? – und Nephthys bereits die Totenklage anzustimmen scheint, ist es Selkit, die Herrin der Skorpione, die erkennt, daß Heilung für das Kind nur von Re kommen kann. Klug gibt sie diese Einsicht an Isis weiter, denn sie sieht wohl einen feinen Unterschied darin, ob Isis nur aufschreit: »Horus ist gebissen, o Re!« oder ob sie die »Barke der Millionen« durch eine ausdrückliche Bitte zum Stillstand bringt. So reagieren wir in ähnlicher Weise oft allergisch, wenn Menschen von uns erwarten, daß *wir* sehen, was sie brauchen, leisten jedoch gerne Beistand, wo wir ausdrücklich darum gebeten werden.

Für Isis geht es jetzt darum, daß sie Re in seine Vaterschaftsrechte eintreten läßt, wo ihr mütterliches Umhüllen seine Grenze hat. Die mütterliche Milch wirkt nicht mehr, und auch die mütterlichen Lebenswünsche für das Kind versagen, wo aufbrechende erste männliche Triebhaftigkeit noch als tödliche Bedrohung erlebt wird. Die chtonisch-männliche Aggressivität des Skorpionstachels bedarf – als seines lichten männlichen Gegenpols – des Sonnenstrahls, der Skorpione in ihren dunklen Bereich zurückverweist und ihnen die Kraft des Lebens entgegensetzt.

Da schickte Isis ihren Schrei zum Himmel
und ihre Klage zur Barke der Millionen.
Und Re blieb über ihr stehen und bewegte sich nicht von der Stelle.
Und Thot kam herunter, ausgestattet mit einem Zauber
und mit hohem Erlaß für das Recht des Horus:
»Nichts Böses kann Horus widerfahren, dem Sohn!
Denn Schutzzauber ist in der Barke des Re.
Ich bin eben aus dem Gottesschiff gekommen,
während Re noch steht an der Stelle von gestern.
Dunkelheit ist hereingebrochen, das Licht ist vertrieben,
bis Horus für seine Mutter Isis gesund wird!«
Da sprach die göttliche Isis:
»O Thot, wie groß ist dein Gedanke,
doch wie zögernd dein Entschluß!
Sieh, Horus ist in Not durch ein Gift. Er stirbt, der, ach, so Elende!«
»Fürchte dich nicht! Fürchte dich nicht! Göttliche Isis!
Ich bin vom Himmel gekommen mit Lebensodem, um das Kind zu heilen.
Horus, dein Herz sei stark! Es werde nicht schwach
durch das Feuer des Giftes!
Wach auf, Horus! Dein Schutz ist beständig!
Die Botschaft des Horus wird dereinst die Herzen erheben,
wenn er dem, der im Tode ist, Osiris, den Frieden gebracht hat.
Sie wird lauten: ›Freut euch, die ihr im Himmel seid!
Horus hat seinen Vater gerächt!‹

Weiche zurück, du Gift! Sieh, du wirst beschworen
durch den Mund des Re,
während das Schiff stillsteht und nicht fährt,

während die Sonnenscheibe weilt an ihrem Platz von gestern,
bis Horus gesund wird für seine Mutter Iris.
Komm heraus, Gift, auf die Erde.
Dann wird das Schiff wieder fahren,
die Bootsmannschaft des Himmels wieder segeln,
dann wird die Sonne wieder kreisen.
Ich bin Thot, der Sohn des Re.
Befohlen hat mir Atum, der Vater der Götter,
den Horus zu heilen.
Horus lebt wieder, das Gift ist wirkungslos.
Die Zauberkraft seiner Mutter ist sein Schutz.«

Zurück in der Sonnenbarke, sagt Thot zu Re:
»Freu dich, Re-Harachte,
dein Sohn Horus ist dem Leben zurückgegeben!«[12]

Die Bitte der Isis verfehlt also ihre Wirkung nicht: die Barke bleibt augenblicklich stehen – am hellichten Tag. Dunkelheit bricht herein, eine Dunkelheit des Betroffenseins und der Erschütterung. Der gesamte Kosmos nimmt Anteil an der Dunkelheit, die über den Sohn der Götter hereingebrochen ist. »Der Skorpionstich wird als eine Störung der umfassenden Ordnung dargestellt, die den sofortigen Stillstand der Sonnenbarke und damit des Lebens zur Folge hat.«[13]

Heilungs-Zaubertexte[14] – unser Text stammt aus einem solchen – wollen einen »dramatischen Zusammenhang des Wirklichkeitsprozesses«[15] herstellen, wie er für die Ägypter selbstverständlich war. Sie wollen vermitteln, daß die Natur mit dem Patienten mitleidet, da er in das Gesamtgeschehen des Kosmos einbezogen ist. Noch für die Alchemie und Mystik des Mittelalters galt, daß der Makrokosmos im Mikrokosmos lebt und umgekehrt. Entsprechend bedeutete den Ägyptern das Heil, das der Mensch sucht, die Verwirklichung der Weltordnung im eigenen Leben im Einklang mit jener des Kosmos. (Wie weit haben *wir* uns davon entfernt! Um so deutlicher müssen wir heute spüren: wenn der Kosmos leidet, leiden wir mit – das Gift, das *wir* ihm zufügen, schlägt auf uns zurück!)

Durch Erzählen von Urzeitmythen glaubten die Ägypter die Schöpfungskräfte in die aktuelle Zeit hineinholen zu können. Gegenwärtige Krankheiten wurden auf dem Hintergrund des mythischen Modells – des Leidens des Horuskindes – gesehen, und durch das Miterleben des mythischen Ursprungs sollte der Kranke zu den Quellen seines eigenen Lebens finden.[16] »Der Schlangenbiß ist eine archetypische Situation. Wird dem Menschen gezeigt, daß sein Leiden (daran) ein allgemeines Leiden ist, sogar das Leiden eines Gottes, dann befindet sich der Mensch in der Gemeinschaft von Menschen und Göttern, und dieses Wissen erzeugt heilende Wirkung. Das Erzählen des Mythos setzte eine Energiefülle frei.«[17] Wir alle kennen die Erfahrung, daß unser Leiden an einer bestimmten Sache oder Krankheit sich schnell verringert, wenn wir wissen, daß es anderen ebenso geht; dann fühlen wir uns nicht mehr allein damit.

Abgesehen von dem Mißbrauch, der vor allem in der Spätzeit bei Anwendung von Heilungs-Zaubertexten auch getrieben wurde, bestand ihre eigentliche Bedeutung in der Herstellung eines Sinn-Zusammenhangs zwischen kosmischem und individuellem Geschehen, zwischen göttlichem und menschlichem Leiden. In diesem Kontext kommt das griechische Wort »Sympathie« in seiner Grundbedeutung von »Zusammenleiden aufgrund innerer Verbundenheit« voll zum Tragen. Wie abgespalten wirkt demgegenüber ein Verständnis, für das »Heilung« bedeutet: eine Störung weghaben wollen – wie es uns im Zeitalter der Medikamentensucht begegnet.

Nachdem uns die Vergiftung der Natur und mit ihr die unseres menschlichen Lebens so erschreckend hautnah auf den Leib gerückt ist, wird ein echtes Sympathein mit dem Kosmos wieder besser verstanden; wir erkennen wieder, wie eng unsere menschlichen Krisen mit jenen des Kosmos verflochten sind. Der bereits erwähnte moderne »Holismus« sieht den Kosmos wieder als einen großen Gesamtorganismus und weist darauf hin, daß im Grunde alles mit allem zusammenhängt (*das* war das Wissen und Vertrauen der alten Ägypter!), so daß auch wir Menschen uns als Glieder dieses einen großen »Leibes« erleben. Dann kann der Atem des Kosmos auch *mein* Atem werden, der Rhythmus des großen Kosmos zum Rhythmus *meines* Lebens – vorausgesetzt, daß wir die abgebrochene Verbindung wieder herstellen.

Es ist verblüffend, wie hoch-aktuell der alte Mythos wird, wenn wir genauer hinschauen. Ein Text von Asklepios, enthalten im wiedergefundenen Nag Hammadi Codex aus dem 3.-4. Jh. n. Chr., könnte ebensogut aus unserer Zeit stammen:

Dann wird die Erde schwanken und das Meer nicht mehr schiffbar sein,
der Himmel wird nicht mehr von Sternen durchzogen,
die Sterne werden ihre Bahn verlassen.
Jede göttliche Stimme wird, zum Schweigen gezwungen, verstummen.
Die Früchte der Erde werden verderben und der Boden nicht mehr fruchtbar sein,
und selbst die Luft wird dumpf und schwer lasten.[18]

Für den Ägypter drückt sich in solchen Schilderungen (wir werden noch einer viel älteren begegnen) der »heillose Zustand einer Welt aus, die der Mensch unbewohnbar gemacht hat, weil er gegen den Einklang einer sozial gedachten Wirklichkeit verstoßen, sich ›unsolidarisch‹ verhalten hat«[19]. Als Folge davon ziehen sich die Götter zurück.

Auch wir haben einen heillosen Zustand heraufgeführt, indem wir die Erde und die Meere unbewohnbar machten. Doch vorher haben wir die Götter entthront, indem wir uns selbst zu Göttern machten. Diese Götter, denen wir so überheblich den Kampf angesagt haben, stellen in Wahrheit jedoch das stärkste und gesündeste Potential unserer eigenen Seele dar – das werden wir durch bittere Erfahrung hindurch wieder lernen müssen. Aber bevor wir uns auf unsere menschlichen Grenzen und die damit gegebene Verantwortung besinnen, wird Seth vermutlich noch kräftig zuschlagen. Entspricht nicht der Tod des Osiris, vom Weltgeschehen her betrachtet, für *uns* dem Tod jener Strukturen, die uns zwar eine hochentwickelte Kultur und Zivilisation brachten, jedoch über ihrem einseitigen Blick in die Zukunft die Einbeziehung der menschlichen Seele, der Gefühle und Triebe vergaßen? Diese, bis an die äußerste Grenze angestaut, schlagen heute auf Seth-hafte Weise zurück – in vielen Varianten, blind und brutal, ohne nach Recht und Gesetz, ja ohne nach Menschlichkeit zu fragen.

Auf der anderen Seite erwachen – heute wie damals – neue Kräfte von der Basis her, die unser Leben und Zusammenleben wieder am Atem und Rhythmus des großen Kosmos orientieren möchten, damit Erde und Mensch gesunden können. Doch sind sie – analog zum Horuskind – noch bedroht von einem Gift aus Lügen und Intrigen, Macht- und Geldgier, das sie an den Rand des Todes bringt.

Zu dem todkranken Horuskind beugt sich liebevoll der Sonnengott hinab. Heutzutage kann er das nicht mehr, denn wir haben inzwischen auch *seine* Strahlen geschädigt.

Die Sym-Pathie des Sonnengottes mit dem leidenden Horuskind, dessen »Gefäße nicht mehr schlagen«, drückt sich im Mythos aus im Stillstand der den Himmel überquerenden Sonnenbarke. Was nüchtern, naturwissenschaftlich als »Sonnenfinsternis« bezeichnet würde, entfaltet sich im Mythos vor unseren Augen zu einem großartigen Zusammenwirken der kosmischen Mächte zur Heilung des göttlichen Kindes.

Wir haben schon lange die gütige, liebevoll-väterliche Seite unseres christlichen Gottes zu einem »lieben Gott« mit weißem Bart herabgemindert, der als Lückenbüßer überall dort einspringen sollte, wo wir versagen, und für all unsere Untaten verantwortlich gemacht wurde. Das ist nicht jene Sym-Pathie-Seite Gottes, wie sie in Re aufleuchtet. Er leidet mit dem kleinen Kind, obwohl er der große Gott ist; er heilt es, aber er will auch, daß es dereinst ein »verwundeter Heiler« werde und seine Verantwortung als Vermittler zwischen dem großen und dem kleinen Kosmos übernehme.

Schauen wir uns den »Stillstand« der Sonne noch etwas genauer an, so erfahren wir zunächst, daß das gleiche Wort im Ägyptischen auch »Mittag« heißt. Das wiederum erinnert an das Markusevangelium (Mk. 15,33), wo Markus den Tod Jesu mit folgenden Worten einleitet: »Als die sechste Stunde kam (das heißt die Mittagsstunde), brach eine Finsternis über das ganze Land herein«. Vielleicht müssen Gottessöhne gerade zur Zeit des stärksten Lichtes sterben, damit ihr eigentliches Wesen um so stärker aufleuchtet und ihre Abwesenheit um so deutlicher spürbar wird: die dadurch entstehende »dunkle Nacht« gilt bei den Ägyptern wie im Evangelium als Zeichen der Gottesferne. Das bringt ein anderer ägyptischer Text zum Ausdruck:

> Die Sonne ist verhüllt und strahlt nicht. Man kann nicht leben, wenn Wolken sie verhüllen. Re wird sich von den Menschen trennen. Es gibt zwar noch die Stunde seines Aufgangs, aber niemand wird mehr wissen, wann Mittag ist.[20]

Gott und Mensch sind im alten Ägypten untrennbar miteinander verbunden. Göttliche und menschliche Wirklichkeit gehen ineinander über, sind nur zwei Seiten eines einzigen Ganzen. So ist die Ordnung der Natur gefährdet, wenn Re sich zurückzieht, aber sie ist ebenfalls gefährdet, wenn der Mensch sich gegen sie auflehnt. Wird auch die durch den »Stillstand« der Sonne bewirkte Katastrophe nicht als Untergang der Schöpfung gewertet, so doch als besondere Notsituation: das Leidvolle dieses Zustands macht die Existenz ohne die Nähe der Götter aus. Seit dem Zusammenbruch des AR wußten die Ägypter: zerstört der Mensch die geschaffene Ordnung, so zerbricht er zugleich die Verbindung zu den Göttern. Ein alter Spruch stellt einen entsprechenden Zusammenhang her: »Wenn man die Opferbrote der Götter schädigt (das heißt die Götter nicht mehr verehrt), dann gehen Millionen Menschen zugrunde!«[21] Wir müssen den Satz wohl nur wenig umformulieren, damit er auch für unsere Zeit zutrifft!

Zur Mittagszeit, das heißt am Zenit, war nach ägyptischer Auffassung die Sonnenbarke durch die »Sandbank des Zweimessersees« gefährdet. Es ist eine »Sandbank des Apophis«, jenes Urdrachens und absoluten Götterfeindes, dessen Reich außerhalb des geordneten Kosmos und damit außerhalb der Sonnenbahn liegt. Für ihn ist Re der größte Feind; daher muß er ihn bei Tag und Nacht bedrohen. »Sandbank« kann auch »Hungersnot« oder »Dürre« heißen, daher wird begreiflich, wieso sich Apophis hinter der aggressiven Gewalt der Mittagshitze verbirgt: »Der Dämon der Finsternis geht umher, die Zeiten sind nicht geschieden, die Figuren des Schattens lassen sich nicht mehr beobachten. Die Quellen sind versperrt, die Pflanzen verdorren, das Leben ist den Lebenden genommen!«[22]

Aus psychologischer Sicht ließe sich diese Mittagshitze etwa so interpretieren: sie spiegelt – als Resonanz – die tödliche Wirkung der Glut des Re auf dem Höhepunkt seiner Kraft. Da der Zenit der Wendepunkt vom Aufstieg zum Abstieg ist, meint er auch jene Schwelle, die Re-Harachte (so heißt Re in seiner vollen Manneskraft) vom Mannes- zum Greisenalter hin übertritt, indem er allmählich seiner Abendgestalt als »Re-Atum« entgegengeht. Die Mittagshöhe bedeutet vollstes, am stärksten extravertiertes Licht. Sie ist der Angelpunkt im Ausgespanntsein zwischen Ost und West.

Beim Menschen sprechen wir oft von der »Blüte der Mannesjahre« oder von der »Reife der Lebensmitte«, wenn wir den Zenit des Lebens meinen. Im Schlagwort von der »midlife-crisis« deutet sich ein Bewußtsein der Gefahr des Zenits in einer bis dahin kontinuierlich aufsteigenden beruflichen Laufbahn an. Im verdeckt-aggressiven Widerstand gegen den Abstieg und beim Versuch, das Erreichte festzuhalten, kommt es leicht zu einer »Lähmung«: der Mensch kann auf die »Sandbank« der Vertrocknung und Stagnation auflaufen. An dieser Stelle könnte vom Verhalten Res ein Hinweis ausgehen, den bisher auf Ausbreitung und Leuchten nach allen Seiten ausgerichteten Geist zurückzuholen, die nach außen gewandten Kräfte einzufalten und zu sich selber zu wenden und zu sammeln, um sie mit allen inneren Kräften zu vereinigen. Ein Innehalten in Besinnung und Auseinandersetzung mit der Bedrohung durch den inneren Widersacher wird an diesem Wendepunkt erforderlich. Darf der innere Feind auf dem Bildschirm der Selbstbesinnung nicht aufscheinen, so wird ein äußerer Feind aufgebaut, der dann bekämpft werden muß, damit die Illusion der eigenen Zenit-Position aufrechterhalten werden kann.

Das Anhalten der Barke in unserem Mythos erscheint unter diesem Aspekt wie ein Innehalten des Sonnengottes in seiner Laufbahn, ein Zustand stärkster Konzentration. Was von außen her als größte Entfaltung von Wärme und Licht erscheint, wird in der Zurücknahme nach innen zur stärksten Erfahrung des Mit-sich-eins-Seins. Re sammelt den Lichtglanz in seinem Herzen, und wenn er die Barkenfahrt fortsetzt, wird sein Licht immer milder: er wird zunehmen an Weisheit des Herzens, die allmähliche Frucht seiner Sammlung.

Doch die Zurücknahme der Glut bedeutet auch Konfrontation mit dem inneren Gegenbild, und im erleidenden Erleben innerer Wirklichkeit verdunkelt sich das Licht – bei Re wie beim Horuskind, das in seinen eigenen chthonischen Ursprung zurückgeworfen und daher für Ansprache von außen nicht mehr erreichbar ist. Als Sonnen-*Kind* ist es bedroht von Kleinausgaben des Apophis in Gestalt von Schlangen und Skorpionen.

Wer den Kampf mit dem inneren Gegenpol zu bestehen hat, wird immer bis an die Grenzen seiner Existenz gefordert. Auch Jesus, der – wie Horus – aus einem »fernen« Gott zu einem »nahen« wurde, wurde in die Gottesferne bis zum Tod hineingeworfen. Analog dazu erfahren Mystiker sowohl strahlende Einswerdung mit Gott wie äußerste Verlassenheit, so daß Johannes vom Kreuz sagen konnte: »Ich lebe ohne Leben in mir.«

Wer bewußt einen Weg mit Gott geht, kommt an dieser Erfahrung nicht vorbei. Ich denke da an eine Frau in der Lebensmitte, die ein Ausgeliefertsein an eine anscheinend grundlose Finsternis erlebt, gewebt aus dem undurchdringlichen Schweigen Gottes, während ihr bisheriges Gottesbild zusammenbricht und ein neues sich noch nicht aufgetan hat.

Bei solchen Erfahrungen geht es immer wieder um das bewußte Erleben des Ausgespanntseins zwischen der dunklen und der leuchtenden Seite des Göttlichen in uns, oder – auf einer mythischen Ebene betrachtet – zwischen den Göttern der Tiefe und denen des Himmels. Die lichte Seite Gottes kann jedoch nur durch seine dunkle hindurch – das heißt durch die Gottesferne hindurch – erfahren werden. Darum geht es auch in den Mythen vom Abstieg in die Tiefe, der dem Aufleuchten des Lichtes vorausgehen muß (im 6. Mythologem werden wir mehr davon hören). Anders ausgedrückt: erst durch den Tod hindurch gelangt der Mensch zum Licht, zur Wiedergeburt.

Göttliche Kinder erleben solches Ausgesetztsein in die Gottesferne meist schon zu Beginn ihres Lebens. Darin ist symbolisch ausgesagt, daß erneuertes Leben, das aus unserer Wesenstiefe aufsteigt, immer schon in seinen Anfängen von den Intrigen unserer alten Ich-Einstellungen bedroht ist. Gehen wir durch diese Bedrohung hindurch, können wir unser eigenes Göttlich-Sein, das uns vom Ursprung her mitgegeben, aber noch nicht gelebt ist, einholen, um es dann durch unser irdisches Menschsein hindurchleuchten zu lassen.

Indem Horus als Kind in die Gefahr bis zur äußersten Grenze des Lebendigseins hineingeworfen wird, wird er gleich zu Beginn seines Lebens initiiert in die Aufgabe, die sich ihm als Mann stellt: als ein vom Gott der Unterwelt Gezeugter und ein dem Gott des Lichtes Anverwandelter wird er zum Urbild des Königs, in dem Himmel und Erde sich begegnen. Diese Aufgabe ist letztlich die gleiche, welche die Mystiker aller Religionen zu leben versuchten. Zentrum solcher Begegnung ist das Herz, jenes Zentrum, von dem die Sym-Pathie als das »Mit-Leiden aufgrund innerer Verbundenheit« mit allem und allen ausgeht. Darum kommt der Wandlungsimpuls für das todesmatte Kind aus dem *Herzen* des Sonnengottes, wohin er alle seine Kräfte zurück-gesammelt hat, um sie im »Sohn seines Herzens« auf die Erde zu schicken.

Thot, die Ausfaltung jenes milden Lichtes des Re, das im Dunkel

leuchtet, gilt als das »Herz des Re«, denn er sei dem Herzen seines Vaters entsprungen (nicht dem Kopf!). Sofern Thot Gott der Weisheit und des Wissens ist, haben diese Qualitäten also ihren Ursprung im *Herzen* des Sonnengottes, und er schickt gleichsam dieses Herz zur Erde – ein wunderbares Symbol für die Sym-Pathie des Gottes mit dem leidenden Kind. Er lebt dem Menschen, der auf der Höhe seiner Laufbahn angekommen ist, vor, wie er den Glanz seines bisherigen Wirkens in die Herzmitte sammeln und sich von ihr her all jenen Fähigkeiten seiner Seele zuwenden kann, die bisher geschädigt, vernachlässigt und abgewertet wurden, so daß sie nun leidende sind. Es geht also im Zenit des Lebens um die Erweckung einer Lebenskraft, die wirkliche Zu-Wendung meint, nicht ein gönnerhaftes Von-oben- Herunterwerfen. *Das* ist der Weg zur Abendsonne der Weisheit.
Der »Herzensbote« Thot sagt zu Isis ausdrücklich, daß er »mit der Kraft des Re« heile, und er nennt sie »Lebensodem«. Es ist jene Zauber-Schöpferkraft des Sonnengottes, »Heka«, mit der er alles Lebendige schafft. Thot heilt allerdings das Kind nicht sogleich. Zunächst hält er eine »Rede«. Wie gut können wir die Ungeduld der Isis ob des vielen »Redens« einfühlen; kann doch ihr Kind jeden Moment sterben! Verzweifelt wartet sie auf die heilende Tat. Thot jedoch scheint keine Eile zu haben; hat es eine tiefere Bedeutung, daß er sich soviel Zeit läßt?
Nicht nur Horus, sondern auch Isis hat sich bis in die Tiefe der Ohnmacht menschlichen Seins hineingelassen. Sie ist jetzt nicht mehr die große Göttin und Heilerin, sondern erscheint hier als hilflos, völlig auf die Hilfe der anderen Götter angewiesen. Sie ist ganz Mutter, ganz auf ihr todkrankes Kind konzentriert. Jetzt kann sie auch nicht die Frau sein, die »sich zum Manne macht«, sondern sie bedarf der männlichen Götter im Außen. Anders gesagt: ihre männlich-göttlichen Seiten müssen jetzt eigenständig aus ihr heraustreten, – wenn wir die Götter als Seiten von ihr selbst sehen wollen.
Bei näherem Hinschauen erweist sich die Methode Thots als eine, die den *ganzen* Weg des Horus im Auge hat, nicht nur seinen augenblicklichen Zustand. Zunächst stellt er die Verbindung der Götter zu Horus her, indem er mitteilt, daß seinetwegen die Barke stillsteht, Dunkelheit hereingebrochen sei und Re ihn, Thot, gesandt habe, ausgestattet mit »Zauber« (das heißt Schöpferkraft) und mit Recht für das Kind. Dann spricht er Horus selbst an, und

zwar zuerst dessen Herz. Er ruft ihn auf, zu erwachen. Denn er will ihm jene Botschaft mitteilen, mit welcher Horus dereinst alle erfreuen und Frieden für Himmel und Erde bringen werde. Er stellt Horus also zuerst auf seine spätere Aufgabe ein, bevor er das Gift beschwört, auszufließen.

Damit steht ganz eindeutig nicht die Heilung an erster Stelle, sondern die Verbindung zu den Göttern! Ohne sie kann Heilung nicht stattfinden. – Was kann uns das zu sagen haben? Bei Krankheiten oder Störungen, seien sie körperlicher oder psychischer Art, sind wir leicht darauf fixiert, sie »weg-haben« zu wollen. Etwas anderes kommt nicht in unser Blickfeld. Dadurch wird die Verbindung zu unserem innersten Geheimnis – wir könnten auch sagen: zu den Göttern in uns – abgebrochen, und wir erfahren nicht, welche Botschaft sie uns mit der Krankheit geben wollten. Wir sind einzig geleitet von der Vorstellung, daß Schmerz nicht sein dürfe.

Thot kann sich Zeit lassen: wenn die Sonne um des Kindes willen stillsteht und der ganze Kosmos sich in Sym-Pathie zum Kind hinneigt, dann »kann Horus nichts Böses widerfahren«. Er ist damit schon im Vorhinein von der Heilkraft seines Sonnen-Vaters umarmt, auch wenn dies für die Mutter in ihrem Schmerz noch nicht sichtbar ist. Wurde der Rhythmus des Sonnengottes durch den vom Tod bedrohten Lebensrhythmus des Horuskindes gestört, so wird die Sonnenbarke auch erst dann wieder fahren können, wenn Re den naturgegebenen und mit dem Kosmos verbundenen Rhythmus des Kindes wiederhergestellt hat.

Die auffällige »Blindheit« der Isis für diese Zusammenhänge (um die sie sonst sehr genau weiß) ist ein eindrückliches Beispiel für jene Erfahrung, die wir alle immer dann machen, wenn wir nur auf das schauen, was wir gerade jetzt wollen, vor allem, wenn es etwas sehr Dringliches ist. Dann haben wir weder ein Auge noch ein Ohr für etwas anderes frei.

Auf dem »Urhügel« von Chemmis wird, während Finsternis herrscht und das bedeutsamste Geschehen in bergendes Dunkel hüllt, das göttliche Kind vom Herzen des Re geheilt und gleichsam neu geboren als *sein* Sohn. Auf geheimnisvolle Weise wiederholt dieser Vorgang das »erste Mal« der Schöpfung, jenen Aufgang der Sonne auf der »Insel des Aufflammens«. Von nun an wird *auch* Horus Licht-Sohn sein. Stärker als die gewalttätige Macht des Urdrachens Apophis ist die Herzenskraft Res in ihrer Sym-Pathie

mit dem geschaffenen und bedrohten Leben. Das göttliche Kind als Sonnen-Kind wird zum Symbol der Todesüberwindung.
Letztlich bilden Re und Horus eine Einheit: der »Allerstärkste« mit dem »Allerschwächsten«. Der eine trägt den anderen als Gegenpol in sich, denn jeden Morgen wird der Sonnengott als kleines Kind neu geboren, um am Mittag als Re-Harachte (Horus als Re) seine größte Stärke zu erfahren. Als der Doppelt-Gezeugte wird Horus einmal beide Pole der Gottheit zu einer Dual-Union in sich verbinden, das Gleichgewicht zwischen Leben und Tod wiederherstellen und zum Bringer einer neuen Heilszeit werden. Geburt aus dem Herzen ist »zweite« und damit geistige Geburt. Ihre Bedeutung für den künftigen König wird darin liegen, aus diesem Zentrum der Begegnung zu leben und zwischen Göttern und Menschen zu vermitteln.
Ur-Symbole, wie sie uns hier begegnen, weisen auf die Grundstruktur der menschlichen Seele hin. Das Ur-Wissen der Menschheit, das jeder von uns als ein ewiges in sich trägt, will sich in unserer Seele immer neu gebären, wenn wir den Schoß für dieses »göttliche Kind« bereiten. Horus mußte deshalb menschliches Schicksal auf sich nehmen, um den Menschen zu zeigen, wie sie ihr göttliches Wesen in ihre menschliche Daseinsgestalt integrieren oder wie sie von der ihnen innewohnenden Göttlichkeit her heil werden können. Wenn der Mensch seine Re-Stellung im Zenit gewonnen hat, ist es an der Zeit, sich dem Kind zuzuwenden. Es könnte sonst in Todesbedrohung geraten.
Die Ur-Poligkeit von Finsternis und Licht scheint heute in unüberbrückbare Gegensätze auseinandergefallen. Wir alle sehnen uns nach Licht und Frieden, doch was wir sehen, ist, soweit es das große Weltgeschehen betrifft, aber sicher nicht nur dort, die Macht der Finsternis. Vielleicht geht es heute eminent um die Frage einer Durch-Lichtung der Finsternis, und dies – darauf deuten alle Anzeichen hin – kann nur von vielen einzelnen her geschehen. Dazu ist es notwendig, daß wir die »Barke« unserer Zeit immer wieder einmal anhalten. »Erneuerung des Menschen gelingt nur, wenn die Zeit angehalten wird und vorübergehend in Zeitlosigkeit übergeht.« Doch diese »ist nur dann fruchtbar, heilend und erneuernd, wenn man aus ihr wieder zurückkehrt in den Strom der Zeit. Die Zeit braucht den Kontrast zu Zeitlosigkeit, um erfüllte Zeit zu sein.«[23]

# *4. Mythologem:* Der Bruderkampf – Auseinandersetzung mit dem Schatten

## 1. Und »verwandelten sich in zwei Nilpferde der Unterwelt« – Der Umgang mit dem »Tier in uns«

Es kann nicht ausbleiben, daß der Feind des Osiris, Seth, vor dem die Götter Horus bereits schützen mußten, als er noch ein »Gott in seinem Ei« war, den Sohn des Osiris herausfordert, sobald er der Obhut seiner Mutter entwachsen ist. Das ist eigentlich – psychologisch gesehen – nichts Außergewöhnliches, denn jeder Jugendliche erlebt sich eines Tages in den Kampf zweier widerstreitender Kräfte im eigenen Innern hineingeworfen. Sofern dies eine Gegebenheit menschlicher Existenz überhaupt darstellt, kann man sagen, daß die Bedrohung schon mit dem Schöpfungskeim mitgegeben wird, auch wenn er noch in der mütterlichen Umhüllung verborgen ist. Im Fall des jungen Horus erfährt die Figur des triebhaften Schattenbruders – denn um diesen handelt es sich bei der inneren Gegenkraft – eine gleichsam erbliche Verstärkung dadurch, daß der Vater sich dieser Seite in sich nicht stellte.

Das Mythologem vom Bruderstreit ist über die ganze Welt verbreitet, und die ägyptische Version ist sicher eine der ältesten, wenn nicht gar die älteste, denn sie datiert bis vermutlich in die Zeit vor 3000 v.Chr. zurück. Es scheint der älteste Mythos Ägyptens überhaupt gewesen zu sein. Auf jeden Fall wurde er im Verlauf der Jahrhunderte der beliebteste, spiegelt er doch ein Geschehen, das sich zu allen Zeiten und in allen Völkern im Alltag wie in der Politik wiederholt.[1]

Meine Beschreibung bezieht sich im folgenden auf einen Text, in dessen Haupterzählung ein geschichtlicher Kern, auf den ich nicht näher eingehe, mythisch umkleidet wird.[2] Dem dramatischen Geschehen zwischen den beiden Kontrahenten geht voraus, daß der Götterrat Horus die Krone seines Vaters aufsetzen will. Doch Seth stellt sich dagegen: er sei »groß an Kraft« und »töte den Feind des Re täglich«, Horus aber sei »schwächlich an seinen Gliedern«. So forderte er, laut tobend: »Man soll ihn ins Wasser werfen, damit ich mit ihm um das Amt kämpfen kann«. Dem wurde stattgegeben.[3]

Seth sprach zu Horus: »Komm, wir wollen die Gestalt von zwei Nilpferden annehmen und ins Wasser tauchen. Wer aber auftauchen wird in der Zeit von drei Monaten, dem soll das Amt nicht gegeben werden»« – Sie tauchten nun unter – die beiden.[4]

Auf den ersten Blick erinnert die Aufforderung des Seth an Horus daran, wie Jugendliche einander zum Wettstreit herausfordern, um sich aneinander zu messen. Das Motiv der Verwandlung in Nilpferde gibt ihm den Charakter eines »Zauber-Wettkampfes«, wie er in Märchen vorkommt.

Vorschlag und Spielregel kommen von Seth, der das Ganze auf dem Hintergrund seines Wissens um seine Körperkraft und seine Zauberkunst einfädelt und daraus den Schluß zieht, daß er der Sieger sein werde. Horus, unerfahren und arglos wie der mittelalterliche Parzival, weiß noch nichts von Machtspiel und Intrige, sondern spürt nur seinen aufbrechenden Tatendrang. Bereitwillig und mühelos verwandelt er, der für den Luftbereich bestimmt ist, sich in ein Nilpferd und steigt hinab in die unsaubere Brühe des Nilpferd-Daseins. Er kennt noch nicht die Furcht, sich zu »beflecken«. Auch Isis hält ihn nicht zurück. Sie ist keine Mutter, die ihren Sohn festhalten möchte, obgleich sie Angst um sein Leben hat. Anders als die Mutter Parzivals weiß sie, daß Horus sich auf solche Auseinandersetzung einlassen muß.

In unserem Text[5] erscheint Seth in der archetypischen Rolle des »Tricksters«. In der »Tricksterphase«, die oft am Beginn eines Heldenweges steht, hat der Held häufig die Gestalt eines Tieres.[6] Indem Horus die gleiche Gestalt wie Seth annimmt, läßt er sich darauf ein, mit diesem identisch zu werden. Das entspricht in etwa dem, was wir tun, wenn wir uns etwa im Psychodrama in eine Rolle, die wir als eine Schattenseite von uns erkannt haben, hineinbegeben, um uns von ihr her zu erleben.

Daß Seth ausgerechnet das Nilpferd wählt, hat damit zu tun, daß

es eine seiner Erscheinungsformen ist.[7] Es paßt sowohl aufgrund seiner Plumpheit und rohen Kraft zu Seths chthonisch-tierhaftem Charakter, als auch durch seine Gier: nachts gingen die Nilpferde an Land und fraßen alle jungen Pflanzungen ab.
So taucht also Horus zurück auf die Stufe jener Tier-Ahnen, von denen er gewaltige und rohe Kraft, aber ebenso Gier und Unsauberkeit lernen kann. Für Menschen mit einem bestimmten Moralkodex könnte ein Traum mit diesem Bild die notwendige Konfrontation mit der eigenen »schmutzigen« Seite andeuten, mit jenem bisher stets abgewehrten Unreinen, das sich unter der Oberfläche suhlt – das heißt: mit dem Unbewußten im Sinn dessen, was »man nicht tut« und was »verpönt« ist, mit dem unsauberen Tier in uns. Diese Seite, die niemand gern bei sich selbst anschaut, mit der lichten Höhe des »Sauberen« zu verbinden, ist eine für unsere Zeit passende Forderung, nicht nur im individuellen, sondern mehr noch im kollektiven Bereich.
Dunkle Seiten in uns zu akzeptieren heißt nicht, ihnen nachzugeben, sondern sie als uns zugehörig kennenzulernen. Das erfordert zum einen Mut, da es nicht leicht ist, der Erkenntnis des wilden und destruktiven Tieres im eigenen Innern ins Auge zu schauen. Zum anderen führt dies jedoch auch zu Demut, sofern das Bild, das wir uns von uns selbst gemacht haben, seine Großartigkeit verliert und einer realistischeren Sicht von uns selbst Platz macht. Für Horus, den künftigen Gott des Lichtbereichs, wird es um andere Erfahrungen und Einsichten gehen. Indem er die Herausforderung Seths annimmt, begegnet er den dunklen Tiefen des Daseins, in denen sein ungehobelter, machtgieriger und undifferenzierter Schattenbruder sich aufhält, und er lernt dabei, die Welt aus der Perspektive des Unten anzuschauen. Was für das bedrohte Horuskind ein unbewußtes und hilfloses Ausgeliefertsein an die Schatten-Mächte der chthonischen Tiefe war, wird für den jungen Mann zu einer bewußten Konfrontation mit den Machtphantasien und -gelüsten der eigenen Tiefe, die ein Held kennenlernen muß, um mit ihnen umgehen zu können. Die Chance einer Auseinandersetzung mit dem Seth-Schatten-Bruder besteht für Horus in der Möglichkeit, diese Erfahrung in der Folge mit Weitsicht und Höhenflug seines Falke-Seins verbinden zu können. Die daraus erwachsende Einsicht in die Gegenpoligkeit alles Geschaffenen ist grundlegend für sein künftiges Königtum.

Die Begegnung des Horus mit seinem »Tier-Bruder« spricht das Thema des Umgangs mit dem »Tier in uns« an. Nicht selten tauchen in Träumen mächtige oder wilde Tiere auf, die den Träumer erschrecken. Wenn sie gar, wie im Traum einer jungen Frau, im 7. Stock eines Hauses, wo sie dem Aufzug entsteigt, in einem Käfig sitzen, dann wird auch mancher stutzig, der sonst nichts auf Träume gibt. Der von uns gern ausgeklammerte Vitalbereich mit seinen Trieben und Aggressionen (»Man darf doch nicht aggressiv sein«) nimmt im Unbewußten die Gestalt von wilden Tieren an, die sich auch in den 7. Stock bemühen, wenn jemand sich vorwiegend in den oberen Stockwerken seiner Idealvorstellungen aufhält. Solche Tiere töten zu wollen – eine erste Reaktion manches Träumers – würde nur zu einem weiteren Rückzug dieser »Seelen-Tiere« führen, bis sie – als autonomer Komplex – in wilden Ausbrüchen oder psychosomatischen Störungen über das Ich herfallen. Der Möglichkeit, die in ihnen gebündelte Kraft zu gewinnen, würde der Mensch dann verlustig gehen.

Das Eintauchen des jungen Horus in den Nil hat noch einen anderen Aspekt: als fließendes Wasser bildet der Nil einen Gegensatz zum stehenden Gewässer der Deltasümpfe, wo vegetatives und animalisches Leben wuchert. Daß Horus dort ebenso im Schoß der Natur wie in dem seiner Mutter aufwuchs, entsprach dem naturnahen Zustand eines Kleinkindes. Ein Junge der beginnenden Adoleszenz aber möchte in den »Strom des Lebens« springen, damit sein Leben »in Fluß kommt«. Ein alter Pyramidenspruch deutet den Aufbruch des Horus an mit den Worten: »Neige dein Haupt für Isis die Große, die Horus den Gürtel umband und vor ihm räucherte, damit er ausziehe, um seinen Vater zu sehen«.[8]

Dieser Gürtel meint einen Schurz, der den Mann vom Kind unterschied. Das Binden des Gürtels, von der Mutter vorgenommen, scheint mir ein Ritual zu sein, mit dem sie ganz bewußt den Sohn aus ihrer mütterlichen Fürsorge ins Mann-Werden und aus der Abhängigkeit von ihr entläßt, damit er sich auf den Weg zum »Vater« mache. Es scheint der Rest eines ursprünglich wohl umfangreicheren Initiationsrituals zu sein, zu dem die im AR noch am Pubertierenden vorgenommene Beschneidung gehörte.

Horus zieht aus, wie der Pyramidentext sagt, »um seinen Vater zu sehen«, und das meint: um ihn zu *suchen*. Wir können diese »Suche« auf mehreren Ebenen verstehen: es ist einmal die des

Totenrituals, in dem der neue König die Ka-Statue des toten Königs aufrichtete und umarmte. Dadurch »belebte« er den Toten und empfing zugleich dessen Ka-Kraft. Genaugenommen liegen natürlich sehr viele Jahre zwischen dem Tod des Osiris und dem Auszug des Horus. Doch Zeit ist im Mythos immer relativ, und außerdem vermischen sich hier Mythos und konkreter Kult, in dem man den toten König »Osiris« und den neuen »Horus« nannte.

Das Totenritual führt uns zu einer nächsten Ebene: in alten Stammesriten, die der Mann-Werdung des Adoleszenten dienten, mußte dieser auch die Verbindung zu den toten Ahnen herstellen, um von ihnen Kraft zu empfangen. Ähnlich sucht Horus über die Verbindung zum toten Vater und dessen Ka Rückbindung an die Ka-Schöpferkraft Atums, ohne die er sein künftiges Königtum nicht ausüben könnte.

Auf innerpsychischer Ebene ist von Bedeutung, daß Horus – wie die meisten Mythenhelden – vaterlos aufwuchs. So fehlte ihm ein väterlich-männliches Leit- und Vorbild. In diesem Sinn erweist sich die »Suche nach dem Vater« als Suche nach einer inneren Richtschnur und männlicher Identität. Erst wenn Horus sagen kann: »Ich und der Vater sind eins«, hat er den Vater in sich selbst gefunden.

Im alten Ägypten spielte die biologische Vaterschaft im Vergleich zur geistigen eine untergeordnete Rolle. Geistige Zeugung vermittelte Leit- und Vorbild, und erst sie machte einen Mann zum vollgültigen »Vater«.[9]

In unserer Moderne hat es ein Junge schwer, eine Vaterfigur zu finden, die ihm vermittelt, daß es sich für eine Aufgabe zu leben lohnt, die über den Menschen hinausgeht und ihn andererseits anregt und herausfordert, seine eigenen inneren Maßstäbe zu finden. So läuft die in der frühen Adoleszenz aufbrechende »Krieger-Energie«, die nach Erfüllung sinnvoller Aufgaben und Ziele drängt, meist ins Leere und pervertiert vielfach in sinnloses Tun. Es findet kein »Aufbruch« und »Auszug« mehr statt, jedoch oft ein Verhocken im Raum wuchernder Mütterlichkeit, zu der auch jene moderne Form gehört, sich vom Sog einlullender Musik in ein phantasiertes Paradies tragen zu lassen.

Isis hatte bereits bei der Geburt ihres Sohnes dessen künftige Aufgabe in seinem Namen aufscheinen lassen. Mit dem »Binden des Gürtels« führt sie nun den ehemals Ent-bundenen einer neuen

Bindung zu: der bewußten Rück-Bindung an den Vater-Ahn, die zugleich die Ein-Bindung in das künftige Königsamt einleitet. Doch vorher bedarf es des »Auszugs« des Sohnes selbst, um die Berufung zu seiner Aufgabe in der Auseinandersetzung mit seinem Widerpart einer Prüfung zu unterziehen.

Daß Könige des NR, die zur Verteidigung ihres Landes auszogen, sich gern mit »Horus, der aus Chemmis auszog« verglichen, beweist nicht nur die Beliebtheit dieses Motivs. Mehr noch weist es auf dessen sinngebende Funktion hin, die immer damit zu tun hatte, daß der König eine rechtmäßige Ordnung gegen Unordnung stiftende Mächte verteidigen wollte. Das entspricht genau dem, was in der Seele des Adoleszenten vor sich geht: bisher ungekannte und verborgene Triebkräfte brechen mit Macht hervor und stiften Unruhe und Unordnung, ob sie nun von der Art der Nilpferde, der Leoparden oder anderer Gattung sind. Dann findet sich der junge Mann nicht mehr in sich selbst zurecht, findet keine »rechtmäßige« Ordnung mehr vor. So muß er »ausziehen«, um sich jenen Kräften zu stellen und sich mit ihnen auseinanderzusetzen, sich mit seiner Tier-Seele versöhnen und eine »neue Ordnung« heraufführen.

Die Zwiespältigkeit zwischen dem Drang des Triebes, sich auszuleben, und der archetypischen Sehnsucht, sich in einer Gemeinschaft aufgehoben zu fühlen und von ihr bestätigt zu werden, ist in diesem Alter nicht leicht durchzustehen. Das Bewußtsein der eigenen körperlich-sexuellen Kraft spiegelt sich in einem Naturdrang, der oft nilpferdhaft mächtig, aber auch nilpferdhaft plump erscheint. Werden derart mächtige Kräfte im weiteren Entwicklungsverlauf nicht an einen geistigen Gegenpol angebunden, fehlen ihnen die notwendigen Grenzen, und sowohl Sexualität wie Aggression werden dann zerstörerisch. Von der Tiefe her brechen sie in den Bereich des Tagesbewußtseins als rohe, ungehobelte Kräfte ein. Mit ihrer Gier fressen sie alle jungen Pflanzen eben erst entdeckter Möglichkeiten ab. Da bedarf es eines eigens angelegten Schutzzaunes aus bewußten Ritualen, um neu erworbene Einsichten und schöpferische Fähigkeiten vor Zerstörung zu bewahren. Denn die Mächte der untermenschlichen Ebene sind blindwütig, gleichgültig und als »Nilschweine«[10] sehr gefräßig. Nur wenn sie klug bewacht und behutsam gelenkt werden, dienen sie menschlichen Bedürfnissen. Wie idealistische Wertvorstellungen, die nicht an die erdhaft-animalische Seite angebunden sind, sich im All auflösen, so wirken umgekehrt die Triebkräfte des Menschen wuchernd und überschwemmend, sofern sie nicht eine Grenzziehung durch den Geistpol erfahren. Leben wir eine Seite auf Kosten der anderen und abgespalten von ihr, wird die jeweils unterdrückte Seite unseres Menschseins sich rächen.

Ich möchte die Bedeutung der Auseinandersetzung mit Seth in der Entwicklung des jugendlichen Horus zum Mann noch von einem anderen Aspekt her beleuchten. Van Gennep hat in einer Untersuchung über die Initiationsriten verschiedener Stämme und Völker herausgefunden, daß alle »Schwellen-Riten« nach einem dreigliedrigen Muster erfolgen: Trennung – Übergang – Rückkehr und Integration.

»Schwellen« im Leben zu überschreiten, ist ein archetypisches Motiv. Zu ihnen gehören: Geburt, Übergang ins Jugend-, ins Erwachsenenalter, ins Altwerden und in den Tod. Sie alle sind Ereignisse kollektiver Art, die mit dem Menschsein verbunden sind. Übertragen wir dieses dreigliedrige Muster, so erscheint der Ritus des »Gürtelbindens« als die Phase der Trennung von der Mutter und dem bisherigen Gewordensein. Mit der Herausforderung durch Seth beginnt die Phase des Übergangs, die Horus in einem ersten Schritt die Erfahrung der eigenen Körperlichkeit und Triebhaftigkeit bringt. Dabei scheint Seth eine ähnliche Funktion zuzukommen wie den Stiefmüttern im Märchen: er plant die Ausschaltung des Helden, um dessen Stelle einnehmen zu können, bewirkt bei diesem jedoch einen Bewußtseinsfortschritt. Horus entdeckt und entwickelt seine eigenen männlichen Kräfte.

## 2. »Wild wie ein Leopard« – Initiation in die Kraft des Mann-Seins

Isis aber, die Angst um ihren Sohn hatte, machte sich eine Harpune und stieß sie dort ins Wasser, wo Horus und Seth untergetaucht waren. Da verbiß sich das Erz in die Majestät ihres Sohnes. Er schrie laut auf: »Ich bin doch Horus! Zu Hilfe!« Sofort befahl Isis der Harpune, sich von ihm zu lösen. Beim zweiten Mal verbiß sich die Harpune in die Majestät des Seth. Dieser schrie laut auf: »Was habe ich dir getan, meine Schwester? Willst du etwa Feindschaft gegen deinen Bruder von der Mutter her?« –

Ihr tat das Herz weh um seinetwillen, und sie befahl ihrer Harpune, sich von ihm zu lösen.
Nun aber ergrimmte Horus gegen seine Mutter Isis. Er kam heraus. Sein Gesicht war wild wie das eines Leoparden. Sein Messer war in seiner Hand. Er schnitt das Haupt seiner Mutter Isis ab. Er nahm es in seine Arme. Er stieg auf das Gebirge.[11]

Isis greift hier in den Streit der beiden Kontrahenten ein; das kann man natürlich als Überfürsorglichkeit einer Mutter sehen, die ihrem Sohn letztlich doch nichts zutraut. Dann käme die Köpfung der Isis der Tötung einer »Großen Mutter« gleich. Das erschiene mir jedoch eine zu schnelle Einordnung in ein beliebtes Raster, auch wenn sich Erich Neumann dafür zitieren läßt.
Wenn wir uns den Text genauer anschauen, drängt sich eine andere Deutung auf. Gegen Ende wird deutlich, daß es Horus ist, der von Verlustangst erfaßt wird: wenn seiner Mutter das »Herz wehtut« um Seths willen, dann fühlt er sich seines Alleinanspruchs auf ihre Liebe beraubt, fühlt sich von ihr entthront und verraten. Ihr plötzlicher »Gesinnungswandel« läßt ihn rasen vor Zorn. Besessen von einer bisher ungekannten Aggression und fortgerissen von blinder Wut, wird er einem blutdürstigen Raubtier ähnlich: »Sein Gesicht war wild wie das eines Leoparden«. Mit der Behendigkeit dieser Bestie fällt er sein Opfer an. Da ist er nicht mehr »schwächlich an seinen Gliedern«! Aggressiv und ausgreifend behauptet er seine Vorrangstellung. Seine neu erwachte Männlichkeit gebärdet sich tierhaft-gewalttätig. Eine ungeheure Kraft ist ihm mit dieser emotionalen Ladung zugewachsen. Mit ihr entmachtet er nicht nur die Mutter in bezug auf ihren ihm negativ erscheinenden Aspekt, sondern er entwertet sie radikal.
Ein solches Verhalten ist typisch für die Intoleranz eines Jugendlichen in der Zeit seiner »Identitätskrise«, in der er seine gerade erst aufgebrochene Manneskraft gegen ein Gefühl von Identitätsverlust verteidigen muß. Neu erwachter Mut zur Autonomie verknüpft sich mit einem irrationalen Getriebensein, und der Jugendliche weiß noch nicht, wer er ist und wer nicht. Es ist eine Zeit der Entfremdung von sozialen Strukturen und eine Zeit emotionaler Verwirrung. Der junge Mensch ist seinen Gefühlen und Affekten ohne Wegweiser ausgeliefert. Das Beschreiten des neuen Weges macht Angst, die häufig durch Überkompensation abgewehrt wird:

töten, um nicht getötet zu werden; zerstören, um nicht von innen zerrissen zu werden; Unruhe stiften, um der eigenen inneren Unruhe zu entgehen. Aggressive Impulse werden noch nicht als eigene Tendenz, sondern als von außen kommend erfahren. Daher müssen sie in einem wilden Kraftakt abgewehrt werden. Die Kraft der Emotion ist Ausdruck dafür, daß das Ich ins Bewußtsein drängt, doch sie kann gleichzeitig das Bewußtsein vorübergehend wegwischen.

Blenden wir noch einmal zurück und schauen uns genau an, womit Isis den Ausbruch ihres Sohnes provoziert: sie löste ihre Harpune auch von Seth, anstatt ihn mit ihr zu töten, wie Horus erwartet hatte. Ihr Grund: »es tat ihr das Herz weh um seinetwillen«. Die Formulierung ist eine literarische Übertreibung der Ramessidenzeit. Jedoch darf man einer Göttin vom Typ der Isis nicht soviel Naivität zutrauen, daß sie Seth nur aus Mitleid am Leben ließe. Sie *bekämpft zwar* den Mörder-Bruder, aber tötet ihn nicht. Täte sie es, so wäre es *ihre* Tat und nicht die des Horus. Damit hätte er selbst der Auseinandersetzung entgehen und seinen Anspruch auf List und Wissen der Mutter behalten können.

Da Isis sowohl List wie Heilung und Zuwendung stets sehr gezielt einzusetzen weiß, möchte ich behaupten, daß sie Horus herausfordern *will*: indem sie seine Aggressivität bewußt auf sich selbst lenkt, stößt sie ihn in die Unabhängigkeit von ihrer *geistigen* Führung hinein. Das macht insofern Sinn, als sie weiß, daß der künftige Horus-König auch mit der Seth-Kraft umgehen muß. Daher läßt auch sie Horus *und* Seth gelten (ein Pharao mußte Horus *und* Seth in sich vereinen.) Gerade das aber kann Horus nicht ertragen, weil er es noch nicht begreifen kann, da er sich selbst noch zu sehr im Mittelpunkt sieht. Sein Feindbild springt von Seth auf die Mutter über: blind für alles andere, scheint er nur noch ungerechten Liebesentzug zu sehen. Die Angst vor der endgültigen Ablösung wird abgewehrt mit einem Ausbruch grandioser Wut, die die Fassungskraft des Bewußtseins überschreitet.

In Kenntnis solcher Gefahr wurde bei Naturstämmen in den Initiationsriten für Adoleszenten die aggressive Kraft bewußt gemacht und verdichtet, um dann integriert werden zu können, so daß sie weder für das Individuum selbst noch für die Gemeinschaft eine Gefahr bedeutete. Die Männer afrikanischer Stämme etwa, so bezeugt Eliade, wurden bei ihrer Initiation in »Leopardenbünde«

eingeweiht.[12] Sinn dieses Rituals war es, den jungen Mann zum »Raubtier-Krieger« zu machen. Außer körperlicher Kraft und Tapferkeit bedurfte es dazu der Umwandlung seiner menschlichen Natur durch einen aggressiven und Schrecken verbreitenden Wutanfall, der ihn dem wütenden Raubtier ähnlich machte und eine »heilige Kraft« in ihm wachsen ließ.[13] Die Wut des jungen Kriegers entsprach der »Initiationshitze« – Zeichen für etwas Heiliges, das von ihm Besitz ergriffen hatte. »Dabei wurde die menschliche Seinsweise aufgehoben, und der Betreffende hatte an einer höheren Seinsweise teil: eines Gottes, Geistes oder Tieres.«[14] Er wurde also angeschlossen an eine größere, eine überpersönliche Kraft.

Ich möchte an dieser Stelle einem etwaigen Mißverständnis vorbeugen: es kann keine Rede davon sein, daß jeder Wutanfall und Jähzornsausbruch »heilig« wäre und nicht nur schlichtweg Ausdruck persönlicher Affekte. Die Initiationsrituale, von denen hier berichtet wird, stehen eindeutig in einem größeren Sinnzusammenhang: der Aufnahme Jugendlicher in die Gruppe der erwachsenen Männer durch harte Mutproben, Aushalten von Schmerz und Ausrichtung auf eine überpersönliche Sinngebung. Zudem wurden sie von einem sehr erfahrenen Initiationsmeister geleitet, der selbst durchlitten und verwandelt hatte, was er den Novizen zumutete. Er besaß entsprechende Einsicht in die Zusammenhänge und kannte die Gefahren, aber ebenso die Chancen, so daß er seine Provokationen angemessen dosieren konnte. Unter seiner Führung konnten die jungen Männer sich einer »Wandlung ihres Seins« aussetzen. Dabei schufen die Prüfungen zunächst einmal haltgebende Strukturen, bevor gezielt Affekte provoziert wurden. In diesen erfuhren die Novizen die Stärke ihrer eigenen Energie, doch sie lernten auch, konstruktiv mit ihr umzugehen.

Und da liegt der gravierende Unterschied: so berechtigt eine Wut sein mag – und es ist wichtig, daß wir Wut haben und in uns spüren dürfen! – so entscheidend ist auch, daß sie nicht blindlings ausgetobt wird. Denn dann bleibt der Betreffende unbewußt mit ihr identifiziert und wirkt zerstörerisch, auf sich selbst und auf andere. Wut ausagieren meint: sich von unbewußten Impulsen einfach treiben lassen. Diejenigen, die stets Tassen bereit halten, um sie bei einem aufkommenden Wutanfall gegen die Wand zu werfen, wissen, daß sie diesen Vorgang immer wiederholen müssen, denn er bringt ihnen nur momentane Erleichterung. Er ist ein Ventil, bei dem die Wut entweicht, aber auch verpufft – und mit ihr die in ihr gebundene Energie. Sie wird nicht befreit, weil sie nicht bewußt gemacht wird, um dann sinnvoll eingesetzt werden zu können, womit der Betroffene von seinem zwanghaften Impuls erlöst wäre. Solcher Bewußtwerdung diente die »Initiationshitze« in den Stammesriten, die immer auch eine innere Reinigung beinhaltete. Durch Besiegen der »ihn von innen anfallenden Emotionalität« bewirkte ein Novize, daß »ihm die darin enthaltene Vielfalt und Energie zuströmte und zur Verfügung des Ichs stand«.[15] Der wandelnde Aspekt ist also nicht durch die Affekte an sich gegeben, sondern durch die bewußte Auseinandersetzung mit ihnen.

Auch Horus wird identisch mit dem Raubtier, ohne sich dessen bewußt zu werden, da er nicht in ein eigentliches Ritual eingebunden ist. Er wird zerstörerisch, weil seine Emotion stärker ist als seine Sicht der Situation. So wird es denn auch seine »Sichtweise« sein, die er in der Folge opfern muß. Zwar können wir sagen, daß Seth ihn – wider Willen – in die Erfahrung seines eigenen Kraftpotentials eingeweiht hat, doch da dieser selbst seine Affekte stets wild ausagiert, kann er kein Initiationsmeister sein. Nach unserer Deutung sieht es eher so aus, als ob Isis in diese Rolle eintritt, indem sie den Affektausbruch ihres Sohnes provoziert. Da sie ihn jedoch auf sich selbst lenkt, fällt sie ihm auch – als persönliche Mutter – selbst zum Opfer. An diesem Punkt hat sie die Grenze dessen, was sie als Mutter für die Mann-Werdung ihres Sohnes zu tun vermag, erreicht. Sie wird ihrer Leitbild-Funktion ent-hauptet.

Diese Köpfung können wir auf drei Ebenen betrachten. Da ist zunächst einmal die aitiologische: was der ramessidische Text an dieser Stelle ausließ, gehört zum Wesenskern der Grunderzählung, die in einem anderen Papyrus erhalten ist. Dort heißt es: »Thot verwandelte den Kopf der Isis durch Zauber und setzte ihn ihr wieder auf, die nun die Erste der Kühe (das heißt der Kuhgöttinnen) war«[16]. In diesem Text, der auf die Fassung des MR zurückgeht, wird darauf angespielt, daß Isis mit der Himmelsgöttin Hathor austauschbar wird und von ihr Kuhgehörn mit Sonnenscheibe übernimmt. So trägt sie denn auch seit dem MR häufiger den Titel »Herrin des Himmels«.

Ein weiterer Zusammenhang ergibt sich zwischen Isis und Maat, der Göttin für Wahrheit und Gerechtigkeit. Es scheint eine kopflose Statue der Maat gegeben zu haben, womit ihre Funktion als

Kehle, die das Leben an das Herz weitergibt, betont werden sollte. Die Leben schenkende Funtion der Isis könnte zu ihr in Parallele gesetzt sein. Zumindest ist eine enge Verwandtschaft zwischen Isis und Maat angedeutet. Zudem berichten Sargtexte aus dem MR, daß Schu mit Hilfe der Maat »die Köpfe anknüpft und die Kehlen belebt«, vor allem bei Isis.[17] – Isis, Heilerin par excellence, ist also im MR mehrfach Objekt der Heilung durch Schu oder durch Thot. Wir sehen wieder – wie zuvor bei Horus – wer als Heiler/in gilt, ist zunächst einmal selbst durch Verwundung hindurchgegangen. Daher die harten Prüfungen für angehende Medizinmänner und Schamanen, daher die Lehranalyse in der Ausbildung von Analytikern. Das klassische Beispiel für Christen: Jesus wurde erst durch seinen Kreuzestod hindurch zum erlösenden Christus.

In diesen Zusammenhang paßt ein Hinweis von Whitmont[18]: das archetypische Motiv, sich den Kopf abschlagen zu lassen, ist älter als das der Kreuzigung. Im alten Indien bedeutet es: den Tod überwinden und zur Sonne werden. Damit hätten wir eine direkte Parallele zur Verwandlung in einen Kuhkopf mit Sonnenscheibe. Sie bedeutet – und damit komme ich zur dritten, der psychologischen Ebene – daß Isis zu einer überpersönlichen Himmelsgöttin wird, nachdem sie den Sohn von seinem Anspruch auf die geistige Führung durch sie als persönliche Mutter abgelöst hat.

Die Trennung von ihr als biologischem Ursprung reichte noch nicht aus, ihn fähig zu machen, seine eigenen Möglichkeiten zu erkennen und sie klug und geschickt zu verwirklichen. Indem Horus seiner Mutter den Kopf abschlug, tötete er seinen kindlichen Anspruch an ihre Zauberkraft und ihr Wissen und machte damit den Weg frei, diese Kräfte bei sich selbst entdecken zu können. Daß seine destruktive Aggressivität gegen die Mutter dabei proportional seiner Angst vor der Trennung von ihr war, zeigt, daß sich seine positive Beziehung zu ihr und sein Drang nach Ablösung von ihr letztlich die Waage halten. Nur auf der Basis einer kraftvollen Mutterbeziehung, die ihm ein gesundes Grundvertrauen in die Welt und in sich selbst ermöglicht, kann er den Kampf gegen die Mutter wagen und kann sie selbst ihn zulassen.

So hat die zweite Stufe der Übergangs-Phase Horus an seine Raubtier-Energie und ihre Gefahr herangeführt. Ohne die Erfahrung eigener un-menschlicher Gefühle wäre er einerseits nicht gut auf sein Königtum vorbereitet.

Auf der anderen Seite hätte es eine furchtbare Destruktivität zur Folge, würde der aggressive Leopard im Menschen zu einem autonomen Komplex. Er muß also in die Gesamtheit der Persönlichkeit integriert werden. So trugen die Könige des NR an ihrem Gürtel nachgebildete Leopardenköpfe, um symbolisch anzudeuten, daß die eigene wilde Leopardennatur erkannt und in sinnvoller Weise im Dienst des Königtums überschritten zwerden muß.
Sofern brutale Gewalt nicht der eigentliche Weg zum vollständigen Mann-Sein sein kann, wird der *Täter* Horus noch zum *Opfer* werden müssen. Denn seine Tat, die eine Spaltung seines bisherigen Ganzheitserlebens herbeigeführt hat, ruft kompensatorisch die Gegenkraft auf den Plan, die sich in Seth verkörpert. Nach dem explosiven Sprung nach vorne kehrt sich die Richtung vorerst einmal um.

## 3. Blendung und Heilung des Helden – Eine neue Bewußtseinsebene

Der Götterrat »stieg in die Berge, um Horus zu suchen«. Aber nur Seth fand ihn, wie er schlafend unter einer Sykomore im Oasenland lag. »Er warf ihn auf seinen Rücken. Er riß seine beiden Augen von ihren Sitzen. Er begrub sie auf dem Berge. Die beiden Augäpfel aber wurden zu zwei Keimen, und sie wuchsen auf zu zwei Lotusblumen, um die Erde zu erleuchten als Sonne und Mond. – Es ging nun Hathor aus, die »Herrin der südlichen Sykomore«, und sie fand Horus, wie er im Wüstengebirge lag und weinte. Sie griff eine Gazelle. Sie melkte sie. Sie sagte zu Horus: »Öffne dein Auge, damit ich diese Milchtropfen hineintue«. Er öffnete nun sein Auge, sie tat die Milchtropfen hinein. Sie tat sie in das rechte, sie tat sie in das linke. Sie sagte: »Öffne deine Augen!« Er öffnete sie. Sie schaute sie an und fand sie vollendet. Sie ging zu Re und sagte: »Horus ist gefunden. Seth hat ihn in Not zgebracht, aber ich habe ihn wiederhergestellt!«[19]

Horus wird in einem neuen Gewaltakt also nun selbst Opfer eines Affektausbruchs. Die neu erfahrene Macht, töten zu können, kehrt sich um in ein Erleben äußersten Bedrohtseins.
Nach einer Besessenheit durch archetypische Wut bedarf es eines »rite de sortie«, – in Stammesriten durch den Initiationsmeister

geleitet – um aus ihr wieder heraustreten und die Wut in eine für das Leben verfügbare Kraft umformen zu können. Dieser Möglichkeit dient in unserem Mythologem das Geschehen im »Oasenland«. Nach seinem Aufstieg ins Wüstengebirge fällt Horus zunächst einmal in Schlaf, das heißt: er sinkt hinab ins Unbewußte. Man kann sich fragen, ob der Schlaf hier als eine Flucht zu verstehen oder notwendig ist. Vermutlich ist beides zutreffend, zumindest für seinen Aufstieg ins Gebirge. Da er mit einer Bestrafung durch den Götterrat rechnen muß, ist das Gebirge der sicherste Schutz. Psychologisch bedeutsam ist jedoch, daß er seine eigene Affektgeladenheit noch gar nicht anzuschauen vermag. Für den Kraftakt gegen die eigene Mutter hat er seine gesamte Energie gebraucht, so daß er zunächst einmal nur erschöpft in Schlaf sinken kann. Die Frage »Was habe ich da eigentlich getan?« erreicht sein Bewußtsein noch nicht. Im Schlaf können sich die durch Explosion zerstückelten Teile seiner Energie wieder sammeln und zusammenfügen. Was Isis bewußt tat, vollzieht sich bei ihrem Sohn im Unbewußten.

Horus steigt ins Wüstengebirge und legt sich unter eine Sykomore, einen Baum im Oasenland. Was will uns das sagen? Die Wüstenberge von Theben galten gleichsam als Ende der Welt. Hinter ihnen versank am Abend die Sonne. Deshalb siedelte man dort auch den Eingang zur Unterwelt an, in der sich die Wiedergeburt der Sonne und der Toten vollzog.

Horus zieht sich also in den Bereich der Toten zurück. Doch gab es dort auch Oasen, fruchtbare Flecken um eine Wasserstelle. Von ihnen sagt E. Brunner-Traut: »Oasen liegen als kleine Augen innerhalb großer Senken (Depressionen) im Wüstenplateau«[20]. Da sie bis zu 100 oder mehr Metern unter dem Meeresspiegel liegen, sind sie im wahrsten Sinn des Wortes »Depressionen«, »in die Erde niedergesenkte« Teile. Das Wort »Oase« geht auf den altägyptischen Ausdruck »Kessel« (für Flüssigkeiten) zurück und wurde dann auf die fruchtbaren Senken in der Wüste angewandt. Das griechische Wort dafür ist »oasis«.

Mit diesem Bild scheint mir der Zustand des Horus hervorragend getroffen. Ist die Wüste Ausdruck für den Stillstand nach vorausgegangener überstarker Dynamik und für die Leere von verfügbarer Energie, so steht die Oase als Symbol für eine Herabsenkung seines Bewußtseins, seines Bodens, auf dem er bewußt zu stehen vermag. Sie steht als Symbol für eine Depression, die eine fruchtbare ist, auch wenn Horus darum noch nicht weiß, ebenso wie auch wir, wenn wir depressiv sind, nicht wissen, daß wir eigentlich in fruchtbare Erde hinabgesenkt sind. Das bedeutet doch aber, daß wir dort genährt werden mit Lebenswasser aus der Tiefe der Erde, wo es noch näher am Ursprung ist.

Nun legt sich Horus zudem noch unter eine Sykomore. Sie war der beliebteste Baum der Ägypter und galt als »heiliger Baum«, als Himmelsbaum, das heißt als eine Erscheinungsform der Himmelsgöttinnen Nut und Hathor. Sie wurden besonders in Totenbüchern oft als Sykomore dargestellt, aus der ein Arm herausreicht, der Lebenswasser für die Toten spendet.

Der Gang des Horus ins Oasenland der Wüste bringt damit eine wichtige psychologische Wahrheit zum Ausdruck: Wenn der Mensch auf dem Weg in die Introversion seiner inneren Führung vertraut, geleitet sie ihn an den »rechten« Ort – jenen Ort, wo Lebenswasser empfangen und neue Fruchtbarkeit aus der Senke gehoben werden will. Es ist ein mütterlicher Bereich, jedoch nicht mehr derjenige der konkreten Mutter, sondern jener der Mutter »Leben«. Damit bettet sich Horus wieder in den Bereich der allumfassenden Himmelsmutter. Das ist eine gute Basis, um sich auf die neue Krise, die bereits im Anzug ist, einlassen zu können. Denn es gibt nicht nur Oasen in der Wüste. Aus der Wüste kommt auch Unheil, und so verwundert es nicht, daß Seth der »Herr der Wüste« ist. Daher kann nur er Horus finden.

Schauen wir den Aufenthaltsort des Horus unter diesem Aspekt an, so liefert er sich dort dem verhaßten Rivalen geradezu aus. Psychologisch gesehen bedeutet das: wir können dem Schatten nicht entkommen. Laufen wir vor ihm davon, dann verfolgt er uns. Man kann es, auf Horus bezogen, auch so sagen: sein innerer Initiationsmeister hat seinen Weg so gelenkt, daß er Seth wieder begegnen muß.

Wie lange die Phase seines Schlafes und damit der unbewußten Sammlung gedauert haben mag, wissen wir nicht. Geweckt wird er dadurch, daß Seth ihm die Augen ausreißt – ein wahrhaft brutales Erwachen! Die Aggressivität wird wieder vom Schatten übernommen – ein Zeichen dafür, daß das Ich, nachdem es eine erhebliche Prise davon gekostet hat, noch nicht in der Lage ist, sie zu integrieren. Was Seth im Sinn hat, ist ziemlich deutlich: er nutzt

die willkommene Gelegenheit, um Horus ein für allemal untauglich für das Königsamt in der Nachfolge des Osiris zu machen: er reißt ihm beide Augen aus.
Dieses Motiv steht im Zusammenhang mit dem sehr alten und komplexen Mythos vom »Horusauge«, der durch die gesamte ägyptische Geschichte hin Bedeutung hat. In der bekannteren Version aus dem AR reißt Seth Horus ein Auge aus, während dieser ihm im Gegenzug die Hoden abreißt. Jeder raubt also dem anderen genau das, wodurch er sich auszeichnet: Horus verliert seine Weitsicht, Seth seine kraftvolle Potenz. (Der mythische Mensch hat eine ebenso direkte und oft drastische Sprache wie das Kind auf seiner »mythischen« Stufe). Subjektstufig auf einen Einzelmenschen bezogen, würden wir von »blinder Kreativität« sprechen: sie wuchert wild drauflos, weil sie nicht wahrnimmt, was sie hervorbringt – vergleichbar den Krebsgeschwüren an wild wuchernden Bäumen.
In der vorliegenden Erzählung wird nur Horus verletzt und sogar beider Augen beraubt, er verliert jegliche Orientierung – ungefähr das Schlimmste, was einem zustoßen kann, denn damit gerät das ganze bisherige Bewußtsein durcheinander. Darin wird die Tendenz des unbewußten Schattens deutlich, das eben erwachte Männlichkeits-Bewußtsein wieder zu vernichten. Dennoch ist Seth nicht als böse zu betrachten. Das Gegensatzpaar in den alten Mythen heißt nicht: gut – böse, sondern licht – dunkel, bewußt – unbewußt. Darum darf Seth auch nicht getötet werden, denn er stellt einen Anteil an Natur dar, der zum Menschen gehört und akzeptiert, aber auch gelenkt werden will. Der Kampf des jungen Horus gegen Seth erweist sich in diesem Sinn als ein Kampf gegen die Übermacht seiner unbewußten Affekte mit dem Ziel, sie integrieren und bewußt einsetzen zu können, wie es die bereits erwähnten Initiationsriten der Naturstämme anstreben.
Kosmische Nacht bricht nach dem Verlust seiner Augen über Horus herein und versetzt ihn in den Zustand einer vorweltlichen Seinsweise. Sein eigentlicher »Heilsweg« will genau dort beginnen, wo der seines Vaters endete: mit der dunklen Phase des Todes. Zuvor selbst gewalttätig, wird er jetzt Opfer von Gewalt und muß schmerzlich erfahren, daß er *beide* Seiten in sich trägt. Sein Vater kam zu Tode, weil er dieses Bewußtsein noch nicht in sich entwickelt hatte. Horus wird durch denselben Herausforderer Seth

früh zu einer Erkenntnis gezwungen, die auch heute noch meist nur in bitterer Erfahrung erlernt wird: jeder ist sowohl Opfer wie Täter, auch wenn nur eine Seite sichtbar wird.
Es gehört zum menschlichen Leben überhaupt, daß wir zwischen zwei Polen hin- und hergerissen werden, einem hellen und einem dunklen, und wir müssen beide Aspekte in unserem Sein und Handeln berücksichtigen. Jene großartige Harmonie ohne Paradoxa, wie sie heute von manchen gerne beschworen wird, gibt es nicht. Es liegt jedoch an uns selbst, ob wir uns als zwischen unversöhnlichen Gegensätzen gespalten erleben oder ob unser Leben zwischen den beiden Polen hin- und herfließen und seinen eigenen Rhythmus finden darf. Daß auf Zeiten der Sicherheit und Stärke solche der Unsicherheit und Erschütterung folgen, entspricht dem Rhythmus der Natur und muß uns nicht aus der Bahn werfen. Der Rhythmus des Lebens ist ein wellenförmiges Auf und Ab, keine kontinuierliche Höhenwanderung. Oft dürfen wir erfahren, daß wir gerade durch Krisen und Situationen, die uns zunächst als »böses Schicksal« erscheinen, neu in Fluß kommen, auch wenn diese Erkenntnis erst im nachhinein aufsteigt. Für viele Menschen bilden Schicksalsschläge einen Stachel, den Mächten der Zerstörung und Lähmung das »Trotzdem« des Lebens entgegenzusetzen. Bei Horus stammt dieses »Trotzdem« einerseits aus der frühkindlichen Erfahrung, durch die Leben-schaffende Macht des Sonnengottes vor dem Gift des Todes gerettet worden zu sein, zum anderen aus der »Heil und Leben« schenkenden Liebe seiner Mutter. Seitdem steht dieses »Trotzdem« wie ein Motto über seinem Leben und wird ihn trotz aller Provokationen Seths zum König werden lassen.
Doch damit habe ich bereits vorgegriffen. Wenden wir uns wieder dem verwundeten Horus zu, den die Finsternis des Todes ein zweites Mal in seinem Leben hinabziehen möchte. Verlust der Augen – das ist zunächst eine Form, die der Verlust unbeschwerter Jugend für ihn annimmt: Verlust einer kindlichen und selbstbezogenen Sichtweise. Nicht der äußere, sondern der innere Himmel verfinstert sich dieses Mal, denn Sonne und Mond gehen unter, wenn die bisherige Sicht erloschen ist und die mit ihr verbundene Orientierung nicht mehr trägt. Durch die Beraubung seiner Augen – die Weise, wie Seth an *ihm* Zerstückelung verübt – wird er dem Vater ähnlich und der todbringenden Finsternis unmittelbar aus-

gesetzt. Jetzt muß er bewußt ohnmächtigen Schmerz und völlige Hilflosigkeit erleiden und in den Zustand eines ausgelieferten Kindes eintauchen. Bewußt muß er seine Oberwelt-Energie zum Opfer bringen, um seinen unbewußten Seth-Anteil zu erlösen.
Horus befindet sich auf der wichtigsten Stufe der Übergangsphase: in der Phase der Inkubation, einem Stadium, in dem er nur ausharren und geschehen lassen kann – bei bewußter Wahrnehmung. Diese Zeit des Übergangs erleben wir an Wendepunkten oder in Krisensituationen unseres Lebens, wenn wir das Festhalten an alten Verhaltensmustern und Bewältigungsstrategien aufgeben können und zulassen, daß wir dadurch erst einmal einer »ungeheuren Flut gemischter Gefühle, Bilder, Empfindungen zzund Bedürfnisse« ausgesetzt werden. »Wenn wir zur nächsten Stufe unseres Lebens weitergehen wollen, müssen wir uns zuerst aller Hilflosigkeit, die aufkommt, stellen. Wir geraten in einen Zustand der schöpferischen Pause, wenn wir diese Phase des Entgrenztseins annehmen können. Dieser Bereich unserer Innenwelt ist männlich und weiblich zugleich, ist ein Ort der Vielzahl von Möglichkeiten.«[21]
Was eine Inkubationsphase bedeutet, ist durch das Bild einer Oase in der Wüste sehr gut wiedergegeben. Der Bereich der Wüste verlangt einen Tod, damit ein »incubare« (das heißt: brütend auf etwas sitzen) sich anbahnen kann. Die nach außen gerichteten Augen müssen geopfert werden, damit die nach innen schauenden geöffnet werden können. Sahen die äußeren den Gegner nur draußen, werden die inneren ihn in der eigenen Seele entdecken. Sahen die äußeren nur den Verlust liebgewordener Vorrechte und Gewohnheiten, werden die inneren neue Lebensmöglichkeiten entdecken. Er-Leuchtung findet statt, wenn die Innensicht als gleichwertig zum Standpunkt des Bewußtseins hinzutritt.
Dieser offene Zustand, in dem von innen her eine neue Antwort heranreifen will, verlangt viel Geduld und Warten. Das, was sich neu formen will, setzt eine Reinigung voraus, eine Reinigung der Augen. Die Gestirnsaugen des *Himmelsgottes* Horus, Sonne und Mond, müssen durch das Dunkel der Erde hindurch, wie Re, der Sonnengott, sich allnächtlich seinen Weg durch die Unterwelt bahnen muß.[22] Für den *Mensch-gewordenen* Horus, den Sohn der Isis, der einmal König werden wird, bedeutet der Verlust seiner Augen ein Opfern der nur-menschlichen Augen, um den göttlichen Augen den Sitz zu bereiten.

Auch für uns kann das Ablegen der nur-menschlichen Augen oft wichtig sein, dort etwa, wo wir meinen, jemand brauche unser Mitleid, aber nicht sehen, daß er selbst nichts tut, um aus seinem Elend herauszukommen. Ein Therapeut wird einem depressiven Menschen nicht seine Erwartungen und passiven Wünsche erfüllen, sondern herauszufinden versuchen, wo die eigenen Kraftquellen des Betreffenden liegen, um sie anzuregen. Die Augen sind also auf die Gesamtpersönlichkeit und auf den göttlichen Kern in ihr gerichtet, die vordergründigen Bedürfnisse werden nur von dorther angeschaut.[23] Aus der Perspektive des Erwartenden möchte ich von nur-persönlichen Augen sprechen. Die haben wir immer dann, wenn unsere ich-betonten Ansprüche uns den Blick auf ein größeres Ganzes verstellen.

»Göttliche« Augen schauen immer von einem sinngebenden und tragenden Gesamtzusammenhang her, in den der einzelne eingebettet ist. Der Weg zu solcher Sicht ist auch für Horus, wie wir sehen, kein leichter. Diese Zeit innerer Orientierungslosigkeit entspricht sehr genau jenem »Interregnum« im Außen nach dem Tod eines Königs, wenn jede Ordnung verlorengegangen ist. Diese Ordnung wird nämlich nur durch den König garantiert, die Ordnung im Reich der Persönlichkeit durch die sehenden Augen des Bewußtseins.

Das kommt sehr sprechend zum Ausdruck in Traum und Erfahrung einer Frau, die zehn Tage lang darüber im unklaren gelassen wurde, ob man ihr ein Auge herausnehmen müsse. Sie erlebte wahrhaft ein »Interregnum«: alles geriet für sie durcheinander, nichts mehr war sicher und klar. Auflehnung, Angst, Niedergedrücktsein und Hoffen – alles wirbelte durcheinander, während sie sich wie in einen dunklen Abgrund geworfen fühlte. Sie konnte nur noch nach innen schauen, im Außen war nichts, an dem sie sich orientieren konnte. Sie träumte, der Augenarzt gebe ihr ein Brillengestell und für jedes Auge drei verschiedene Gläser. Sie habe nun herauszufinden, in welcher Reihenfolge diese voreinandergesetzt werden müßten, damit sie »sogar durch Nebel hindurch sehen« könne. – Jeder kennt die Freude, wenn es der Sonne gelungen ist, mit kräftigen Strahlen den dichten Nebel zu durchdringen und klare Sicht zu vermitteln. Es ging also in dem Traum der Frau darum, gleichsam »Sonnen-Augen« zu erlangen. Doch es war *ihre* Aufgabe, das Wie herauszufinden. Dazu dienten die zehn Tage ihres

Nur-nach-innen-Schauens. Denn das war ihr klar: eine solche Sicht könne nur von innen her gewonnen werden.
Wir scheinen wohl erst dann bereit zu sein, die inneren Augen der Ein-Sicht zu öffnen, wenn die äußeren Augen bedroht sind. Vorher lassen wir uns oft nicht darauf ein, die Nebelschwaden der Illusionen, mit denen unser Ich uns etwas vorgaukelte, zu durch- lichten. Erst die Sonnen-Augen mit ihren Strahlen können die Wahrheit hinter dem Nebel erkennen.
Wenn von den Gestirnsaugen die Rede ist und Horus unter einer Sykomore in der Wüste liegt, dann ist natürlich die »Herrin der südlichen Sykomore«[24], Hathor, nicht mehr fern. Sie war im AR mütterliche Himmelsgöttin und Mutter des Himmelsgottes Horus. Ihr Name »Hathor« besagt: »Haus des Horus«. – Erst danach trat Isis an ihre Stelle.
»Es ging nun Hathor aus, die Herrin der südlichen Sykomore, und sie fand Horus, wie er im Wüstengebirge lag und weinte«. – Seth fand Horus schlafend und nicht-wissend. Und er machte ihn brutal zu einem Wissenden, das heißt zu einem, der sich gänzlich ohnmächtig und ausgeliefert weiß und aus seinen leeren Augenhöhlen nur noch weinen kann. So findet ihn Hathor, die Herrin des Westgebirges bei Theben. Sie fragt nicht. Sie weiß – und heilt. Wir erleben hier einen Parallelvorgang zum Beginn des Mythos: der feindliche Gott zerstört, die wissende Göttin heilt. Dazu benutzt sie ein Tier – eine Gazelle. Es ist ein Wüstentier und eines, das ihr heilig ist.[25] Die Gazelle, besonders ihre Augen, wird überall aufgrund ihrer Schönheit gewürdigt. Bemerkenswert ist allerdings, daß Hathor zur Heilung die *Milch* der Gazelle benutzt.
Das Symbol der göttlichen Milch hat im alten Ägypten eine besondere Bedeutung: sie entspricht dem Lebenswasser und kann, ebenso wie dieses, auch von der Sykomore gereicht werden. Beide gelten als heilend, wobei allerdings die »heilende Milch« ein charakteristisches Attribut der Isis ist. Auf sie hoffen die Toten in der Unterwelt ebenso wie Patienten, welche die Heilerin Isis anrufen. So wird Isis in Unterweltsbüchern als Sykomore mit zwei Brüsten dargestellt, aus denen der Tote die Milch des Lebens saugt.
Die »Milch der Isis« hat in der Spätzeit deutlich eine spirituelle Bedeutung gewonnen: in den hellenistischen Isismysterien wird den Neophyten (Neubekehrten) zum Zeichen des Verlustes ihrer alten Sichtweise eine Binde vor die Augen gegeben. Bei der ei-

gentlichen Einweihung dann, wenn ihnen die Binde abgenommen wurde, erhielten sie einen Milchtrunk, Symbol der »Milch der Isis«, der ihnen das Grunderlebnis der Wiedergeburt in ein vergöttlichtes Leben hinein vermitteln sollte.

Es ist nicht zu übersehen, daß diese späten Mysterien auf das Geschehen im Oasenland in unserem Mythos zurückgreifen und jeder Neophyt auf einer geistigen Ebene das Erleben des Horus nachvollzieht. Die Frage drängt sich auf: war es dann wirklich Hathor, die Horus heilte, oder war es nicht vielmehr Isis? Mit dieser Frage stoßen wir auf die Begründung dafür, warum der Erzähler des NR die Ersetzung des Isis-Kopfes durch den Hathor-Kopf ausließ: die Gleichsetzung von Isis und Hathor paßte nicht in den Rahmen der sonstigen Erzählung. Da sie jedoch zur Grunderzählung gehört, dürfen wir sie bei unserer Deutung selbstverständlich heranziehen, und dann haben wir eine Göttin, die sowohl die Züge der Hathor wie die der Isis in sich vereint. Die Isis-Hathor, die hier erscheint, ist nun eindeutig die überpersönliche Himmelsgöttin, die die ausgerissenen (= untergegangenen) Gestirnsaugen neu zum Leuchten bringt. Mit ihnen gewinnt Horus wieder eine göttlich-kosmische Perspektive und kehrt ebenso in die göttliche Sphäre zurück wie seine Mutter. Eingebunden in den kosmischen Rhythmus von Sonne und Mond, verwirklicht er jenen Namen, den ihm seine Mutter bei seiner Geburt gab: er wird in der Barke des horizontischen Re mitfahren und vorne sitzen.

Wir erleben in dieser Mythenerzählung gleichsam eine doppelte Augen-Heilung: die Gestirnsaugen, einmal in die Erde gesenkt, das heißt: auf die Nachtfahrt geschickt, heilen sich gewissermaßen alleine. Sie sprießen aus der Erde (der Unterwelt) als Lotusblumen wieder hervor (das entspricht dem Mythos vom täglichen Aufgang der Sonne) und steigen von diesen auf zum Himmel. Horus, der von Isis als ein Mensch-gewordener geboren, aufgezogen und ins Mann-Werden entlassen wurde, war bis jetzt noch klar als solcher erkennbar. Ab dem Verlust seiner Augen jedoch ist er unter doppeltem Aspekt zu sehen: einmal in seiner rein göttlichen Sphäre als der Himmelsgott mit den Gestirnsaugen, der er nun wieder wird. Zum anderen aber als der Horus-König, das Urbild jedes Pharao.

Betrachten wir nun die Heilung durch Hathor-Isis. Sie geschah, wie wir bereits wissen, durch die Milch einer Gazelle, und die

Schilderung dieses Vorgangs gewinnt gerade dadurch einen besonderen Reiz, daß er zum einen sehr detailliert und zum anderen in einer fast kindlichen Sprache beschrieben wird. Man hat keine Schwierigkeit, es sich bildlich vorzustellen. Warum zog Hathor hier eine Gazelle heran, obwohl sie als »Himmelskuh« ja eigene Milch zur Verfügung hätte?
Eine Antwort finden wir, wenn wir die Entwicklungsstadien des jungen Horus einmal von den drei aufeinanderfolgenden Tieren her anschauen. Er tritt zunächst in die kraftvolle Plumpheit eines Nilpferdes ein und erfährt in dieser Gestalt gebündelte, aber noch ungehobelte animalische Stärke. Dann wechselt er in die geschmeidige Behendigkeit des Leoparden, der »schönsten aller Bestien« hinüber, die »unnahbar ist wie das Feuer eines Vulkans«[26]. Steht dem plumpen Nilpferd die Zartgliedrigkeit und Leichtigkeit, so der blutdürstigen Seele des Leoparden die Leben schenkende und heilende Milch der sanften weiblichen Gazelle mit den milden Augen gegenüber. Die Transzendierung des Körperlichen sowie die Besänftigung männlicher Aggressivität soll also vom bezauberndsten aller weiblichen Tiere her geschehen.[27] Der Weg des Horus führt auf diese Weise von der Erdenschwere der Unten-Welt (Erdgötter sind in Ägypten ja männlich) über eine dynamische Bewegtheit *auf* der Erde hin zu einer Leichtigkeit, die dem Luftbereich schon näher steht, aber noch mit der Erde verbunden ist. Die Integration all dieser Bereiche scheint mir für einen künftigen König wichtig.
Wenden wir uns nun aber der Schöpfung neuer Augen zu. Sie geschieht durch eine mütterliche Himmelsgöttin. Auf die Seele eines Menschen bezogen heißt das: die archetypische (= überpersönliche) Mütterlichkeit in ihm selbst ist erwacht, das mütterlich-tragende Fundament in seinem eigenen Innern. Damit hat ein neuer Entwicklungsschritt begonnen, denn der betreffende Mensch fühlt sich jetzt nicht mehr von einer persönlichen Mutter abhängig. Basis dafür war, wie wir bei Horus sahen, verinnerlichte Mutterkraft aus einer guten Mutterbeziehung. So kann das Mütterliche für ihn jetzt zu einer Quelle werden, welche die Milch des Lebens schenkt – auch in der Wüste.
Nun stammt die Milch jedoch von einer Gazelle, die für ihre milden und hellblickenden Augen berühmt ist. Solche Augen stehen einem König ganz gut an, wenn er sich seines wilden Leopardengesichtes bewußt ist und es gezielt dort einzusetzen weiß, wo es notwendig

erscheint. Die neue Sichtweise, die Horus vermittelt wird, wäre demnach eine weibliche, also eine intuitiv-wahrnehmende und eine ganzheitliche, die dunkel und hell, Tod und Leben zusammensieht und nicht voneinander isoliert. Es sind die klar blickenden inneren Augen, die nur auf dem Weg des Leidens gewonnen werden können: erleiden muß Horus den Tod seiner nur-männlichen Augen, die zielsicher nach einem äußeren Objekt oder Opfer Ausschau halten. Dann erst vermag er die inneren zu öffnen, die den Gegenpol in uns gelten lassen. Horus hat jetzt begriffen, daß das Leben aus Polaritäten besteht. Darum wird auch Seth nicht geopfert, sondern einbezogen werden. Das ist die Weisheit seiner Mutter Isis, die ihm im Dunkel des Erleidens von innen her zuteil wird: die neue Sicht der Zwei-Einheit.

Und dann sagt Hathor-Isis: »Mach deine Augen auf!« und er öffnet sie. Jetzt »gehen ihm die Augen auf!« Er erfährt Er-Leuchtung. Göttliches Licht leuchtet von innen nach außen: Augen, die aus dem Tod geboren wurden und von daher eine besondere Strahlkraft entfalten. Mit seiner Er-Leuchtung hat Horus die letzte Stufe seiner Initiation erreicht: die Integration. Jetzt hat er seine innere Richtschnur, seine Mitte im Ursprung der Schöpfung gefunden. Die Vorbereitung auf das Königtum ist damit beendet. Ein Horus-König bedarf der göttlichen Augen, weil seine menschlichen nicht ausreichen, um der übergroßen Aufgabe, vor die er gestellt ist, gerecht zu werden.[28]

Nicht so dramatisch, aber von der inneren Erfahrung her ähnlich war es für die oben erwähnte Frau, als ihr Auge, das sie innerlich in hartem Ringen schon geopfert hatte, dann doch erhalten blieb, ein neues Auge – ein göttliches Geschenk. Heilung, die wir aus unserer Tiefe heraus tragen und angehen, wird ein höheres Potential in uns wecken, das die Kraft der Wandlung hat. Neue Augen – ein neues Bewußtsein wird uns geschenkt. Ob wir zu einer neuen Sichtweise gelangen, hängt nicht von der Größe oder Bedeutung einer objektiven Situation ab, mit der wir konfrontiert sind, sondern davon, ob wir zulassen, daß wir an die Grenzen unseres ich-zentrierten Wahrnehmens und Denkens gelangt sind. Davon, ob wir bereit sind, uns auf einen unbekannten Raum in uns selbst einzulassen.

Manchmal werden wir auch einfach hineingestoßen, wie Horus oder auch jene Frau. Dann ist es gut, sich noch im nachhinein zu einem Ja des Geschehenlassens durchzuringen. In diesem Raum geschieht ein Ringen und Erleiden, doch der Moment, in dem sich die »neuen Augen« öffnen, wird weder von uns gewußt noch bestimmt. Immer ist es ein unerwartetes Geschenk unseres innersten Selbst bzw. des Göttlichen in uns, was das Gleiche meint.

Als Horus seine Augen öffnet, heißt es von Hathor-Isis: »Sie schaute sie an und fand sie vollendet.« Die Schöpferin schaut also ihr Werk nochmals an, bevor sie es entläßt, und sie findet es nicht »sehr gut«, sondern »vollendet«, also »heil«. Und »heil« als ein weibliches Prädikat meint immer Ganzheit.

Im Sinn solcher Ganzheit endet schließlich auch der Kampf zwischen Seth und Horus: Re nimmt auch Seth als Sohn an und gibt ihm die Aufgabe, Gewittergott zu sein (neben der bereits von Seth erwähnten, daß er täglich den Feind des Re tötet; davon werden wir später noch hören).[29] So kann Seth mit seinem mächtigen Kräftepotential wichtige Dienste leisten, und vor allem: er ist in ein größeres, ein kosmisches Gesamtgeschehen eingebunden. Damit zeigt dieses Mythologem deutlich, daß aggressive Kraft letztlich nicht verdrängt werden kann und darf, sondern ein geeignetes Tätigkeitsfeld braucht, um in schöpferische Kraft umgewandelt werden zu können. Anders ausgedrückt: sie wird erst dort zerstörerisch, wo sie sich vereinzelt und eigenen Machtinteressen huldigt. So vereinzeln wir unseren Schattenbruder und spalten ihn ab, das heißt wir suchen ihn draußen, um ihn dann zu bekämpfen, wenn wir uns mit einer Ideologie – sei sie politisch, wirtschaftlich, religiös oder anderer Art – identifizieren und nichts anderes gelten lassen. Wir konstellieren dämonische Mächte im Unbewußten, weil wir andere Perspektiven ausschließen.

Am Seth unseres Mythos wird deutlich, daß der innere Gegenspieler sich nur im Zusammenhang mit der Gesamtpersönlichkeit in eine positiv wirkende Kraft verwandeln kann; werden ihm von dieser her eindeutige Aufgaben zugeordnet, die seiner Kraft entsprechen, dann wirkt er in die gleiche Richtung mit ihr.[30] Seth töten zu wollen, wäre eine patriarchale Auffassung im Sinne sich ausschließender Gegensätze. »Jede unter Menschen etablierte Ordnung bedarf des In-Frage- Stellens, der Verunsicherung, damit sie nicht in Erstarrung übergeht, sondern beweglich und anpassungsfähig bleibt. In richtiger Dosierung ist die sethische Unruhe ein notwendiges Ferment menschlicher Entwicklung.«[31]

Schenken wir Bruder Seth in unserem Leben nicht genügend Beachtung, irritiert er zunächst das Ich mit irrationalen Ausbrüchen und zwingt es auf diese Weise, sich ihm zuzuwenden. Leisten wir dem Folge, kann Seth zum Signal werden und zur Chance für neue Erkenntnisschritte und damit zu einem Tor auf dem Weg zur Integration.

# *5. Mythologem:* Der königliche Mensch

## 1. »Ich und der Vater sind eins« – Gegründet in der Welt der Ahnen

In den ersten vier Mythologem blieb das Geschehen im rein mythischen Bereich. Das 5. Mythologem läßt den mythischen Horus in die geschichtliche Wirklichkeit eingehen, indem er im menschlichen König in Raum und Zeit Gestalt annimmt. Von der Seite des Königs her betrachtet, können wir es auch so formulieren: der menschliche Kronprinz tritt bei seiner Thronbesteigung in die »Rolle« des mythischen Horus ein.[1]

Diesem festlichen Vollzug geht jedoch ein Akt voraus, der noch zum Totenritual gehört: der neue König muß die Ka-Statue[2] des toten Vorgängers umarmen, der – mythisch gesprochen – zu einem »Vater Osiris«[3] geworden ist. In der Umarmung wird der neue König vom »toten Vater« als »Sohn« in der Nachfolge legitimiert. Er empfängt dabei die Ka-Kraft des »Vaters« und wird durch sie rückgebunden an die Urschöpfer-Zeugungskraft Atums: die Legitimierung durch den »Vater« wird auf diese Weise zu einer Legitimierung von Urzeit her. Auf sein Königtum bezogen, kann er dann sagen: »Mein Reich ist nicht von dieser Welt«.

Auch auf den toten König hat die Umarmung der Ka-Statue eine Wirkung: sie erweckt ihn zu einem neuen Leben im Jenseits. Deshalb ruft der »Sohn« dem »Vater« zu: »Erwache, erwache, o mein Vater Osiris! Ich bin dein Sohn Horus, der dich liebt!«[4] So stiftet er eine Beziehung über die Schwelle des Todes hinweg, die sich ausdrückt in der Formel: »Ich und der Vater sind eins!« Die Kontinuität zu Göttern und Ahnen ist damit hergestellt, und der »Tod des Osiris« wird »heilbar«[5], das heißt: der chaotische Zustand, der durch seinen Tod heraufgeführt war, beseitigt.

Der jeweils neue König setzt so das von Urzeit her begründete und durch den Tod des Vorgängers unterbrochene Königtum fort, so daß »der Mythos aktuelle Wirklichkeit«[6] wird und dieser dadurch Sinn verleiht. Auf diese Weise vollzieht der König in seiner Rolle als »Horus« den Übergang des kosmischen Dramas in die Geschichte der Menschen, und die archetypischen Themen des Mythos geben dem kollektiven Leben Form und Bedeutung. Die Menschen spüren, daß ein Herausfallen aus diesem Sinn- Zusammenhang Auflösung der in ihnen wirkenden Kräfte bedeuten würde. Der moderne Mensch hingegen muß den Verlust solchen Zusammenhangs durch eine Suche nach immer neuen Sicherheiten kompensieren.

## 2. »Erscheinen wie Re« – Offenbarung der Göttlichkeit des Menschen

Die Thronbesteigung des ägyptischen Königs wird verglichen mit dem Aufgehen der Sonne am Morgen. So kann sie als ein »Erscheinen« oder »Erstrahlen wie Re« bezeichnet werden. Soll die Göttlichkeit des Menschen »erstrahlen wie Re«, muß sie sich aber vorher verdunkelt haben im Durchgang durch den Tod. Sonst kann sie als solche nicht erkannt werden. Die Götter brauchen die Menschen, um in ihnen bewußt zu werden. Sie lassen die Menschen teilhaben an ihren Kräften. Doch die Teilhabe am Göttlichen will durch Schmerz und Tod erkauft werden. In diesem Vorgang spiegelt sich der Übergang vom Unbewußten zum Bewußtsein, der nicht ein bequemes Hinübergleiten sein kann.

In diesem Sinn erscheint es stimmig, daß jeder König aufs neue die Rückbindung an den Ursprung erwerben muß, die nur in Übereinstimmung mit den Göttern geschehen kann. Dazu jedoch bedarf es des Rituals, das einen Schutzraum für diesen Austausch darstellt. Menschen der »rituellen Kultur«, wie die Ägypter, lebten nicht mehr in der Unmittelbarkeit göttlicher Mächte wie die Menschen der Vorzeit. Daher bedurften sie der Urzeitmythen, die im Ritus gegenwärtig gesetzt wurden: »Durchleuchtet vom mythischen Bild, erscheint die ganze Welt zurückversetzt, zurückverwandelt in die Urzeit. Aus ihr erneuert sich die (aktuelle) Zeit.« So ist »die rituelle Kultur ein von urschöpferischer Kraft durch und durch gewirktes Gebilde«[7].

Wie Re am Morgen aus den Urgewässern als neue Sonne emportaucht, so der neue König aus dem »Chaos« des Interregnums. Symbolisch vollzieht er – in Analogie zum »Bad des Sonnengottes« – eine Reinigungsszene. – Die meisten alten Kulturen kannten ein »Eintauchen« ins Wasser als eine Auslieferung an die doppelte Macht des Wassers als Auflösung und Neuformung. In seiner Eigenschaft des fließenden Formenwechsels wird es zum Medium der Verwandlung von einer Gestalt in die andere. So wird Eintauchen zum Symbol des Sterbens, Auftauchen zum Symbol der Wiedergeburt aus dem Tod und damit der Schöpfung.
In Ägypten wurde irgendwann das Eintauchen durch ein Übergießen mit Wasser ersetzt: die beiden Königsgötter Horus und Seth übergießen den König – in einem bogenförmigen Strahl aus kleinen Anch-Zeichen – mit »Lebenswasser«. Dann sagt Horus zu ihm: »Ich habe dich gereinigt mit Leben und Kraft, damit deine Dauer gleich der Dauer des Re sei!«[8] Die Analogie zu Re wird noch weiter verstärkt durch den Ausspruch: »Pharao ist Horus im

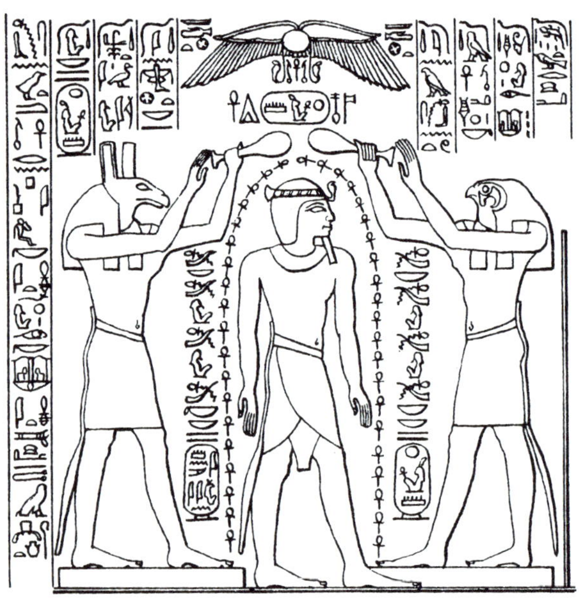

*Abb. 8:* Die beiden Königsgötter Horus und Seth übergießen den König mit Lebenswasser.

Urwasser, der Tod hat keine Macht über ihn!«[9] Auch hier wird deutlich die erneuernde Kraft des Wassers angesprochen.[10] Der König hat also »die Mächte der Finsternis überwunden« und erscheint »wie Re, wenn er im Lichtland aufgeht«[11]. Er bringt Licht in das Dunkel bisheriger Wirrnis.

Aus der Analogie zu Re ergibt sich, daß auch die Thronbesteigung früh am Morgen nahe dem Wasser stattfindet. Kosmisches und historisches Geschehen werden zusammen geschaut: wie sich das Leben des Kosmos in Re erneuert, so das des Volkes im König. Beide bilden eine große Einheit. Daher sagt man zum Sonnengott: »Während du am Himmel bist und der Welt leuchtest, ist er auf Erden, um dein Königtum auszuüben!«[12] Thronbesteigung ist also »Erscheinen« – Erscheinen ist aber gleichzeitig »Geburt«. Die tägliche »Geburt« des Sonnengottes, wenn er am Morgen aus dem Wasser »erscheint«, weist beide als ein- und dasselbe Geschehen aus. So nimmt der »Königsweg« des Gottes über den Himmel seinen Anfang. Analog dazu beginnt ebenso der Königsweg des Pharao mit einer »Geburt« – einer »zweiten Geburt«. Sie ist eine Geburt in die Göttlichkeit: der bisher nur menschliche Kronprinz wird mythisch »als Horus« neu geboren und dadurch zu einem göttlichen Sohn, um die Einheit der beiden Welten in sich zu verkörpern.

Von dieser »zweiten Geburt« sind uns auf Tempelwänden wunderschöne Darstellungen erhalten, eine Szenenfolge, die von der Aussendung des himmlischen Boten Thot an die Königin-Mutter bis zur Krönung des »Neugeborenen« den Königsmythos zeigt.[13] Der Schöpfer- und Sonnengott zeugt mit der Königin-Mutter einen Sohn, der deshalb als »von der Jungfrau geboren« gilt. Denn *Gott* ist sein Vater. Der Sohn ist »eines Leibes mit ihm«; für die Ägypter hieß das: wesenseins. Da ihnen der Leib voller Ausdruck der Person war, war ihnen das unmittelbar verständlich. Eine Trennung von Leib und Seele im griechisch-christlichen Sinn war ihnen fremd. Als der Neugeborene dem Gott gezeigt wird, sagt er daher: »Du bist mein leiblicher Sohn!«[14]

Es kann und soll hier nicht um eine Darstellung und Beurteilung ägyptischen Königtums gehen. Vielmehr will das 5. Mythologem am Beispiel des ägyptischen Königs zeigen, daß die Königsgestalt als Archetyp zur psychischen Beschaffenheit des Menschen gehört. Er ist Symbol für eine ideale Sicht vom Menschen, die jeder Mensch in sich trägt, für ein Ideal, das realisiert werden will im

Leben. Claude de Saint-Martin formulierte es so: »Jeder Mensch, der sich vervollkommnet, wird zum König!« – Damit ist der »königliche« Weg als Lebensweg des Menschen angesprochen, ein Weg, der sich nur vom Mythos her begreifen läßt.

Wie das zeitlos-Mythische sich in zeithafter Einmaligkeit zum Ausdruck bringt, ist im ägyptischen Königtum besonders ausgeprägt. Dort traf noch die Aussage von Gehrts zu: »in der rituellen Kultur sind die Götter gegenwärtig im Träger ihrer Rolle«[15]. So wird bei der Thronbesteigung, wenn der König in die »Rolle« des Schöpfergottes eintritt, dieser in ihm gegenwärtig und offenbart sich in ihm. Das entspricht psychologisch einer Offenbarung des Selbst im Ich des Menschen, anders ausgedrückt: das menschliche Ich erlebt in sich eine übergeordnete geistige Kraft, die sich ihm schenkt, das Ich aber auch herausfordert.

Es ist ein frühes Menschheitswissen, daß der Mensch zwei Seinsbereichen angehört – einem göttlich-ewigen und einem menschlich-zeithaften. Und es ist der »Sinn der Taten des Helden«, die göttlich-ewige als die »vergessene Dimension«[16] wieder zu entdecken und das »Wissen« von ihr nach seiner Rückkehr dem Menschen wieder zugänglich zu machen. Dem Christentum ist dieses Wissen ebenfalls vertraut, doch mit der Aufklärung verschwand es aus dem allgemeinen Bewußtsein. Der archaische Mensch erlebte noch unbewußt die Einheit beider Seinsbereiche. So konnte das ägyptische Volk in der Frühzeit und noch in der ersten Hälfte des AR in einer Art Symbiose mit dem König leben. Der mythische Mensch dagegen spürt deutlich *beide* Bereiche, weiß aber sein Menschsein noch im göttlichen Sein geborgen. So konnten in Krisenzeiten die Götter als »ruhender Pol« erfahren werden. Das Selbstbewußtsein des mythischen Menschen ist gewachsen (im Unterschied zu dem des archaischen Menschen), und er steht erstmals seiner eigenen Innerlichkeit gegenüber. Er kann – aber er muß auch noch – das innere Geschehen in einem Mythologem aus sich heraussetzen und wird so seiner selbst ansichtig. So wird das Mythologem zum Spiegel des Bewußtwerdungsprozesses, aber gleichzeitig auch immer wieder Initiator zur Weiterentwicklung des Bewußtseins.

Auf der mythischen Stufe bedarf die Gruppe (das Volk) des »Großen Menschen« als ihres Repräsentanten. Die Bewußtseinskraft der Menschen ist noch zu schwach, die inneren Kräfte zu ordnen.

Der Mensch wird von ihnen noch überflutet und sucht daher eine Richtschnur im Außen, das heißt er projiziert sie. Das spiegelt sich im Erleben der Könige des neu entstandenen MR: »Allein auf sich selbst gestellt, muß der König sein Königtum durch Taten rechtfertigen, die Menschenmaß übersteigen. Übermenschliche Anspannung, Tatkraft und Einsicht sind gefordert, um die vergängliche Weltordnung vor einem abermaligen Zurückgleiten ins Chaos zu bewahren«.[17] Vom Erleben des Königs her lassen sich Rückschlüsse auf die unbewußte Struktur des Volkes ziehen. Denn es ist eine psychische Gesetzmäßigkeit, daß sich das Innen im Außen spiegelt und umgekehrt. So ist es zu Beginn des MR die Sehnsucht nach einem ordnenden Faktor in der eigenen Seele, die das Volk auf den König projiziert.

Was besonders die Könige des MR so schmerzlich erleben, ist eine Spannung, die jeder kennt, der den »königlichen Weg« im eigenen Leben zu gehen sucht: jene Spannung zwischen der irdischen Alltäglichkeit mit allem menschlichen Versagen und andererseits dem Streben nach jenem »größeren Menschen«, den wir alle als Möglichkeit in uns tragen und als erahnte Zukunft in uns spüren. So erfahren auch wir die »übermenschliche Anspannung«, wenn wir wachsam darauf achten, daß bereits gewonnener Boden uns nicht wieder entgleitet und »ins Chaos« zurücksinkt.

Nimmt ein König die Projektion eines Volkes in Verantwortung an, ohne sie für eigene Machtgelüste auszunutzen, vermag er jene Qualitäten, die das Volk in ihm sucht, zu entwickeln. Die Menschen dieses Volkes hingegen haben die Möglichkeit, an einer solchen Leitbildfigur zu lernen, mit den Kräften der eigenen Seele umzugehen.

Dies unterscheidet sich deutlich von dem, was heutzutage eine große Gefahr darstellt: dem immer wieder laut werdenden Ruf nach dem »starken Mann«, der auf *unserer* Bewußtseinsstufe eher eine Bequemlichkeit verdeckt, als sich mit den eigenen gewalttätigen Seiten auseinanderzusetzen. Damit soll nicht gesagt werden, daß der heutige Mensch keine echten Leitbildfiguren mehr sucht oder braucht, denn – trotz seiner höheren Bewußtseinsstufe – ist er noch weit von menschlicher Ganzheit entfernt. Der sichtbar gewordene Aspekt menschlicher Ganzheit, in der die beiden Welten eins geworden sind, gerade ist das, was das Symbol des Königs zum Ausdruck bringen will.

Wir projizieren heute nicht mehr gern in frühere Zeiten, sondern lieber auf »Gurus« unserer Tage. Sie sind greifbarer, doch damit auch angreifbar. Auch verkörpert nicht jeder von ihnen den Aspekt des Wirkens in die Welt hinein, der zum König unabdingbar hinzugehört. Der zeitlose und auf der ganzen Welt seit Jahrtausenden gültige Archetyp des Königs weist – wie jedes echte Symbol – über konkrete Zusammenhänge hinaus. Er kann den Menschen, der sich ihm stellt, in seinem eigenen Lebensmythos herausfordern. Diesen zu entdecken und zu leben, ist Sinn und Ziel der Beschäftigung mit alten Mythen.

Die verdichtete Erfahrung unserer frühen Ahnen kann dabei in uns eine neue Verlebendigung erfahren und für unsere heutige Zeit fruchtbar gemacht werden. Daß das mythische Zeitalter längst vergangen ist, bedeutet ja nur, daß wir uns zu einer neuen Bewußtseinsstufe hin entwickelt haben. Als »Tiefenschicht des Numinosen« jedoch lebt das Mythische in jedem von uns weiter und wird in jedem Kind aufs neue sichtbar; »die mythische Welt ist die Welt der Vorzeit in uns«[18]. Es ist die »schöpferische Welt« in uns, die sich »im Innenraum des Psychischen offenbart«[19].

Der ägyptische König übernimmt sein Königtum als eine »Rolle«; das besagt, daß es nichts Persönliches ist, sondern er in etwas eintritt, was ihn übersteigt. Die »Rolle«, die sich als göttliche »Horusnatur« manifestiert, ist das Übergreifende, während ihr Träger immer wieder wechselt. Dieses Übergreifende ist eine göttliche Macht, die größer ist als der König, aber in ihm in eine lebendige menschliche Gestalt konzentriert wird. Diese *Macht* in ihm ist es, welche die Menschen verehren, nicht den König als Menschen. Denn bereits am Ende des AR wußten die Ägypter, daß der König menschlich und fehlbar ist und kein ideales Individuum. Aber sie glaubten an das »Amt«, das er ausübte als an eine religiöse Größe, weil es das Wirken der Götter unter den Menschen garantierte. Vom Königtum als »Amt« war das Heil der Menschen abhängig. Die Thronbesteigung des Königs gewinnt dadurch kosmische Tragweite, daß er mit der »Rolle« des Schöpfergottes in die archetypische Sphäre eintritt und die schöpferischen Kräfte der Götter erhält. Er taucht ein in die Dynamik des Werdens der Schöpfung und legt auf diese Weise »Zeugnis ab für die wirkende Mächtigkeit des Schöpfergottes in dieser Welt«[20]. Solche Vergegenwärtigung des Göttlichen im Hier und Jetzt entspricht dem, was C.G. Jungs

Begriff der »Persona« (der mit dem der »Rolle« beinahe identisch ist) in seiner tiefsten Bedeutung meint: ein »Hindurch-Tönen« (= per-sonare) des Göttlichen, des innersten Seelenkerns, durch die konkrete Einmaligkeit des Menschen hindurch.[21] Vermag dieser sich darauf einzulassen, steigen aus seiner schöpferischen Tiefe bisher verborgene Kräfte auf, die sich entfalten möchten. Ein ägyptischer Text drückt das bildhaft aus: »Die Berge geben all ihre Schätze für den König. Sie bringen die Dinge an den Tag, die in ihnen verborgen liegen. Der Erdgott hat für ihn alles enthüllt.«[22]

## 3. Mittler zwischen Gott und Menschen – Das königliche Ich in Berufung und Aufgabe

Wem der Erdgott die Schätze der Tiefe enthüllt und schenkt, dem wird damit auch die Aufgabe zuteil, sie schöpferisch zu verwalten und mit ihnen in der Welt zu wirken. Berufung des ägyptischen Königs ist es, das göttliche »Spiel« des ersten Schöpfungsaktes zu wiederholen. Und indem er den Urzeit-Mythos »spielt«, holt er ihn aus der Zeitlosigkeit des Mythischen ins geschichtliche Jetzt hinein und vergegenwärtigt ihn: »Geschichte wird als kultisches Drama feierlich gespielt«[23]. Solch kultische Vergegenwärtigung reicht in viel tiefere Schichten als aktuelle Geschehnisse, »indem sie zugleich mit der Vergegenwärtigung auch Urzeit-*Wirkungen* zeitigt: die Erneuerung der göttlichen Welteinweihung«[24]. In ihr finden sich die Menschen selbst gespiegelt, wenn sie – aus innerem oder äußerem »Chaos« heraus – einen neuen Anfang setzen. Da für den mythischen Menschen Mythos und Ritus nicht voneinander zu trennen sind, weil sie sich gegenseitig deuten, erlebt das Volk die Thronbesteigung des Königs als den urzeitlichen Übergang vom Chaos zum Kosmos. – »Jede rituelle Handlung hat ein göttliches Modell zum Urbild: So haben es die Götter getan, so tun die Menschen! Der Mensch wird zum Zeitgenossen der Kosmogonie, weil das Ritual ihn in die mythische Epoche des Anfangs versetzt.«[25]

In der christlichen Kultfeier der Osternacht geschieht das Gleiche, nur sind wir heute nicht mehr fähig, uns wie die mythischen Menschen in den Ursprung hineinzustellen. Man darf die Bedeutung von Ritualen für jene Menschen nicht unterschätzen und schon gar nicht aus dem Blickwinkel einer Zeit, die den Bezug zu heiligen Riten weitgehend verloren hat, abwerten. Wo Menschen noch nicht auf der Stufe vorwiegend mentaler Verständigung kommunizieren, erleben sie Riten noch ganzheitlich: sie sind schauend, sich identifizierend und handelnd ins Geschehen miteinbezogen. Sichtbare Vergegenwärtigung im Ritus und ihr inneres Erleben bilden eine Einheit. In Kulturen, in denen der Ritus mit Mythen verbunden wird, kommt der Mensch dadurch, »daß die höhere Wirklichkeit des Numinosen zunächst begangen, dann erfahren und bewußt gemacht wird, nicht nur zur Erfahrung der Mächtewelt (wie in archaischen Kulturen), sondern auch zur Erfahrung seiner selbst und seines Selbst«[26]. Es ist der göttliche Kern im Menschen, der auf das archetypische Ritual reagiert. Das bewirkt, daß der Mensch sich ganz hineingenommen fühlt und das im Ritus wiederholte Geschehen als ein wirkliches, das heißt als ein wirkendes, erlebt – genauer: als ein Heil wirkendes. Wo der Ritus ganz in den Dienst des Mythos tritt, wird er zu einem bewußten und hingegebenen Spiel der Psyche innerhalb eines geformten Kontextes, der dieses Spiel deutet. Es geschieht also bereits bewußte Verarbeitung und damit Stärkung des Ich-Bezirks.

Ohne den rituellen Kult ist ein Mythos nicht lebendig[27], der mythische Gehalt teilt sich nur im lebendigen religiösen Akt mit. Es ist Funktion des Rituals, dem menschlichen Leben in der Tiefe Form zu geben. Vollzieht der Mensch ein Ritual echt, muß er seinen gegenwärtigen Standpunkt zu ihm in Beziehung setzen. Das erfordert Ich-Anstrengung. Diese bildet zusammen mit dem Ritus ein Gefäß, in welches die göttlichen Energien hineinfließen können. Sie werden durch das Ritual inkarnierbar, und der Mensch kann sich in kontrollierter Dosierung auf wachgewordene Gefühle und Bilder beziehen, ohne von ihnen überschwemmt zu werden. Damit wird Wandlung zu einer neuen Bewußtseinsstufe möglich.

Ähnliches geschieht im Mythenspiel. Der Mythenspieler entspricht dem König, der im »Auftrag des Göttlichen« spielt. So wird er zu einem »Künder« des Mythos, und indem er diesen kündend gestaltet, vollzieht er Schöpfung. Auch er kann das nur, sofern er sich innerlich in den Ursprung, in seine Ur-Verbundenheit mit dem Göttlichen hineinstellt. Wie die Könige des MR, so wird auch er eine Reibung erleben zwischen der Erfahrung der Fülle göttlichen Seins, welche die Rolle vermittelt, und dem schattenhaft verstellten

Menschen, als den er sich selbst noch empfindet. Gerade diese Spannung aber ist es, die die Chance zur Wandlung in sich birgt, weil sie aufruft zu einer »Reinigung« von den erkannten Ge-bundenheiten an egozentrische Verhaltensweisen.
Zuschauer als bloß Zuschauende kann es beim Mythenspiel nicht geben. Alle sind Mit-Erlebende, auch wenn sie vorübergehend keine Rolle übernehmen. Vom Numinosen in ihrem eigenen Sein getroffen werden können sie ebenso in der Identifikation mit anderen Spielern, und darum geht es letztlich. In meinen Augen ist Mythenspiel nur unter der Voraussetzung legitim, daß es zum Ziel hat, den heutigen Menschen wieder zu seiner archetypischen Grundwirklichkeit hinzuführen, um so in die Begegnung mit dem Überpersönlichen zu kommen. Denn erst aus ihr heraus können die alten Götter ein für den modernen Menschen stimmiges Gewand erhalten, kann er seinen eigenen Lebensmythos finden. Sie erst ermöglicht die Entfaltung der Schätze, die der »Erdgott« gibt. Mit der Entfaltung der ihm in der Begegnung mit den »Göttern« zugewachsenen schöpferischen Kräfte steigt er wieder in die ganz konkrete Alltagswirklichkeit ein, nachdem er sie von einer anderen Ebene her neu sehen lernte.
Es gibt mehrere Wege, das »königliche Menschsein« für sich zu entdecken. Das Mythenspiel ist einer von ihnen. Immer aber bedeutet die Verwirklichung des inneren Königs ein bewußtes Stehen in der Spannung zwischen dem Ewigen, das von Anfang an verborgen in uns lebt, und dem je aktuellen Alltagsmenschen, der wir immer auch sind. Das mag uns schwierig oder unangenehm erscheinen in einem Zeitalter der Ver-Spannung, da jeder nach Ent-Spannung strebt. Da wird Spannung mit Ver-Spannung verwechselt und erscheint als etwas, was man nicht aushalten zu können glaubt. Dennoch ist jeder Mensch, ob er es wahrhaben will oder nicht, aufgrund seines »doppelten Ursprungs« (Dürckheim) in diese Spannung hineingestellt und dazu berufen, sie in königlichem Menschsein bewußt zu leben. Heinrich Zimmer charakterisiert das »königliche Wesen« als die »Kraft, dem Schein das Wirkliche zu entschälen, ohne die wir in allem Tun und Leiden Schatten unserer selbst bleiben und nicht die wahren Herrscher sind, um die unsere Welt in täglich neu gewonnener Klarheit kreist«[28].
Der ägyptische König fand durch Rituale den Zugang zur Sphäre der Götter und wird zum Mittler zwischen ihnen und den Men-

schen. Denn »der gewöhnliche Mensch ist nicht fähig, der furchtbaren Gegenwart der Götter standzuhalten«[29] – man denke nur an das Erlebnis des Moses auf dem Berg Sinai! Auf die Psyche des Einzelmenschen bezogen heißt das, daß das Ich- Bewußtsein sich nicht ungeschützt der gesamten Macht des Unbewußten auszusetzen imstande ist, ohne von ihm überschwemmt zu werden. Auch wir bedürfen im Umgang mit archetypischen Kräften der Riten, wenngleich diese nicht mehr vorgegeben sind. »Was wir noch nicht bewußt ins Leben vermitteln oder verkörpern können, müssen wir oft zuerst ritualisieren. Rituale fassen ein, drücken aus, dirigieren und dosieren die vorher unlenkbaren archetypischen Energien ins Bewußtsein.«[30]

Für die Ägypter hieß das: »Der Pharao, der selber göttliche Kräfte in sich trägt, kann das Wirken der Götter auf heilsame Bahnen lenken«[31].

Die Fähigkeit, Mittler zu sein, hat er jedoch nur, sofern er die Verbindung zu den Göttern immer wieder erneuert. Das geschieht im täglichen Ritual am Morgen, so daß er sich seines Immer-auch-Menschseins bewußt bleibt.

Damit Riten stattfinden können, bedarf es des Ritualraumes, des Tempels. Er symbolisiert den »Urhügel« des Mythos und ist daher »nicht nur Zentrum, sondern auch Ursprung der Welt«[32]. Insofern ist er »der schöpferische Raum par excellence, der einzige, in dem Schöpfung beginnen kann«[33]. Als »Urhügel«, auf dem der erste Gott erschien und von dem aus er die Welt erschuf, ist er Quelle der Lebenskraft und damit Hoffnung des religiösen Menschen auf Heil. Um ihn als »Mitte« gestaltet sich der »Kosmos« des Volkes als Abbild des universalen Kosmos. Indem das Volk in gemeinsamen Riten die Bewegungsabläufe des Kosmos nachvollzieht, werden die Menschen mit dem Kosmos und untereinander verbunden. »Die uns so routinehaft anmutenden Kulthandlungen waren für den Ägypter in einer Weise emotional aufgeladen, wie wir uns das nur als Reaktion erklären können auf die zuvor Ereignis gewordene spontane Erscheinung einer Gottheit.«[34]

Auch der Thron des Königs wird zur »Mitte«, wenn dieser »wie Re erscheint«. Ein als »Urhügel« stilisierter Thronsockel will das zum Ausdruck bringen. So bedeutet König sein: »aus der Mitte wie die Mitte wirken«[35]. Von ihr aus erneuert der König – in seiner Rolle als »weltschöpfender Sonnengott«[36] – immer wieder den

Kosmos und mit diesem alles Leben. Das macht ihn zur sinngebenden Mitte für das Volk. Durch zwei symbolische Riten macht der König das bei seiner Thronbesteigung sichtbar: indem er je einen Pfeil in alle vier Himmelsrichtungen schießt, wird der Thron zu einer »Mitte«, von der aus er die Welt ordnet und regiert. Sodann läßt er vier Vögel in die gleichen Richtungen fliegen, Boten, die sein beginnendes Königtum verkünden.
Innerpsychisch läßt sich die Symbolik des Pfeilschießens als ein Modell verstehen, wie der Mensch von seiner Seelen-Mitte aus seine Welt nach *allen* Seiten (nicht *ein*seitig) ordnen und zielgerichtet (Pfeile) handeln kann. Es ist damit ein Handeln angesprochen, bei dem der Mensch seine Fähigkeiten aktiv und mit zielbewußter Entscheidung in Dienst nimmt. Im Unterschied dazu sind Vögel lebendige Wesen, die dem Luftbereich zugehören. Sie sind daher nicht von der Zielkraft dessen abhängig, der sie aussendet, noch fallen sie irgendwo zu Boden. Mit ihren Schwingen heben sie sich eigenständig in die Lüfte und lassen sich von ihrem Instinkt leiten. Als Bewohner der Luft stehen sie für Inhalte aus dem geistigen Bereich des Menschen: Gedanken, Phantasien, Ideen, Wünsche oder Einfälle, aber auch für die Seele. Ich würde sie in unserem Zusammenhang als Symbol für die durch die Begegnung mit der göttlichen Sphäre frei werdenden schöpferischen Kräfte sehen, die sich nun in alle vier Winde entfalten können. Allein den seelisch-geistigen Kräften vermag der an die Erde gebundene Mensch Flügel zu verleihen. So können sie sich frei erheben und auf dem Weg ihres Wirkens auch das einbeziehen, was »in der Luft liegt«.
Wer nur innerhalb der Horizontale in vier auseinanderstrebende Richtungen ausgespannt bliebe, müßte allerdings bald zerrissen werden, gäbe es keine Mitten-Achse. So bedarf die horizontale Kreuzung einer weiteren Kreuzung durch die Vertikale, einer Ortung der Mitte nach unten und oben. Im König als Symbol verkörpert sich schon immer jene Vorstellung vom »Großen Menschen«, der alle Gegenstrebungen in sich vereint. Daher geht die Seele des Menschen im Verlauf ihres »Individuationsprozesses«, als dessen Endziel der »königliche Mensch« steht, einen doppelten Weg: einen horizontalen und einen vertikalen. Der vertikale beginnt im »Chaos«.
Im Horus-Mythos ist das die »Nilschweine«-Brühe seines Feindes

Seth (auf seiner frühen, unbewußten Stufe war es die Bedrohung durch die chthonischen Tiere der Unterwelt). Dort ficht Horus auf der tierischen Stufe seiner Existenz einen Kampf aus, um dann mit der »Wildheit des Leoparden« zu dokumentieren, daß er dabei die animalische Kraft seines eigenen Wesens und mit ihr einen wichtigen Anteil der vorher nur auf Seth projizierten Stärke erobert hat. Das ist die Weise, wie unser Mythos die zu Beginn des »königlichen Weges« anstehende Auseinandersetzung mit dem Schattenbruder darstellt, der in den unbewußten Tiefen der Seele lebt.

Ein Gefühl der »Leere« oder »Sinnlosigkeit«, das Gefühl, daß der bisher eingeschlagene Weg nicht mehr stimme, ständige psychosomatische Symptome oder gar eine Krankheit deuten meist an, daß das Zentrum der Seele nun diesen Kampf fordert, in dem es um den »Tod« der alten Persönlichkeitsstruktur geht – im mythischen Bild: um ein Eintauchen in den schlammigen Untergrund der Tiefenseele. Denn »wir dürfen den inneren König nicht autoritär regieren lassen, was er immer dann zu tun vermag, wenn wir seiner Herrschaft unbewußt sind. Dann verlieren wir unseren individuellen Standpunkt.«[37]

In archaischen Kulturen wurde ein König, der seine Kraft verloren hatte, abgesetzt oder gar getötet. Im Wissen darum, daß Leben ständiger Erneuerung bedarf, feierten die Ägypter, anfangs nach 30 Jahren Regierungszeit, später auch häufiger, eine symbolische »Erneuerung« des Königs im »Sedfest«. »Die magischen Schöpfungskräfte, die sich im Laufe einer langen Regierung abnutzen, sollen in den Zeremonien des Festes rituell erneuert werden. In Form einer Statue wird der ›alte‹ König begraben und der verjüngte ›neue‹ König wiederholt seine Thronbesteigung.«[38]

Auch jeder von uns bedarf irgendwann sowohl der Absetzung des »alten Königs«, der alten Persönlichkeitsstruktur, als auch der Erneuerung. Vor allem zu Beginn der zweiten Lebenshälfte drängt die Seele danach, weil der bisherige Ich-Halt nicht mehr trägt. Das Selbst drängt nach stärkerer Bewußtwerdung und nach Wandlung der Persönlichkeit. Der Traum eines Mannes in diesem Alter machte das sehr eindrucksvoll deutlich: im Traum lebte er in biblischen Zeiten. Er und andere Männer wurden jeder an zwei Balken festgebunden. Diese wurden dann quer über einen tiefen Graben gelegt und zwar so, daß die Männer unterhalb der Balken hingen, mit dem Gesicht der dunklen Tiefe zugewandt. Der Träumer, der bisher nur seinem Intellekt vertraut hatte, wurde so gezwungen, jene dunklen Tiefen seiner Seele anzuschauen, die er bisher völlig aus seinem Leben ausgeklammert hatte. Diese und andere, ähnlich harte Prüfungen, unter ihnen auch einen Kampf, hatte er zu bestehen, bevor ihm das königliche Schwert überreicht wurde. Dann erschien König David, alt und senil, und der Träumer wußte, daß er an dessen Stelle würde treten müssen.

In einem eindrucksvollen Bild zeigt der Traum, daß für diesen Mann die Umkehrung der bisherigen Blickrichtung und die Konfrontation mit dem, was bisher im Dunkel blieb, gefordert ist. Psychosomatische Störungen in Form von Kreislaufattacken, Unruhe- und Angstgefühlen ohne organische Ursache ergänzten das Bild. Sie verschwanden, als der Träumer ernsthaft eine Änderung seiner bisherigen Lebensorientierung begann. Der Traum zeigt aber auch, wie der Lebensmythos eines heutigen Menschen (und zwar eines, in dessen Leben die Bibel bisher eine geringe Rolle spielte) am Mythos des bedeutendsten biblischen Königs gespiegelt wird, jenes Königs, zu dem der biblische Gott sagte, er habe ihn gezeugt und an Sohnes statt angenommen. Dem Träumer wird also mit Hilfe alter mythischer Bilder gezeigt, daß das Ewig-Zeitlose sich jetzt seinem geschichtlich-zeithaften Ich zum Bewußtsein bringen möchte. Doch vorher werden Prüfungen erfordert, die jenen des Horus sehr ähnlich sind.

Der Kampf mit Seth in der Tiefe des Gewässers bedeutet für Horus auch eine Wiederholung der Schöpfertat des Atum: durch die Auseinandersetzung mit den zugrundeliegenden Tiefen des Unbewußten gewinnt der Mensch Land – einen »Urhügel«- Mittelpunkt, auf dem er Standpunkt nehmen und von dem aus er seine Welt in alle Himmelsrichtungen ordnen kann. Diese Urzeitmythe scheint mir daher nicht nur für die Thronbesteigung eines altägyptischen Königs, sondern auch für die seelischen Prozesse eines modernen Menschen von tiefsinniger Symbolik zu sein.

Bei seiner Thronbesteigung wird der König vom Sonnengott als »Sohn« eingesetzt: die Licht-Seite – als der andere Pol der Vertikalen – wird der Dunkelseite gegenübergestellt. Ausgespannt zwischen beiden wird er so zu einer axis mundi, einer Weltachse, die verankert ist im »Urhügel« und deren Wirkung bis zum Himmelshorizont reicht (eine andere Bedeutung der ausgesandten Vögel). Wir können ihn ebenso als ausgespannt zwischen dem Vater der

Toten (Osiris) und dem Vater der Lebenden (Re) ansehen – eine Achse, wie sie bereits in seiner frühen Kindheit erkennbar wird. Für jeden von uns spiegelt sich darin unsere Gründung – über die Kette der Ahnen – im Menschheitlichen, das meint: sowohl in der Tiefe des Unbewußten (Unterwelt), wie im lichten Oben, das uns allerdings meist mehr bewußt und auch angenehmer ist. Das Modell des Königs zeigt uns, daß wir ohne eine Verwurzelung in der Tiefe kein Mitten-Bewußtsein erlangen können, das uns den notwendigen vertikalen Halt gibt, um bei unserem Wirken in die Welt hinein nicht den Stand-Punkt, den »Boden unter den Füßen zu verlieren«.

Doch – der vertikale Weg der Seele verlangt ein zweites Eintauchen in die dunkle Tiefe. Auch darin ist unser Mythos wegleitend: das erste Emportauchen, oft schon in der ersten Lebenshälfte geleistet, ermöglicht uns, die unbewußten Identifikationen mit unseren tierischen Schattenanteilen loszulassen – Horus unterscheidet und distanziert sich von Seth. Tragen wir das »Tierfell« bewußt, dann wissen wir, daß wir *auch* die tierische Stufe *in* uns tragen, uns jedoch aus dem *Gefangen-Sein* in ihr befreit haben.

War der erste Abstieg ins Unbewußte vom *Kampf* gegen den Schatten geprägt, vom Ringen um Freiwerden aus der Umklammerung durch »Drachenhaftes«, so gilt die Rückkehr dorthin dem *bewußten Erleiden* des »Todes« der bisherigen Sichtweise und Lebensorientierung. Erinnern wir uns, daß Horus deswegen einer Erblindung unterworfen wurde! Ein echter König nämlich ist der Welt gestorben. Das bedeutet nicht, daß er nicht in ihr leben und wirken dürfte und sollte, sondern letztlich nicht vom Welthaften bestimmt, nicht von diesem hin- und hergetrieben wird. Königliches Bewußtsein kann er nur durch den »Tod des alten Königs« hindurch erlangen. So wurde Horus erst *nach* dem Erleiden seiner Blindheit, Christus erst *durch* seinen Tod am Kreuz *hindurch* zum König, der »zur Rechten des Vaters sitzt«.

Hier zeigt sich die doppelte Bedeutung der »Aufgabe«, zu einem königlichen Ich heranzureifen: sie meint einerseits einen *Auftrag* des Seelen-Zentrums an das Ich, zum anderen ein *Auf-geben* des bisherigen Geworden-Seins, damit das neue Ich – gleich Lotusblüten – als ein lichthaftes aus der dunklen Tiefe auftauchen kann.

## 4. Der Gekrönte – Vielfalt und Ausfaltung göttlicher Kräfte im Menschen

Zu einer derartigen Königsmythologie gehört ein entsprechendes Krönungsritual. In ihm manifestiert sich die ganze Vielfalt ägyptischer Götter. So kommt auch die Bedeutung der Göttinnen in einer besonderen Weise zum Ausdruck. Der Thronsockel, in Form einer »Basis« Sinnbild der Ma'at, gilt als »Urhügel«. Ma'at, Tochter des Re, zugleich mit ihm entstanden, wird zur Grundlage der Schöpfung überhaupt, sie verkörpert aber auch Gerechtigkeit und Wahrheit, Recht und Maß. Isis ist der »Sitz«, der Thron des Königs. Sie säugt ihn mit heiliger Milch, denn der Pharao ist nicht der »Gesalbte« (wie der israelitische König), sondern der »Gesäugte«. Isis ist es, die ihn als König legitimiert, indem sie ihn als »Horus«, ihren Sohn, adoptiert. Das Gesäugt-Werden verleiht dem Pharao den Anspruch auf das Königtum des Horus. Die Milch der Isis schenkt ihm »Leben und Heil« als vergöttlichtes Sein.[39] Im Unterschied dazu brachte ihm das »Leben und Heil«, das ihm von Horus

*Abb. 9:* »Die beiden Herrinnen« (Juwel aus dem Grab Tutanchamuns, etwa 1350 v. Chr., Kairo: Ägyptisches Museum).

*Abb. 10:* Nechbet (links) und Uto (rechts) an der Toten-Krone Tutanchamuns (Goldmaske des Tutanchamun [Ausschnitt], Kairo: Ägyptisches Museum).

bei der Reinigungsszene zugesprochen wurde, die männlich-schöpferischen Möglichkeiten aus dem Lebenswasser des Nun. Die Krone, die der König erhält, ist eine Doppelkrone, die den Namen trägt: »die beiden Herrinnen«. Sie stehen für die Einheit der »beiden Länder« – Ober- und Unterägypten. Nechbet, *Herrin von Oberägypten*, ist die mütterliche Geiergöttin, die »die Erde zum Himmel hochhebt«. Uto, Kobra- und Wachstumsgöttin aus dem Delta und *Herrin Unterägyptens*, bäumt sich als feurige Uräusschlange an der Stirn des Pharao auf. So machen die Symbole dieser beiden Göttinnen die Krone für den Pharao zu einem Macht-geladenen Zeichen, das ihm die »Zauberkräfte« der Erde und des

Himmels vermittelt. Sie bedingen auch, daß die Krone regelrecht als ein lebendiges Wesen gilt.
Mir scheint sich in der Vereinigung gerade dieser beiden Göttinnen noch etwas anderes auszudrücken als die »Vereinigung der beiden Länder«. Das Transzendieren des Irdischen, das sich in der Eigenschaft der Göttin Nechbet ausdrückt, wenn sie »die Erde zum Himmel hochhebt«, birgt ja auch die Gefahr in sich, die eigene Erdhaftigkeit zu vergessen. Dem wirkt Uto entgegen, Symbol für jene Kraft, die nicht imstande ist, sich vom Kriechen auf der Erde zu befreien. Hier wird der uralt-neue Konflikt des Menschen, der sich zerrissen fühlt zwischen einem Leib, der – als Materie – an die Erde gefesselt ist, und dem Höhenflug des frei beweglichen menschlichen Geistes auf eine sinnvolle Weise zu einer Versöhnung geführt. Meines Wissens wurde auch bei Krönungen christlicher Könige und Kaiser dem Gekrönten zugerufen: »Gedenke, Mensch, daß du Staub bist und zum Staub zurückkehrst!« Das Wissen um die Schlange, die »Staub fressen« muß, ist darin noch enthalten.
Mit Nechbet und Uto wird das Ausgespanntsein zwischen zwei männlichen Göttern in der Vertikale durch das zwischen zwei weiblichen ergänzt. Hinzu kommt als eine männlich-weibliche Polspannung die zwischen Ma'at und ihrem Vater Re. Als grundlegendes Fundament jeglicher Ordnung überhaupt symbolisiert sie eine geistig-weibliche Kraft, die den gesamten Kosmos als eine Weisheit durchdringt und Schöpfung sinnvoll macht. Am oberen Pol entspricht ihr Re, der den Kosmos mit seiner Lichtkraft durchdringt und erneuert, ihn aber auch transparent macht für den göttlichen Hintergrund. Re ist allerdings nicht ohne Ma'at und Ma'at nicht ohne Re denkbar. Erst das Zusammenwirken dieser beiden männlich-weiblichen Geist-Kräfte garantiert die Erhaltung des Kosmos.
Jedoch: die Ma'at kann verdunkelt oder »vor die Tür gesetzt« werden, und es ist nicht allein Aufgabe des Königs, dies zu verhindern. Jeder einzelne Mensch ist aufgerufen, die »Ma'at zu tun«. »Immer wieder neu muß sie gesetzt und aktiv verwirklicht werden«[40]. Indem Re – und mit ihm der König – die Schöpfung erhält und erneuert, verwirklicht er die Ma'at. Um sie jedoch verwirklichen zu können, muß er sich zuvor mit ihr vereinen. Die Vereinigung von Re und Ma'at geschieht durch Umarmung. Der König

vereinigt sich mit ihr, indem er sie sich »ins Herz gibt«. Es ist eine Art mystische Hochzeit, bei der die Tochter des Re zur Schwester des Königs wird. Auf Darstellungen steht die Ma'at, gleichsam seine »innere Königin«, hinter dem Thron des Königs und legt ihm die Hand auf die Schulter – eine Weg-Geleiterin, ohne die das Königtum keinen Bestand hat. »Auf eine fast mystische Weise verbindet sie auch Gottheit, König und Menschheit, indem sie sich mit ihnen vereinigt: jeder Mund ist mit ihr versehen, sie ist ihre Nahrung, aber auch ihre Kehle, so daß alle durch sie und von ihr, ›dem Leben‹, leben.«[41]

Die Bilder bringen zum Ausdruck: dem integrierten, königlichen Ich steht die ganze Vielfalt göttlicher Kräfte zur Verfügung, ein Geschenk der Götter an jenen Helden, der in *ihrem* Auftrag die göttliche Lebensenergie zu den Menschen bringt. Was sich in der Götterwelt in verschiedene Gestalten ausfaltet, im König als dem Symbol des »vollständigen Menschen« vereinen sie sich in einem ausgewogenen Zusammenspiel männlicher und weiblicher Kräfte. »Für den Ägypter waren die Einzelgötter nur Einzelaspekte der göttlichen Kraft und Fülle des Lebens. Im täglichen Leben enthielt der Gott, den er gerade ansprach, alle anderen Götter in sich und verkörperte das Göttliche schlechthin, wurde aber in diesem Augenblick ganz als einer und als Wirklichkeit im Glauben erlebt.«[42]

Was am Gekrönten als Gleich-*Wertigkeit* von Göttinnen und Göttern sichtbar wird, spiegelt sich in der Gesellschaft in der Gleichwertigkeit von Mann und Frau[43], worin sich Ägypten von allen umliegenden Völkern unterschied. Sie beruht darauf, daß Ganzheit für Ägypten seit früher Zeit nur denkbar war als eine Einheit aus zwei sich ergänzenden Größen. So gab es weder Matriarchat noch Patriarchat, denn dem dualen Denken entsprach das Sowohl / als Auch, nicht ein dualistisches Entweder / Oder. Der König mußte – als Abbild des Re – dem Volk »Vater *und* Mutter« sein. Dazu verliehen ihm Götter und Göttinnen bei der Krönung alle väterlichen und mütterlichen Kräfte. Das feite ihn zugleich gegen die Einseitigkeit patriarchalen Verhaltens.

Zum Teil wird ihm dieses bis heute zugeschrieben; das rührt daher, daß man die Pharaonen bis vor kurzem »durch die Brille der antiken Autoren gesehen hat, und da erschienen sie als Despoten, von Göttlichkeit keine Spur. Erst durch das Studium der originalen ägyptischen Texte wurde deutlich, in welchem Ausmaß der Pharao mit der Welt der Götter verwoben ist.«[44] Und es lag gerade an der religiösen Begründung des Königtums, daß es in *ägyptischen* Zeiten nie Despotie gab. »Der Herrschaftsanspruch des ägyptischen Königs bleibt immer im Bereich des geordneten Seins, versteigt sich niemals ins Maß- und Grenzenlose.«[45]

## 5. Der neue Heilsbringer – Licht und Schatten sind versöhnt

»Im Licht des Osiris-Mythos wird die Thronbesteigung eines neuen Königs als Heilswende ausgelegt. Im Licht einer Vorgeschichte, die von Mord und Totschlag, von Trauer und Angst erzählt, tritt um so strahlender das Heil, die Freude und die Fülle hervor, die die Gegenwart kennzeichnen.«[46]

Was sich am Schluß des 4. Mythologems ankündigte, wird mit der Thronbesteigung des Königs konkrete Wirklichkeit: der neue König verkörpert Horus *und* Seth zu einer dualen Einheit in sich. Die einander widerstreitenden Elemente von Schöpfung und Zerstörung werden auf einer höheren Ebene verbunden, denn die neue Königspersönlichkeit ist an der übergreifenden Ganzheit des Kosmos orientiert. Daher gießen in der Reinigungsszene auch *beide* Götter das Lebenswasser über den König aus. »Der Pharao, indem er den Feind in sich aufnahm und in seiner Rolle mit dem Daseinsfreund vereinte, ward auf diese Weise erst zu dem universalen König, der über Freund und Feind, Leben und Tod, Himmelslicht und Drachendunkel herrschte. Horus stellt in diesem Paar die lichte Daseinsseite vor... Eine ganz ursprüngliche Rivalität, die erst durch die Vereinigung im Königtum ihren Ausgleich findet.«[47]

*Das* also ist das »Heil«, das der neue König bringt: die Ermordung des einen Bruders durch den anderen, die Feindschaft zwischen dem Sohn des Toten und dem Mörder – sie sind überwunden. An ihre Stelle ist nicht die Tötung des Feindes getreten, sondern die Versöhnung mit ihm. Die Ägypter, auch in Gerichtsverhandlungen auf einen Ausgleich zwischen den streitenden Parteien bedacht, haben diese Sicht auch in ihren Mythen, besonders im Königsmythos. Daß der neue König seinen Feind »in sich aufnimmt«, wird in einem Thronbesteigungsspiel folgendermaßen ausgedrückt: »Es geschah, daß die beiden ›ba-Szepter‹ herbeigebracht wurden und beide hohen Federn angelegt wurden dem König. Horus ist das, der die Hoden des Seth sich einverleibt, damit er Zeugungsvermögen gewinne.«[48] Unter Bezugnahme auf den alten Mythos vom Ausreißen der Augen und Abreißen der Hoden nimmt in diesem Text der König mit den beiden Szeptern, Symbol königlicher Potenz, die Hoden des Seth an sich, »damit er Zeugungsvermögen gewinne«.

In dieser Begründung wird – in einem kraftvollen Bild – sehr schön zum Ausdruck gebracht, daß der Licht-Sohn auch der chthonischen Potenz des Erden-Sohnes bedarf, um zeugungsfähig zu sein, das heißt: um die Fülle des Lichtes, die Re ihm schenkt, auch in eine verfügbare Macht auf der Erde verwandeln zu können. Der Horus zuvor Feind war, wird nun im König zu einer Kraftquelle, die mit seiner Horusnatur zusammenwirkt. So erscheint das Mitte-Sein des Königs nochmals in einem neuen Licht: eine Mitte, die Schatten und Licht, Freund und Feind in sich vereint, ist in besonderer Weise geeignet, den Menschen »Heil« zu bringen.

Nimmt der Mensch den Teil in sich selbst, der ihm vorher tödlich feind war, bewußt als »Bruderseite« an, dann wird sie für ihn berechenbar. Wichtiger noch ist, daß sie dann ihre Kraft dem Ich zur Verfügung stellt. Und wenn beide zusammenwirken, dann dürfen »versteckte und geflohene«, weil vom Ich abgewehrte Möglichkeiten »heimkehren«; Seelenanteile, die am Verhungern waren, »werden satt und froh«. »Gefesselte und gefangene« Potentiale dürfen zur Lebendigkeit frei werden, und was wir als »schmutzig« einst verwarfen, darf jetzt glänzen. Sie alle erfahren »Heil«, und Krönung bedeutet dann (nach C.G. Jung) die »möglich gewordene Gleichberechtigung von Bewußtsein und Unbewußtem«[49].

So lautet ein Jubellied zur Krönung des Heilbringer-Königs:

> O schöner Tag! Himmel und Erde sind in Freuden,
> du bist der gute Herr Ägyptens!
> Die geflohen waren, sind heimgekehrt in ihre Städte,
> die sich versteckt hatten, sind herausgekommen;
> die hungerten, sind satt und froh,
> die dürsteten, sind trunken;
> die nackt waren, sind in feines Linnen gekleidet,
> die schmutzig waren, glänzen.
> Die in Gefangenschaft waren, sind freigelassen,

die gefesselt waren, freuen sich,
die Streitenden in diesem Lande
sind zu Friedfertigen geworden.[50]

Es ist die überall gleiche Heilsbotschaft: der Heilbringer wird die bisherige Herrschaft einer lebensfeindlichen und zerstörerischen Macht überwinden und Erneuerung sowie Heilung allen Lebens bringen.

Der Heilbringer ist immer »Sohn« und »setzt den alten Herrscher voraus. Jeder König fängt von neuem an. Der König ist immer der neue König, nie bloße Fortsetzung«.[51] Der »Sohn« meint daher tiefenpsychologisch immer die »zweite Geburt« als eine Erneuerung und »Verjüngung« der Lebensorientierung bei einem Menschen, der seine erste Lebensphase bereits gelebt hat und in dem der »alte König« sterben muß. So wird verständlich, daß das neue Leben immer aus dem Tod entsteht. Das ist der eigentliche Inhalt der Heilsbotschaft.

Und die Heilstat besteht in der Überwindung der lebensfeindlichen Mächte. Was verbraucht ist, wird erneuert. So muß auch der königliche Mensch neu geboren werden, um wieder mit jener Kraftfülle begabt zu werden, die ihm bei seiner Geburt zuteil wurde. C.G. Jung kann daher sagen: »Das Unbewußte will ins Bewußtsein fließen, um zum Licht zu gelangen, das heißt: der Gott will Mensch werden«[52].

So ist der »Heilbringer« ein Mensch, der den Tod überwunden und das Volk aus Gefangenschaft und Elend erlöst hat. Das »Volk« – das sind auf der psychischen Ebene all jene unbewußten Persönlichkeitsanteile unserer Seele, die noch unentwickelt, weil noch nicht bekannt, oder weil sie verdrängt und verleugnet und daher »gefangengehalten« wurden. Es sind all jene Seelenanteile, die dem Ich angegliedert werden und teil an seinem Fortschritt haben möchten. Der königliche Mensch vermag »Heil« zu bringen, weil er selbst Heilung aus der Begegnung mit den inneren Göttern erfuhr – mit jenen dynamisch-schöpferischen Mächten, die in jedem von uns leben. Sie sind reine seelische Energie und fließend in ihrem Dasein, so daß das Göttliche im Menschen sich immer wieder wandelt und so die Möglichkeit für Erneuerung der Persönlichkeit schafft. Als »Heilbringer« ist der königliche Mensch Ziel der menschlichen Quest, ist die Vereinigung mit dem Grenzenlosen in der eigenen Seele. Ihm dienend, dient er Gott, und so kann durch sein Alltagsleben der ewige Mensch hindurchscheinen, der er schon immer ist. Denn das »Heil« ist nicht etwas dem Alltag Fremdes. All-Tag hat mit dem »All« zu tun, und das All ist göttlicher Art. In diesem Sinn ist unser All-Tag eigentlich ein göttlicher Tag. Erst der Mensch, der »starb« und »wiedergeboren« wurde, kann im Dienst der Götter die Welt erneuern.

Der Weg zu dieser Erneuerung führt ihn in die Ur- und Abgründe der eigenen Seele, läßt ihn die selbstgebauten Mauern erkennen, in denen er gefangen saß. Er läßt ihn den Gegenspieler erkennen, den er sich in seinem eigenen Innern geschaffen und für den er blind war, solange er ihn nur in der Außenwelt suchte. Als er ihn in sich selbst entdeckt, wird er sehend und übersteigt seine Kermauern. Er übersteigt jene oberflächliche Weise, zu sein, in der er selbst gar nicht vorkam und in der er sich selbst nicht begegnen konnte. Das machte seine innere »Leere« aus. Stirbt er der bloßen Identifizierung mit seiner Ich-Kraft, dann entdeckt er seine wahre und wesentliche Weise, zu leben. Er entbirgt die »Schätze der Wüste« als Identität seines eigenen Wesenskernes mit dem göttlichen Sein. Und das »Heil«, das er bringt – sich selbst und seinen Mitmenschen – wird verwandelnde Kraft sein, die vom Leuchten der »Schätze« ausstrahlt. Denn, wenn wir selbst uns wandeln, werden wir einer verwandelten Welt begegnen.

Die Dynamik des königlichen Menschen, der zum »Heilbringer« wird, hat nach Campbell »ihr Symbol nicht im Schwert, sondern im Zepter der Herrschaft«[53]. Seine Gestalt »ist im menschlichen Bewußtsein am tiefsten verwurzelt und ist vermutlich älter als Gott, der Vater«[54].

So endet der Mythos, der mit dem Tod eines Gottes begann, mit der Geburt des königlich-göttlichen Menschen.

# *6. Mythologem:* Geheimnisvolle Fahrt durch die Nacht – Tod und Geburt des neuen Lichtes

Dieser Leib freilich stirbt,
wenn er vom Leben verlassen wird.
Nicht aber stirbt das Leben.

*Upanishad*

Der Seele Lauterkeit hängt davon ab,
daß sie geläutert werde von einem Leben,
das zerteilt ist,
und eintrete in ein Leben,
das in der Einung ist.

*Meister Eckhart*

Die meisten Religionen kennen einen Mythos von der Reise durch die »Unter«- oder »Anderwelt«. Ihre Ausgestaltung ist je nach Kultur verschieden. So kann der mythische Held in den Bauch eines Walfisches, eines Drachens oder eines anderen Ungeheuers hinein müssen. Vielleicht muß er auch in die Hölle oder in die Höhle eines Drachens hinuntersteigen. Die bekannteste, weil der Natur abgelauschte Unterweltsfahrt ist die des Sonnengottes. Sie wurde von den Ägyptern am meisten ausdifferenziert. In welcher Form auch immer der Mythos vom Durchqueren der Unterwelt erscheint, auf die Psyche des Menschen bezogen, meint er immer das eine: den Weg durch den dunklen Untergrund der eigenen Tiefenseele, um erneuert aus ihr wieder emporzutauchen. Held des Mythos vom »Sonnenlauf« ist in Ägypten der Sonnengott Re. Die Unterweltsfahrt, als Nacht-Teil dieses Sonnenlaufs, führt ihn ins Reich der Toten und damit zu Osiris. So kam es, daß das NR, das den Weg des Verstorbenen vom Tod zur Auferstehung dem Weg Res nachgestaltete, den Mythos des Sonnengottes mit dem des Osiris verband. Daher muß er auch in einem Buch über

Sterben und Auferstehen im Lichte des Osiris-Mythos seinen angemessenen Platz haben.
Der gesamte Sonnenlauf wurde in Ägypten in vier Phasen eingeteilt. Dabei wurde jede kosmologische Phase zu einer menschlichen Reifungsstufe in Beziehung gesetzt. Es entsprechen sich demnach: Sonnenaufgang und Geburt (Kind), Überfahrt über den Himmel und Herrschaftszeit (Mannesalter), Sonnenuntergang und Sterben (Greis), Nachtfahrt und »Verklärung« der Verstorbenen.
Von einer Phase zur anderen wechselt der Sonnengott seinen Namen: so heißt er beim Aufgang »Chepre« (der Werdende), am Horizont »Re-Harachte« (Re als der horizontische Horus), als Abend- und Nachtsonne »Atum« (der Vollendete). Als der Vollendete, der »Ausgereifte«, steigt er am Abend im Westen aus der Tagbarke in die Nachtbarke um, fährt durch die Tiefe der Welt und wechselt am Morgen im Osten wieder in die Tagbarke hinüber. Dieser Vorgang wiederholt sich allnächtlich; er ist das sichtbare Modell der Erneuerung all dessen, was alt wird und stirbt. Der Name »Atum« deutet an, daß Re selbst auch der Urschöpfer ist, und zugleich, daß alles, was neu ins Leben treten will, zunächst zum Urgott zurückkehren muß.
Die Welttiefe als jenseitige Sphäre hat für den Ägypter drei Aspekte: »überwiegend als Erdentiefe gesehen und in den Unterweltsbüchern im Gott Tatenen personifiziert«, kann sie aber auch »die Wassertiefe des Urozeans Nun und die Himmelstiefe im Leib der Göttin Nut« sein. Unter allen drei Aspekten »birgt sie alle fruchtbaren und regenerierenden Kräfte in sich«[1]. So kommt es, daß die Nachtfahrt durch die Erden- oder Wassertiefe neben jener durch den Leib der Nut steht, ohne daß der Ägypter sie miteinander zu einer Synthese zu verschmelzen sucht. Es sind einfach zwei Weisen, das eine, große Geschehen zu betrachten. Darin liegt keine Inkonsequenz, sondern es entspricht mythischer Denkweise, daß sie »die Möglichkeit offen läßt, den gleichen Gegenstand von mehreren Seiten her gleichzeitig anzugehen«[2]. Dahinter steht das Bewußtsein, daß eine Aussage, die wir machen, nicht die einzig mögliche ist, sondern daß es weitere, ergänzende Auffassungen gibt. Das erscheint nur konsequent für eine polytheistische Weltauffassung, nach der sich das Göttliche in viele Möglichkeiten ausfalten kann und in der die Flexibilität der Götter, ihre Funktionen gegenseitig auszutauschen, einen großen Spielraum hat.

»Unser Leben ist wie der Sonnenlauf«, sagte C.G. Jung. »Am Morgen gewinnt die Sonne stetig an Kraft, bis sie zuletzt strahlend und heiß die Mittagshöhe erreicht. Dann kommt die Enantiodromie (Umkehr ins Gegenteil). Ihre stetige Vorwärtsbewegung bedeutet nicht mehr Zu-, sondern Abnehmen der Kraft.« Und das bedeutet: »Was die Jugend außen fand und finden mußte, soll der Mensch des Nachmittags innen finden«.[3]

Der Mythos vom Sonnenlauf ist einer jener Mythen, die in ganz besonderer Weise vom Innen des Menschen und vom tiefsten Geheimnis seiner Seele sprechen. Deshalb ist er auch in besonderer Weise geeignet, uns in Beziehung zu unserer Innenwelt zu bringen. Seine Bilder und Symbole können uns die Welt unserer eigenen Tiefe erschließen. Und wo eine Gestalt oder der Handlungsfaden mich ergreift, da wird mir der Mythos zum Spiegel, der mich in seine eigentliche Aussage hineinnehmen will.

Ziel der Nachtmeerfahrt ist für die Ägypter das Erreichen der Unsterblichkeit; tiefenpsychologisch ist damit die Erlangung einer integrierten Persönlichkeit gemeint. In der 5. Dynastie haben sie in ihren Sonnenheiligtümern noch die – ins Sonnenlicht getauchte – obere Welt dargestellt. In den Königsgräbern des NR, tausend Jahre später, ist es die unterweltliche Sphäre, die zur Anschauung gebracht wird.[4] Dazwischen liegt die Erfahrung einer starken Herausforderung des Todes als zum menschlichen Leben gehörig. Darauf mußten die Menschen des MR eine Antwort geben. Das taten sie, indem sie sich der Todesseite des Lebens zuwandten und sie zunächst in der Literatur, dann auch in Bildern zum Ausdruck brachten. Damals war das Ideal des Weisen, sich seiner Sterblichkeit bewußt zu werden.[5] Nach Campbell ist die Einsicht in die Sterblichkeit und der Drang, sie zu überwinden, der erste große Anstoß zur Mythenbildung.[6] Das ist eine Weise der Bearbeitung einer vom Schicksal auferlegten Problematik, die wir heute in der Therapie gezielt einsetzen: was innen bedrohlich wirkt, wird in einer, dem jeweiligen Menschen entsprechenden Form, in Gestalt-Werdung überführt. Damit wird es möglich, es als ein Gegenüber anzuschauen, mit dem der Mensch umzugehen lernen kann.[7]

## 1. Untergang der Sonne – Abstieg ins Unbewußte

Der Sitz der Seele ist dort,
wo innere und äußere Welten
sich treffen.

*Novalis*

Wer wäre nicht entzückt, wenn er am Abend den voll »ausgereiften« roten Ball der Sonne langsam unter den Horizont hinabsinken sieht! Aufgrund dieses immer neu faszinierenden Naturschauspiels fällt es mir nicht schwer, mir vorzustellen, wie die Arme der Himmelsgöttin Nut oder der Göttin des Westbergs die Sonne liebevoll in Empfang nehmen und die »Bewohner des Westlandes« sehnsüchtig ihrer harren. Es ist eine Vorstellung, wie sie sich dem bildhaft denkenden Menschen nahelegt.

Du hast dich vereint mit dem Himmel im Abendglanz[8]

und

Du hast dich vereint mit den Armen des Westbergs[9]

*Abb. 11:* Die Göttin des Westbergs nimmt die untergehende Sonne in Empfang.

sind Verse aus Hymnen, mit denen die Ägypter dieses Naturereignis begleiteten. Denn die Berührung der Erde durch die Sonne, am Abend und am Morgen, waren für die Menschen auf der Erde die Augenblicke, in denen ihnen der Gott am nächsten war. Darum nahmen sie mit Litaneien und Hymnen daran Anteil.

> Gegrüßt seist du, Re, bei deinem Untergang, Atum!
> Göttlicher Gott, der von selbst entstand,
> Urgott, der am Beginn entstand.
> Du vereinigst dich mit deiner Mutter im Westberg,
> ihre Arme empfangen dich Tag für Tag.[10]

Die Umarmung im Westen ist eine Umarmung durch die Himmelsmutter. Auch am Morgen wird sie dem Sonnengott zuteil. Immer hat sie aufnehmenden, bergenden und schützenden Charakter. Im Unterschied dazu geht es bei der väterlichen Umarmung um Übertragung von Kraft (in der Nacht) oder um ein Tragen und Hochheben (am Morgen). Sie geschieht durch die »Ka-Arme« des unterweltlichen Vaters. Mütterliche und väterliche Umarmung zusammen umfangen den ganzen Kosmos. Es gibt ein wunderschönes Relief (etwa um 300 v.Chr.), das dieses Zusammenspiel mütterlicher und väterlicher Umarmung darstellt. Unten sehen wir den Erdgott Geb, gleichsam nur aus Armen und Beinen bestehend. Mit seiner Ka-Geste trägt er die ganze Welt, während seine Gattin Nut als Himmel alles überwölbt und unter ihrem Schutz birgt. Gleichzeitig wandert der Sonnenball vom Untergang zum Aufgang durch ihren Leib. Über der Erde trägt der Luftgott Schu mit seinen Armen den Sternenhimmel.

Eine einfache und zugleich grandiose Schau des Weltganzen und der in ihm wirkenden Kräfte – in einem einzigen Bild eingefangen – zeugt von einem Glauben an die tragende und schützende Kraft göttlicher Arme. Sie bewahren die Welt ebenso vor einem Absturz in bodenlose Tiefe wie vor einer Auflösung und Zersplitterung im All. – Der Übergang vom Tag zur Nacht wird als ein Überschreiten der Schwelle vom Diesseits zum Jenseits erfahren. Schwellenübergänge bedürfen, wie wir bereits wissen, der Übergangsriten. In unserem Mythos sind sie durch die Umarmung der Göttin und das Wechseln der Barke gegeben. Die Schwelle ist jener Berührungspunkt, wo Himmel, Erde und Unterwelt zusammenstoßen und die Grenzen sich für kurze Zeit überschneiden. Indem Re sie über-

*Abb. 12:* Der Kosmos in gemeinsamer Umarmung von Nut und Geb (Relief am Sarkophagdeckel des Urech-Nofer, Priester der Göttin Nut, 378-341 v. Chr., Grauer Diorit, New York: Metropolitan Museum).

schreitet, trennt er sich von seiner Herrschaft über die Lebenden und tritt zurück aus der vollen Kraft seiner Entfaltung in einen Bereich, in dem alles im Dunkel liegt. Erst durch seine Gegenwart kann es erkannt werden.

> Dir sind die Tore geöffnet
> bei deinem Untergang zum westlichen Lande.
> Deine Strahlen dringen in die Erde
> um den Westlichen Licht zu spenden.[11]

Re taucht ein in eine Welt, die unter anderen Vorzeichen steht als die Welt der Lebenden. Eine Umkehrung der Zeit findet statt, gleichsam ein »Schwimmen gegen den Strom«, denn Re-Atum wandelt sich auf dieser Fahrt vom Greis zum Kind. Auf psychologischer Ebene passiert übrigens Entsprechendes: die Dynamik unbewußter Impulse verläuft umgekehrt wie die Zielsetzung des Bewußtseins. Für einen Menschen bedeutet solches Hinübersegeln über die Schwelle des Abend-Horizonts ein Hinabtauchen in den Untergrund der eigenen Seele, um dem Urgrund seines individuellen wie des kollektiven Seins zu begegnen. Freiwillig unternommen, kommt der Weg in die Tiefe einem Aufgeben der Über-Ich-Kontrolle gleich, die alles »in den Griff kriegen« will. Denn in der unteren Welt gelten andere Maßstäbe als jene, die wir im bewußten Leben gewöhnt sind. Manchen macht das Verschwimmen der Grenzen beim Übergang Angst. Sie fürchten, den Boden unter den Füßen zu verlieren. Es sind jene, die mit der Innenseite ihres Lebens noch nicht vertraut sind. Sie sind noch nicht imstande, vorübergehend die Sicherheit ihrer Über-Ich-Kontrolle loszulassen. Solche Angst darf nicht übersprungen werden.

Der menschliche Held hat es schwerer als der Sonnengott oder andere mythische Helden, seine Zenit-Position – als Prominenter, Star oder Karriere-Held anderer Art – loszulassen. Er möchte nicht aufgeben, was er »hat«. Will er sie jedoch unbedingt festhalten, ist es aus mit seinem Heldendasein: er wird eines Tages auf die »Sandbank des Apophis« auflaufen. Sie droht, wie wir bereits wissen, auch in der Mittagshöhe, sein Leben wird ihm schal werden. Menschlich bleibt, wer auch bereit ist, sich der Erdenschwelle wieder zu nähern. Ein Held im eigentlichen Sinn wird erst, wer nach überstandener Jenseitsfahrt die dort gemachten Erfahrungen ins Diesseits einbringt.

Atum beginnt – müde und gealtert – als der, der sein Tagwerk »vollendet« hat, die nächtliche Fahrt. Gestützt auf seinen Stab und mit Widderkopf, steht er in seiner Barke – ein ganz dem menschlichen Leben entlehntes Bild: jede »Herrschaft« des Tages, das Herr-Sein über unsere Kräfte und Handlungen, wird schwach am »Abend des Lebens«. Aber *auch während* des aktiven Lebens erfahren wir immer wieder Perioden, in denen unsere Kraft abnimmt. Lassen wir ihnen keinen Raum, sondern meinen, *nur* »jung und fit« sein zu müssen, holt uns die Schwäche von hinten ein, in Form psychosomatischer Störungen etwa. Folgen wir hingegen im Leben ebenso dem Rhythmus unserer Schwäche wie allabendlich, wenn wir uns zum Schlaf legen, dann führt er uns in die Tiefe bis zu jenem Punkt, wo sich der Kreislauf des Lebens umkehrt. Hinabsteigen meint dann: sich in den Rhythmus von Abnehmen und Zunehmen hineinstellen. Auch wir werden dann wieder vom »Greis« zum »Kind«, wir lernen um und gewinnen neue Weisen der Wahrnehmung. Sogar der strahlende Gott des Himmelslichtes wird alt und müde und bedarf der Erneuerung; das läßt ihn menschlich werden und zugleich zum Urbild der Verwandlung. So darf sich auch der Verstorbene mit ihm identifizieren und sich in gleicher Weise der Himmelsgöttin anvertrauen, die ihm zuruft:

> Meine Arme sind ausgebreitet, deinen Gottesleib zu empfangen,
> damit ich deinen Leib beschirme, deine Mumie beschütze
> und deinen Ba belebe für immer.[12]

Solche Totensprüche sind in ihrer Formulierung fast identisch mit den Abendhymnen für den Sonnengott und beziehen sich auf Darstellungen der Göttin Nut im Innern des Sarges. Die Worte, die Nut in den Mund gelegt werden, nehmen dem Toten die Angst vor Auflösung seines Leibes und geben ihm statt dessen die Gewißheit mütterlicher Geborgenheit. Wenn Nut seinen »Ba für immer belebt«, ist das ein Hinweis darauf, daß dieser – zusammen mit den Bas anderer Verstorbener – unter die Götter am Himmel versetzt werden wird. Denn Nut ist »die mit den tausend Bas«, diejenige, die ihnen die Unsterblichkeit verleiht.

Überall, wo sich Menschen früherer Zeiten mit der Herausforderung des Todes als einer Bedrohung irdischen Lebens beschäftigten, wird die Vorstellung von einem Weiterleben der Seele oder einer anderen Form von Bewußtsein erkennbar. Wo und wie man sich dieses Weiterleben dachte, wurde unterschiedlich beantwortet. Den Ägyptern war es nach der »ersten Zwischenzeit« nicht anders als in Verbindung mit dem Auf- und Abstieg des Sonnengottes denkbar. Beide Bewegungen wurden im kosmischen wie im seelischen Bereich als einander ergänzend betrachtet.

Das ist eine typisch mythische und zugleich seelenhafte Weise, Welt zu erleben: der mythische Mensch erfährt die Bewegung der eigenen Seele »innen« im Spiegel der kosmischen Bewegung im »Außen«. Dabei bilden Ober- und Unterwelt zusammen die *eine* Welt, den »unus mundus«, die sowohl ein Oben wie ein Unten umfaßt. Das Oben, das für den Tag und das diesseitige Leben steht, entspricht psychologisch unserem Bewußtsein; das Unten – als Nacht und als Welt der Toten verstanden – ist ein Bild für unser Unbewußtes. Auf diesem Hintergrund wird die Fahrt des Sonnengottes durch die Sphären der Unterwelt zum Urbild für die Phasen des seelischen Prozesses auf dem Weg zur Ganzwerdung. Es ist sowohl ein Weg der Gefahren wie ein Weg zum Licht. Wer ihn – gleich Re – »wissend« geht, wird die Begegnung mit den geheimnisvollen Kräften der Wandlung bestehen. Dabei erfährt er ebenso wie die Ägypter die ständige Todesbedrohung menschlichen Seins als dessen Begrenzung durch das Nicht-Sein.

Doch nicht nur der Mensch, auch der Sonnengott ist von dieser Gefährdung betroffen: als Garant allen Seins muß er sich jede Nacht mit ihr auseinandersetzen. Wir sind leicht geneigt, Beschreibungen von Geschehnissen nach dem irdischen Tod als phantasievolle Erfindungen mythischer Menschen abzutun. Doch inzwischen läßt sich durch klinisches Beweismaterial erhärten, daß die »Landkarten der eschatologischen Mythen sich als bemerkenswert genau erweisen« für die »ersten Stufen nach dem biologischen Tod«.[13]

Es gehört auch zum bewußten Leben des Menschen, mit Re immer wieder hinabzusteigen, um neu mit ihm auftauchen zu können. Was wir dabei mit hinunternehmen, kann verschieden sein: die Last der eigenen Geschichte, ungelöste Fragen und Konflikte des aktuellen Lebens, Gefühle von Sinn- und Ausweglosigkeit, ungeordnete Impulse, denen wir keine Gestalt zu geben vermögen – das sind sicher nur einige Möglichkeiten. Was uns Angst einflößt, einen solchen Abstieg zu wagen, ist der dazu notwendige »Ich-Tod«: das Zurücklassen eines gewohnten und eingefleischten

Wirklichkeitskonzeptes – Vorstellungen und Meinungen *über* uns und die Welt, auf die wir uns festgelegt haben. Viele Menschen klagen heute darüber, daß sie sich selbst nicht kennen. Gerade mit den Vorstellungen, wie ich sein *sollte* oder müßte, verschließe ich mich jedoch gegenüber meinem aktuellen Sosein und errichte eine Barriere, die mich hindert, mich wirklich kennenzulernen. Nur indem ich meine Vorstellungen überschreite, finde ich mein wahres Selbst.

Es ist ganz natürlich, daß ich mich zum Beispiel mit meinen Emotionen, Begierden, Wünschen, Leidenschaften nicht *so* empfinde, wie ich mich gern haben möchte. Da dies aber mein *Ist*-Zustand ist, kann ich mich erst nur einmal *so* annehmen, wie ich gerade bin. Das bedeutet kein Gutheißen dessen, was ich als fehlerhaft empfinde, sondern ein schlichtes Ja-Sagen dazu, daß ich so bin, wie ich bin. Das ist *mein* Eingangstor, das ich öffne auf die Grundgegebenheit meines Menschseins hin. Zu diesem gehören menschliche Grenzen und also Fehlbarkeit, aber *auch* Wandlungsmöglichkeit.[14] Denn alles Geschaffene unterliegt einem gesetzmäßigen Rhythmus von Alterung und Erneuerung und befindet sich daher in ständigem Fluß, wie wir es bei uns selbst am besten an unserem Atem ablesen können: aus jedem Ausatem formt sich ein neuer Einatem.

Mein Ich hat hierbei eine wichtige Funktion: es *erkennt* meine Jetzt-Situation, es *sagt Ja* zu ihr und es *entscheidet* sich dafür, seine eigenen begrenzten Vorstellungen darüber, wie die Welt und es selbst zu sein hätte, aufzugeben und sich dem größeren Sinnzusammenhang der Schöpfung anzuvertrauen. »Ich lasse mich nieder auf meiner ersten Geburt« heißt das in der Sprache Res.

Auf diese Weise kann ich in meine innere Ordnung zurückfinden, mich im Ursprung des Menschseins verankern und be-gründen und neu aus ihm herauswachsen.

Denn nur wenn etwas zerbricht, was bisher gültig schien, kann sich Neues formen. »Was tatsächlich in diesem Prozeß stirbt, ist eine im Grunde von Angst geprägte Einstellung zur Welt. Sie macht sich bemerkbar in Form von Minderwertigkeitsgefühlen, des Verlangens, alles unter Kontrolle zu haben, von Bemühungen, sich selber und anderen etwas zu beweisen.«[15] Die Faszination, die vom »Unterweltlichen« auf viele Menschen ausgeht, darf sich nur als rationales Interesse an Theorien äußern, oder es wird in einem fast zwanghaften Anschauen-Müssen von Filmen mit Todes- und Gruselszenen sichtbar. So wird das Gefürchtete auf Distanz gehalten. Der konkrete Tod wird vielfach geleugnet. Die Spannung zwischen Faszination und Angst kann nicht ausgehalten werden, und das führt zu einer um sich greifenden Sinnlosigkeit im Lebensgefühl.

Der Weg zu wirklicher Einheit kann jedoch nur über die *Erfahrung* der Gegensätze führen. Erst wenn die Spannung zwischen ihnen ausgehalten wird, darf sich das gefürchtete Gefühl, auseinandergerissen zu werden, auflösen, und der Sinn von Einheit kann erfahren werden. In alten »Überlieferungen besteht der ›Weg‹ darin, das Leben im ständigen Bewußtsein des Todes zu leben und bewußt zu sterben.«[16] Eine Konfrontation mit dem Ritual oder durch eine psychologische oder spirituelle Krise kann die Angst vor dem Tod aufheben und zu einer befriedigenderen Lebensweise führen.

Trennung als schmerzhaft zu empfinden, gehört zum Urdrama unseres Lebens und geht zurück bis zur Trennung von Himmel und Erde, das heißt: jede menschliche Trennung spiegelt die kosmische des Uranfangs. Wenn Re im Westen in die Erde eingeht und am Morgen wieder aus ihr hervorkommt, um zum Himmel aufzusteigen, überwindet er diese Trennung. Seine Lösung der Spannung liegt also nicht darin, sich für nur eine der beiden Sphären zu entscheiden, sondern darin, beiden gleiche Wertigkeit und Bedeutung zukommen zu lassen. Aufhebung von Trennung könnte demnach für uns heißen: bewußt in unsere Tiefe hinabzusteigen, um unsere Erdentiefe mit dem Himmel in uns in die Beziehung einer erlösten Spannung zueinander zu bringen.

Eine Einweihung Lebender in die Geheimnisse von Leben und Tod, wie wir sie aus den hellenistischen Mysterien kennen, gab es im alten Ägypten noch nicht, auch wenn heutige esoterische Literatur das manchmal fälschlich so darstellt. Nur Könige und Priester konnten eingeweiht werden! Die »Jenseitsführer« wiederum sind nur für die Verstorbenen gedacht. Eine Form des Abstiegs war den Ägyptern jedoch der Schlaf: »Der Schläfer geht in den Nun hinein und, wie die Sonne oder der Tote, erhebt er sich, verjüngt und erneuert durch seine Berührung mit jener anderen, der göttlichen Welt, in die man eintritt, wenn man die Grenzen des Endlichen überschreitet«[17]. Vergleicht man die Texte, fällt die deutliche Parallelität auf: der Schläfer tritt nachts ein in den Nun, aber der Verstorbene wird auch als »Schläfer« bezeichnet oder auch als der »Müde« oder »Matte«. Und die Träume des lebenden Schläfers entstehen gerade durch die Berührung mit der »göttlichen Welt« der »seligen Toten«. Das ist die Welt, die wir psychologisch das »Unbewußte« nennen.

Da sie, als ein Unten, eine Umkehrung der oberen Welt bedeutet, gewinnt der Schläfer in seinen Träumen eine – im Vergleich zu seiner Tagessicht – umgekehrte Perspektive. Sie ist vergleichbar dem Spiegelbild, das uns aus klarem Wasser anblickt. Nehmen wir das ernst, dann sind Träume für uns eine Möglichkeit, uns aus der Perspektive unserer Unterwelt zu sehen, und das heißt: aus der Perspektive unserer eigenen Seele. Ein uns unbekannter Zustand der Seele tut sich uns durch Bilder und Gestalten kund, die in unser Bewußtsein hineinragen und eine persönliche Form finden möchten. Es ist die Nachtseite unserer Existenz, die sich in den Bildern unserer Träume in eine übersetzbare Sprache bringen will. In der Nacht, wenn wir unbewußt sind, stehen wir dem Anfang und damit den Grundgegebenheiten menschlichen Daseins näher. Das bedeutet auch, daß sich seelische Kräfte von übergeordneter Weisheit in unseren Träumen manifestieren, die letztlich ihr Zentrum in der Tiefe unseres Selbst haben. So wirkt also die Sicht unseres, jegliche Trennung vereinigenden Selbst, das die Einseitigkeiten unseres Ich ausgleichen möchte, durch unsere Träume hindurch. Sie konfrontieren mich demnach mit der Frage: welche unbewußten – und welche göttlichen – Kräfte will meine Seele mir durch die Träume hindurch zum Bewußtsein bringen? Welche Kräfte in mir wollen in die Welt hinein wirken?

Wenn der Schläfer nachts »in den Nun hineingeht«, heißt das: wenn der Körper schläft, also wie »tot« ist, wird die Seele aktiv, und der »Ba« fährt mit der Sonnenbarke hinab. Es muß also damals schon jene Auffassung gegeben haben (wie sie heute durch Erlebnisberichte von Menschen, die sich während einer Narkose selbst auf dem Operationstisch liegen sahen und nachher alle Einzelheiten der Operation genau schildern konnten, bestätigt wird), daß die frei bewegliche Geist-Seelenkraft sich vorübergehend vom Leib trennen kann. So ist etwa davon die Rede, daß sich auch während einer Ohnmacht der Ba vorübergehend vom Körper trennt.

Die Vorstellung, daß die Ba-Seele während unseres Schlafes zu-

sammen mit dem Sonnengott durch die Tiefe fährt, ist ein plastisches Bild für die tiefenpsychologische Erkenntnis, daß unsere Träume nur der individuelle Anteil eines großen kollektiven Mythos sind, an dem wir alle teilhaben. Anders gesagt: der Sinnzusammenhang, in dem jeder von uns steht, ist immer unserem konkreten, individuellen Leben übergeordnet. In Träumen oder in »Aktiven Imaginationen«, in denen außer uns selbst nur unbekannte Figuren erscheinen, wird das besonders deutlich. Solche Gestalten sind nicht einfach nur Personifikationen persönlicher Seelenanteile, sondern sagen auch ganz grundsätzlich etwas über Wesen und Wirkkraft der Seele aus. In diesem Sinn ist es nicht ungewöhnlich, wenn Märchenfiguren oder gar Götter auftreten.
Bereits der Ägypter sieht also die Notwendigkeit einer Erneuerung des Tagesbewußtseins durch die »Nachtfahrt«, womit dessen Abhängigkeit vom Unbewußten angesprochen ist. In der Unterwelt erfährt der Schläfer »Verjüngung«. Wie weit die Parallelität von Schlaf und Tod reicht, sagt uns folgender Text:

> Gehst du unter im westlichen Lichtland, ist die Erde in Finsternis, in der Verfassung des Todes.
> Die Schläfer in der Kammer, verhällt sind ihre Köpfe, kein Auge sieht das andere.
> Die Finsternis ist ein Grab, die Erde liegt im Schweigen,
> ihr Schöpfer ist untergegangen in seinem Lichtland.[18]

Wenn Re untergegangen ist, ist er »abwesend«. Eine Abwesenheit des Lebens (Re schenkt das Leben) bedeutet kosmische »Todesbefallenheit« und einen »Rückfall in die Welt vor der Schöpfung«. Auf eine kurze Formel gebracht:

> »Du gehst auf – sie leben; du gehst unter – sie sterben«[19].

In einem Zeitalter, in dem künstliches Licht so selbstverständlich ist, daß Menschen in manchen Berufen sogar tagsüber nur mit seiner Beleuchtung arbeiten, ist das Erschrecken, das die Ägypter bei Sonnenuntergang befiel, kaum noch einfühlbar. C.G. Jung berichtet in seinem Erinnerungsbuch, er habe es erst bei seinem Aufenthalt im südlichen Afrika begriffen: »Von Sonnenuntergang an herrscht eine andere Welt: die dunkle Welt, das Gefährliche, Angstverursachende. Das Bedeutungsvolle jedoch ist der Moment, wo aus dem Dunkel mit äquatorialer Plötzlichkeit der erste Licht-

strahl wie ein Geschoß hervorbricht und wo Nacht in lebensvolles Licht übergeht. Damals verstand ich, daß in der Seele von Uranfang her eine Sehnsucht nach Licht wohnt und ein unabdingbarer Drang, aus ihrer uranfänglichen Dunkelheit herauszukommen.[20]
Die alten Ägypter erlebten sich als »blind«, sobald die Erde in Nacht gehüllt war. So heißt es in einem Hymnus:

> Jedes Auge sieht durch dich. Nichts können sie vollenden,
> wenn deine Majestät untergeht.[21]

Noch pointierter sagt es eine Grabinschrift in Theben: »Du bist die Augen selbst, man sieht durch dich!«[22] – Man meint das Urbild von Goethes berühmt gewordenem Vers zu hören: »Wär' nicht das Auge sonnenhaft, die Sonne könnt' es nie erblicken!«
In einer Zeit, in welcher der gesamte Lebensrhythmus nur vom Lauf der Sonne bestimmt war, wurde die innige Verwandtschaft zwischen Sonne und Augen noch ganz unmittelbar erlebt. Ging Re unter, war er den Lebenden »erblindet«, ein Gott, »in dessen Antlitz keine Augen sind«. Die enge Beziehung zwischen ihm und den Augen der Menschen galt ebenso für die Verstorbenen, nur zu anderen Zeiten: Sonnenuntergang *über* der Erde war Sonnenaufgang *unter* der Erde. »Dein Bild zeichnet sich aus in den Augen der Verklärten in der Unterwelt«, sagt man zu Re; denn für die Verstorbenen gilt während der Nachtzeit der Lebenden: »Er gibt ihnen die Götteraugen, so daß sie sehen«[23].
So sehen demnach Lebende wie Verstorbene nur durch die Augen des Sonnengottes. Er erhellt den Tag, und mit milderem Licht leuchtet er in der Nacht. »Er schafft inmitten der Finsternis vorübergehend einen lichten, geordneten Schöpfungsraum.«[24] Insofern entspricht es der Bedeutung des ägyptischen Sonnengottes nicht, wenn man ihn nur mit dem Tagesbewußtsein gleichsetzen möchte. Er erstrahlt am Tag ebenso wie in der Nacht, nur in unterschiedlicher Intensität.
Der gesamte Sonnenlauf kann als das Zusammenspiel einer männlichen und einer weiblichen Energiephase des gleichen Gottes gesehen werden: die männliche breitet sich von innen nach außen aus. Beginnend am Morgen hat sie ihren Höhepunkt am Mittag und endet am Abend. Es ist gleichsam die extravertierte Phase des Sonnengottes. Am Abend tritt er in seine introvertierte oder weibliche Phase ein: die Lichtenergie wendet sich von außen nach innen

und sammelt das zuvor bis an die Enden der Erde »verstreute« Licht im roten Ball der milden Abendsonne. Ganz dieser Phase gemäß übernehmen nun Göttinnen die Führung der Barke.
Demselben Prinzip einer solchen Wendung nach innen begegnen wir sowohl in der Meditation wie auch in einer Schwangerschaft, damit etwas wachsen, sich entwickeln und heranreifen kann. »Nach innen geht der geheimnisvolle Weg«, sagt Novalis. Die Lebenden, die »oben« *bleiben*, wären dann jene, die »blind« sind in bezug auf das Unbewußte, um es psychologisch auszudrücken. Stützen sie sich *nur* auf das Tagesbewußtsein, wird sie das Unbewußte in Form von Depression oder Verzweiflung einholen. Denn wer nicht mit Re hinabsteigt, kann nicht teilhaben an der Erneuerung des Lebens. Nur wer sich dem Dunkel des Unbewußten aussetzt, öffnet sich zugleich für ein neues Bewußtseinslicht. Denn das Ziel der Fahrt ist die Geburt einer neuen Sichtweise des Bewußtseins.
Für die »seligen Toten« bedeutet das Kommen Res den Sonnenaufgang: dann strahlt er »in ihren Augen auf«. Um in die Tiefe einzutreten, muß er zunächst ein gewaltiges Tor passieren, das »Horizonttor«, das sich sogleich wieder hinter ihm schließt, um das Eindringen Unberufener zu verhindern. Doch ist es noch nicht das Tor zur eigentlichen »Dat« (= Unterwelt), sondern eröffnet zunächst einen Zwischenbereich. Für Re-Atum beginnt damit die Phase des »Übergangs« vom Reich des Lichtes ins Reich der Finsternis. Er fährt in einer Barke. Anders konnten sich die Ägypter, deren wichtigster und eigentlicher Verkehrsweg der Nil war, auch die Fahrt durch die Unterwelt nicht vorstellen. Der Unterweltsstrom, der kein Todes-, sondern ein Lebensstrom ist, ist ihnen gleichsam das Spiegelbild des Nil.
Die Nachtbarke hat auch eine Bootsmannschaft. Zu ihr gehören: Upuaut als »Wegeöffner«, Horus als Steuermann, vor allem aber Ma'at, die auch in der Unterwelt nicht fehlen darf, als Garantin nächtlicher Schöpfungsordnung, und – als Führerin – schließlich Hathor, die »Herrin der Barke«. In der 7. Stunde wird sie durch Isis und Upuaut durch Seth ersetzt. Für sein nächtliches Schöpfungswirken bedarf der Sonnengott seiner personifizierten Schöpfungskräfte: Sia – das planende Ersinnen, Hu – der schöpferische Ausspruch, Heka – die schöpferische Zauberkraft, das heißt: die ausstrahlende Wirkung.[25] Schließlich fahren – als ständige Beglei-

ter beim gesamten Sonnenlauf – die unsterblichen Bas aller seligen Toten mit.
In bezug auf die Analogie des individuellen zum kosmischen Leben könnte uns das sehr beruhigen: wenn Re-Atum sich einer Bootsmannschaft von Helfern bedient, ist auch von uns nicht gefordert, die Fahrt durch die Tiefe unserer Seele »allein«, nur mit der Kraft des Ich, »schaffen« zu müssen. Wegeöffner, Steuermann, Drachentöter, Führerin der Barke und zauberkundige Isis sind göttliche Kräfte in unserer Seele, die sich als Begleiter auf- und anrufen lassen. Die Ma'at erscheint im Alltag wie in unseren Träumen als die »selbstregulierende« Kraft unserer Psyche. Ihr »Ordnen« bedeutet immer auch eine Überwindung von Bedrohung. In all diesen Gesichtern der verschiedenen Götter leben wir unseren unbewußten Lebensmythos, der – auch wenn wir ihn noch nicht kennen –, durch das Zusammenwirken von Ma'at und Re, jenem Bewußtsein im Unbewußten, eine sinnhafte Ordnung erhält. Das zeigt sich in unseren Träumen. In ihnen werden Verstorbene lebendig und erhalten »Fleisch«. Nur haben wir meist Mühe, unsere Seele ihre eigene Sprache sprechen und diese auf uns wirken zu lassen. Allzuschnell versuchen wir meist, sie »in den Griff« unserer Alltagssprache »zu kriegen«. »Die Unterwelt betreten« heißt hingegen (nach Hillman): »eintreten in den Modus des Widerspiegelns«[26]. Wir schauen also von den dunklen Seelengründen her auf das Handeln unseres diesseitigen Ichs mit den Augen unserer Seele, die durch das nächtliche Licht des Gottes erleuchtet werden.
Eine etwa 50jährige Frau erlebte im Traum die Umkehrung ihrer Sichtweise sehr plastisch: als sie in die untere Welt hinuntergeführt wurde und zwischen riesenhohen, dunklen Mauern hinabsteigen mußte, erschien ihr alles Grau in Grau. Verblüfft entdeckte sie hinterher beim Aufstieg, daß – in der Schau von unten nach oben – die hohen Mauern sich als kräftige und tragende Fundamente von Häusern erwiesen, die oben hell waren und sehr viele Fenster hatten. Über ihnen wölbte sich ein strahlend- blauer Himmel.
So verschieden also sieht die gleiche Gegebenheit aus, je nachdem ob ich sie von oben nach unten oder von unten nach oben anschaue. Erst beide Sichten zusammen ergeben die *eine* Wahrheit, die *eine* Welt, die der Sonnengott erschafft. Wird eine Sicht von der anderen abgespalten, hängt entweder das Oben wurzellos in der Luft, oder das Unten sackt in unergründliche Tiefen ab. Dagegen kann, was –

von oben her betrachtet – als tiefe Depression erscheint, sich aus der Sicht von unten nach oben durchaus als tragendes Fundament einer neuen Wirklichkeit erweisen. Hillman verweist darauf, daß bei den Griechen der olympische Gott Zeus und der Totengott Hades Brüder sind, der untere also den oberen widerspiegelt. In der ägyptischen Mythologie ist Osiris das untere Spiegelbild des Re. Andererseits spiegelt dieser sich selbst, wenn er – im Unterschied zu Zeus – selbst in die Tiefe hinabsteigt und damit die Notwendigkeit andeutet, beide Blickrichtungen in *einer* Person zu vereinen.

Eine Depression muß uns also nicht niederdrücken, wenn wir uns diese doppelte Sichtweise aneignen können – vorausgesetzt, daß an die Stelle passiven Hinab*sinkens* ein aktives Hinab*steigen* tritt. Denn es ist immer die *Sicht* der Dinge, die uns bedrückt. Solange das Bewußtsein aktiv beteiligt ist, ist die Situation nicht hoffnungslos. Dabei ist es wichtig, die »Taggestalt« abzulegen, das heißt: die Vorherrschaft des rational-analysierenden und vergegenständlichenden Blickes und jede Sichtweise, die auf Gelten-Wollen bedacht ist. Denn wir können nicht in der gleichen Weise nach innen schauen, wie wir nach außen zu schauen gewöhnt sind. Zur umgekehrten Blickrichtung gehört eine, vom milden Licht der Intuition geleitete, wohlwollende Sichtweise, die bereit ist, auch den Nachtseiten unserer Seele Ort und Wert im Leben einzuräumen. Wir sind ja nur deshalb depressiv, weil uns etwas fehlt, das im unteren Bereich begraben liegt, da wir es nie beachtet haben.

In der Einwilligung zum Abstieg ist keimhaft immer der künftige Aufstieg bereits mitenthalten. Wenn mir meine Kraft und meine Ichheit bei solchem Abstieg vorübergehend schwinden und ich in die Verlassenheit des »Todes« gerate, kann ich gleichzeitig etwas von dem spüren oder erahnen, was unsterblich, weil unzerstörbar in mir ist und meine Sehnsucht nach neuem Leben beflügelt. So entdecken wir plötzlich, wenn wir mit Rilke den »Weltinnenraum«[27] betreten: »*in mir* wächst der Baum«, während wir bisher nur nach außen schauten, oder »*in mir* steht das Haus«, während der konkrete oder soziale Hausbau bisher unser ganzes Denken gefangennahm. Rilke weiter: so »ist es das menschliche Los, innere Wege zu tun an der gebotenen Stelle«[28]. Die »gebotene Stelle«, das ist jener Punkt, ob im Leben eines Einzelmenschen, eines Volkes oder der ganzen Menschheit, wo die Dinge im Außen ganz offensichtlich in eine Sackgasse geraten sind.

## 2. Der »verborgene Raum« – Die dunkle Tiefe der Seele

»Will die Seele wieder recht
inwendig wirken,
muß sie ihre Kräfte heimrufen
und sie heraussammeln
aus der Zerstreuung.«

*Meister Eckhart*

»Ich liebe meines Wesens Dunkelstunden,
in welchen meine Sinne sich vertiefen.
Aus ihnen kommt mir Wissen, daß ich
Raum zu einem zeitlos breiten
Leben habe.«

*Rilke*

Durch das Tor mit dem Namen »Welches die Unterweltlichen verhüllt« gelangt der Sonnengott in die eigentliche Unterwelt und wird zum »Öffner der Dat«[29]. Die »Dat« – das ist der »geheimnisvolle« oder »verborgene Raum«. Was wir dort sehen und erfahren, ist für das Oberwelt-Auge unsichtbar und verschlossen, da es dem Zugriff des Verstandes entzogen ist und sich nicht erklären läßt. Der Horizont der Diesseitserfahrung wird überschritten in eine Dimension hinein, die sich nicht in unsere Verfügungsgewalt begibt. Denn sie läßt sich nicht einordnen in die Strukturen unseres Denkens von Raum und Zeit. Was sich da vor uns auftut, ist ein Bereich, der in uns und auf uns *wirkt* und dennoch geheim bleibt. Wir sind im Reich der Verstorbenen, im Reich jener »geheimen Gestalten«, die auf ihre Ent-Hüllung warten. Für uns ist das der unsichtbare Innenraum unserer Seele, den es zu erschließen gilt. Wie Re muß daher unser »Ba«, das heißt unser bewußter Seelenanteil, alle seine »Kräfte heimrufen und sie sammeln aus der Zerstreuung« in der Außenwelt, damit er sich den »Jenseitsräumen der Seele« zuwenden kann. Das bedeutet zugleich eine Einübung ins »Sterben«, ein Loslassen alles weltlichen Ehrgeizes und Sicherungsbedürfnisses des Ich. Dann gilt: »Das Ich *war* der Helfer. Das Ich *ist* die Schranke« (Sri Aurobindo) – »Helfer« zur Durchsetzungsfähigkeit in der Welt, »Schranke« aber, um den »verborge-

nen Raum«, die uns innewohnende tiefere Dimension unserer Seele zu erfahren, in der andere Maßstäbe gelten, weil sie von anderer Qualität ist.
So hat Re seine Sonnenkräfte gesammelt und betritt nun die untere Welt. Es mag auf dieser Schwelle sein, da er die Worte spricht, die das »Höhlenbuch« einleiten:

> Ich bin Re, der im Himmel ist.
> Ich trete ein in die Urfinsternis,
> ich öffne das Himmelstor im Westen.
> Empfangt mich, reicht mir eure Arme!
> Seht, ich kenne euren Platz in der Dat!
> Seht, ich kenne eure Namen, eure Höhlen, eure Geheimnisse.[30]

Freudig fährt Re den Unterweltlichen entgegen, freudig empfangen sie ihn. Es muß ihnen ein Gefühl von Zugehörigkeit und Geborgenheit vermitteln, von ihm mit Namen und Aufenthaltsort gekannt zu sein. Sehnsüchtig erwarten sie ihn, denn:

> Du spendest Licht denen, die dort sind.
> Die Höhlenbewohner in ihren Grüften,
> ihre Arme sind in Anbetungsgesten für deinen Ka.
> Die Westlichen sind in Frohlocken,
> nachdem du aufgeleuchtet bist für sie.
> Ihre Augen sind offen, um dich zu sehen,
> ihre Herzen freuen sich, wenn sie dich erblicken![31]

Menschlich-warme Gefühle sind demnach in den Grüften der Tiefe zuhause. Doch was fehlt, ist Licht und Luft. Das spendet der Sonnengott ihnen; er sagt:

> Leitet mich zu den Wegen des Westens,
> damit ich die Leichname wiederbelebe, die in ihm sind,
> damit ich die Seelen auf ihnen Platz nehmen lasse,
> so daß sie atmen,
> damit ich ihre Finsternis erleuchte.[32]

Sein Licht öffnet ihnen die Augen und macht ihre Gesichter hell. Und weil sie wissen, daß er sie erhört, richten sie ihre Bitten an ihn:

Du erhörst die Gebete dessen, der im Sarg liegt.
Du verjagst ihre Trauer, vertreibst ihr Übel,
du gibst Lufthauch an ihre Nasen.[33]

Indem er ihnen »Lufthauch« spendet, läßt er auch ihre Bas sich auf ihnen niederlassen, so daß sie als eine geeinte Person wieder atmen können. »Schöpfungsatem umweht die nächtliche Fahrt. Denn wohin auch immer das belebende Licht und das zaubermächtige Schöpferwort des Gottes gelangen, erwachen die Wesen aus ihrem Todesschlaf zu neuem Leben. Auf sein Wort hin springen die Türen auf, die Toten werden sichtbar, richten sich auf und antworten jubelnd auf die Verheißungen, die er ihnen zuruft. Aber was sie zurückrufen, klingt nicht wie Menschenlaut, sondern wie das Summen von Bienen, wie Stiergebrüll, Rauschen des Windes, Ruf des Falken, Volksgemurmel o.ä. Nur im Ohr des Sonnengottes formen sich die Naturlaute zu vernehmbarer Sprache.«[34]
Das erinnert an die oft sehr verschlüsselten Botschaften unserer Träume, deren Sprache unser Tagesbewußtsein schnell als »komisch«, »seltsam« oder gar »Blödsinn« abstempelt. Erst dem wirklich lauschenden und zugewandten Ohr intuitiver Einfühlung werden sie als Sprache vernehmbar, erst wenn sie uns sagen dürfen, was sie »auf dem Herzen haben« und wir ihnen unseren Anblick gewähren. Werte, die wir im Leben vernachlässigt und abgespalten, in »Grüfte« verbannt haben, möchten uns selbst sagen, welche Rolle sie in unserem Leben spielen möchten und müßten. Begrabene Ängste, durch eingeübte Tapferkeit und zwanghafte Stärke zugeschüttet, warten darauf, daß wir ihnen unseren »Anblick gewähren«. Die schnell auftauchende Ich-Frage: »Was bringt es mir?« (gemeint ist: an Macht, Geltung, Sicherheit in der Welt) findet hier keinen Platz. Nur ein wohlwollendes Ohr, verbunden mit einer tiefen Sehnsucht nach Einigung mit ungelebten Kräften in der Tiefenseele, wird vernehmen, was sie zu sagen haben. Sie mit dem Licht unseres Bewußtseins zu erfüllen und ihnen den Atemraum des Leben-Dürfens zu schenken – das ist es, was sie brauchen. Der Mangel, der sich zum Beispiel hinter Depressionen verbirgt, könnte ausgeglichen werden, wenn die in den unteren Grabkammern eingesperrten, ungenutzten Kräfte geweckt würden. Wer in einem inneren Dialog solche vom Mitleben ausgeschlossenen Seelenanteile personifiziert und sprechen läßt, der wird wohl

ähnliche Laute vernehmen wie der Sonnengott. Denn die mythischen Gestalten unserer Seele sprechen nicht die Sprache unserer »Taggestalt«, sondern die unserer »Nachtgestalt«.
Re-Atum ruft die Verstorbenen bei ihrem Namen. Da im alten Ägypten der Name das Wesen des Trägers enthält, ruft er sie also in ihrem Wesen an. Er *kennt* ihr Wesen, da er ihre Namen kennt. Für uns geht es wohl erst einmal darum, das Wesen der von uns in die Unterwelt unserer Seele verbannten Fähigkeiten und Werte kennenzulernen.
Außerdem schenkt Re-Atum den Unterweltlichen Licht und gibt ihnen Atemluft an ihre Nasen. Das ist Schöpfung, und Schöpfung bedeutet auch »Fleischwerdung«. Die Mumienhüllen fallen:

> Lockerung sei euren Mumienbinden. Eure Ba's
> gehören euch, damit sie eure Verklärungen sprechen.[35]

In drei Phasen geschieht die Aufrichtung: die Mumien legen sich auf den Bauch und heben den Kopf. Dann richten sie sich halb auf und werden frei von ihrer Mumienhülle.[36] Schließlich sind sie aufgerichtete, »verklärte« Leiber. Ihr »Jenseitsleib« ist erneuert,

*Abb. 13:* Die Leiche des Osiris beginnt sich bei der Auferstehung zu neuem Leben zu erheben (Statue, grünlicher Diorit, aus Horbêt im Delta. Kairo: Ägyptisches Museum).

ist wie am Tag seiner Geburt. Erst dieser verklärte Jenseitsleib kann sich mit den übrigen Elementen seiner Person, dem Ba und dem Schatten, vereinen[37]. Damit erhält der Verklärte auch alle Sinnesfunktionen zurück. »Jetzt ist er ein ›Ach‹, ein verklärter Geist mit ungeheuer gesteigerten körperlichen Möglichkeiten. Was immer dem Menschen an irdischen Mängeln und Unvollkommenheiten angehaftet hat, ist jetzt beseitigt.«[38] Der Anruf des Gottes zu solcher Auferstehung heißt zum Beispiel:

> Erheben soll sich für euch euer Fleisch,
> zusammenfügen sollen sich für euch eure Knochen,
> umfassen sollen sich für euch eure Glieder,
> vereinigen soll sich für euch euer Fleisch!
> Lösung sei euren Mumienbinden,
> Enthüllung euren Gesichtsmasken!
> Licht sei euren Gottesaugen,
> damit ihr mit ihnen das Leuchten seht!
> Aufrichten sollt ihr euch aus eurer Mattigkeit![39]

Die Antwort der Verklärten lautet:

> Ich verfüge über mein Herz und verfüge über meine Brust,
> ich verfüge über meine Arme und verfüge über meine Beine,
> ich verfüge über meinen Mund und verfüge über all meine Glieder[40].

Die »seligen« Toten sind damit bereit, daß ihr Ba sich in ihnen niederlassen und sie beleben und beseelen kann. Diese ersehnte Vereinigung zu einer erneuerten Person, die der Sonnengott allnächtlich bewirkt, ist der eigentliche Sinn der Mumifizierung. Der erneuerte Leib ist »ein Leib, der mit der Mumie offenbar nichts gemein hat, der erst durch den schöpferischen Anruf des Sonnengottes aus der starren Hülle des Leichnams hervortritt« – wie der Schmetterling aus seinem Kokon! »Die Mumiengestalt erscheint als schützende Hülle, die ihn bewahrt, in die er jedoch ›klagend‹ zurückkehrt, sobald der Sonnengott weiterzieht.«[41]

Der erneuerte Leib ist also keine Mumie und nicht identisch mit dem »alten« Leib (nur die *Person* ist dieselbe!); das heißt doch für uns, wenn wir es psychologisch verstehen: was wir da in unserer Seelentiefe aus dem Grab wieder ins Leben rufen und beseelen, wird sich uns als ein erneuerter Wert darbieten. Es könnte zum Beispiel etwas, was wir einmal als Pflicht ansahen und deshalb

ablehnten, uns nun als erstrebenswertes Können erscheinen, oder was uns einst als minderwertig galt, nun wertvoll sein.
Im Unterschied zu östlichen Kulturen, wo »das lebendige Wesen als eine wandernde Seele aufgefaßt wird, die sich Leiber an- und auszieht«[42], ist für den Ägypter wichtig, daß der Leib seine ihm zugehörigen Seelenanteile wiederfindet. Der »Ba«, der bewußte, individuelle Seelenanteil, verläßt den Menschen beim Tode. In Vogelgestalt mit Menschenkopf ist er frei beweglich und begleitet nach dem Totengericht den Sonnengott auf seiner Bahn. Der ebenfalls bewegliche Schatten (der nichts mit dem »Schatten« zu tun hat, wie C.G. Jung ihn versteht) ist an Erde und Unterwelt gebunden. Der »Ka«, unbeweglicher und unbewußter Seelenanteil, bleibt auch nach dem Tode beim Menschen, das ist Voraussetzung für die Erlangung der »Verklärung«. Als eine Art »Geistleib« ist er Lebensenergie und Geistsubstanz. Er ist nicht vom Individuum her bestimmt, sondern inkarniert sich wie ein »Genius« in das Individuum. Im Unterschied zum Ba als dem persönlich-individuellen Seelenanteil ist er der überpersönlich- göttliche Anteil und bildet die »innere geistige Balance einer Person«[43]. Vom Urgott Atum herstammend, wurde er an alle Götter und Menschen weitergegeben und bildet somit die alle durchdringende, universale Lebenskraft. Der Mensch lebt aus ihr, weil er lebendig ist. Diese Ka-Kraft als eine schöpferische, Leben-schenkende ist es auch, mit der der Sonnengott in der Unterwelt wirkt und vor der die »Höhlenbewohner ihre Arme in Anbetungsgesten« erheben.
Eine innere Vielheit an Kräften erst macht zusammen die Persönlichkeit aus. Da ihr Träger der sterbliche Leib ist, muß dieser erhalten werden, um die Auferstehung zu ermöglichen. Der Verstorbene erlangt so die »Seinsweise der Götter«, denn »Gott- Sein ist die Existenzform des Jenseits«[44]. Sie kann jedoch nur durch den Tod hindurch erlangt werden.
Bis jetzt war von der Fürsorge des Sonnengottes für die Verstorbenen die Rede, die Assmann als die »Außenseite« seiner Handlung in der Unterwelt begreift. Die »Innenseite« als der »personhafte Aspekt dieses Vorgangs ist die Wandlung des Gottes in die jenseitige Existenzform des verklärten Toten«[45]. Re weckt nämlich die Toten nicht nur auf, sondern lebt ihnen auch die Möglichkeit einer Überwindung des Todes vor. Deshalb kehrt er heim zu seinem Ursprung, aus dem er hervorgegangen ist.

Ich trete ein in die Welt, aus der ich hervorgegangen bin,
ich lasse mich nieder auf meiner ersten Geburt.[46]

Die »Welt, aus der« Re »hervorgegangen ist«, ist das Urgewässer Nun, jene undifferenzierte Fülle, die vor jeder Schöpfung war. Dort, beziehungsweise in der Erdtiefe »Tatenen«, ruht auch sein »Leichnam«, mit dem er – als »Ba« – sich ebenso vereinen wird wie alle anderen Bas in der Barke mit ihren Leichnamen.

So wird für die Ägypter der Sonnenlauf – in seiner Tag- wie in seiner Nachtphase – zu einem Urbild für das Leben des Menschen: die Taggestalt für sein irdisches, die Nachtgestalt für sein jenseitiges Leben. Die Unterweltsfahrt des Sonnengottes wird zum Symbol der Überwindung des Todes und der Erneuerung des Lebens. Der kosmische Vorgang ist auf menschliches Leben beziehbar. So gibt er diesem Sinn, auf den hin der Mensch sich ausrichten kann. Derartige Bilder sprechen unmittelbar an, denn es sind Urbilder der Seele. Wir haben inzwischen verlernt, aus ihnen heraus zu leben; den damaligen Menschen waren sie noch unmittelbar zugänglich. Leidgeprüfte Menschen der ersten Zwischenzeit erkannten, daß der Mensch ständiger Erneuerung bedarf, um nicht zerstörerisch zu wirken. Wer hätte ihnen diesen stetigen Erneuerungsprozeß sinnvoller vorleben können als der Sonnengott? Erlebten sie doch den Wechsel zwischen seiner Tag- und Nachtfahrt im eigenen Wach-Schlaf-Rhythmus! So wurde ihnen sein Aufgang »Verjüngung«, sein Untergang »Schlafen in der Weise des Todes«. Kosmisches wie menschliches Sein kennen diesen Wechsel von Sterben und Auferstehen, und schon der mythische Mensch sah die Vorgänge analog. Der Ägypter »erwartete keine Auferstehung am Ende der Zeiten, sondern allnächtlich als Erneuerung aus dem Unbewußten«[47].

Es gehört zum Wesen des Sonnengottes, zwischen den beiden Welten hin- und herzugehen, weil er zu beiden gehört. Da er die Verbindung zur unteren Welt nie aufgibt, wenn er in die obere aufsteigt, kann er ihren Bedrohungen ohne Angst begegnen. Denn »er kennt die Wege im Innern der Unterwelt«[48]. Deshalb kann er auch »Seelengeleiter« sein. Vertrauen wir uns seiner Barke und den in ihr mitfahrenden Göttern an, und damit dem Rhythmus der Sonne mit ihrem Wechsel zwischen Oben und Unten, dann bedarf es wohl keiner Schlaftabletten für den Weg in die »Dat«. Und wenn wir meinen, das alles sei doch sehr anstrengend, dann mag es trostvoll klingen, zu vernehmen:

Er (Re) vollbringt seine Aufgabe tagtäglich und zögert nicht, wieder zu tun, was er gestern vollbracht hat; der sich abmüht, ohne zu ermüden, dessen Bootsmannschaft sich nicht ausruht.[49]

Re erscheint uns als sehr sympathischer Gott, der nicht – wie ein »deus ex machina« – alles »aus dem Handgelenk schüttelt«, sondern ebenso »sich abmüht«, wie es uns aus dem Alltag vertraut ist. Solche Worte sprechen unsere Alltagsroutine an, die wir so oft als Last empfinden. Menschliche Erfahrung ist es, die sich hier spiegelt und uns den Gott so nahe kommen läßt.

Lauschen wir etwas tiefer in den Text hinein, so verbirgt sich dahinter noch mehr: »ohne zu ermüden« – das deutet auf Wachsamkeit hin, eine Qualität, die von allen Mythen- und Märchenhelden gefordert ist. Sie wird noch deutlicher, wenn es heißt: »Nicht schläft Re auf seinem Weg«[50]. Wachsamkeit bereitet uns viele Schwierigkeiten. Viele kennen sie nur in ihrer Zerrform als übertriebene Kontrolle. Andere fassen viele »gute Vorsätze«, entdecken jedoch zu ihrem Kummer, daß sie nicht imstande sind, diese zu halten. Sie haben ihre Wachsamkeit überfordert, da sie eine Grundregel nicht beachteten, die sagt: »Weniger ist mehr!« Wer kontinuierlich an einem einzigen Problem arbeitet, kommt schneller voran auf seinem Weg und hat es bedeutend leichter mit der Wachsamkeit.

Wirklich schöpferisches Handeln ist nicht möglich ohne verantwortete Wachsamkeit, die sich »abmüht, ohne zu ermüden«. Re lebt uns vor, wie eine unermüdliche Wachsamkeit durchzuhalten ist: wenn er durch die Nacht fährt, gibt er die Verbindung zu seiner Aufgabe am Taghorizont nicht auf; fährt er über den Himmel, bleibt er verbunden mit der Unterwelt. Und in den Bas, die mit ihm über den Himmel reisen, bleibt die Sehnsucht wach nach der Vereinigung mit ihren »Jenseitsleibern«.

Für uns hieße das zunächst, nicht einer Faszination nach oben oder einem Sog nach unten zu folgen, sondern Nüchternheit und Achtsamkeit walten zu lassen. Sonst verfallen wir entweder den Kräften der Nacht oder den überbordenden Lichtkräften: »Man darf nicht nach oben und nicht nach unten aus der Welt herausfahren. Nicht

nur, der Beste sein zu wollen, sondern auch, der Allerelendeste sein zu wollen, ist Größenwahn«.[51]
Den Bezug zum Ba-haften Wirken unserer Nachtseite aufrechtzuerhalten entspräche einem Zusammengehörigkeitsgefühl mit dem, was uns durch Träume, Einfälle und Bilderleben aus dem Unbewußten erreicht. In der therapeutischen Arbeit kommt der Prozeß oft nicht in Gang oder immer wieder ins Stocken, wenn Menschen intensive Bilder aus Träumen oder der therapeutischen Arbeit sehr bald wieder in eine Schublade stecken. Die Spannung, deren die Wachsamkeit bedarf, kann nicht ausgehalten werden. Was die Träume – jene Leuchtbilder der Seele – durchlichteten, versinkt wieder ins Grab. Es wird nicht dem Tagbewußtsein angeschlossen. In den Grüften und Sarkophagen unserer Seele verbergen sich die »geheimen Gestalten« nicht eingestandener, mumifizierter Ängste – vor Verlust, Isolation und Ungeborgenheit, vor Bindung oder Verlassenwerden, vor der Absurdität des Lebens. Sie enthalten nie erfüllte Wünsche nach Leben und Schöpfertum. Doch – wie der Mythos zeigt – sie können nicht von allein auferstehen. Wir müssen sie wecken mit dem milden Licht wohlwollender Intuition und einem von wachsamer Wahrnehmung getragenen Ruf. Denn erst, wenn wir Namen und Höhle kennen, können wir unseren inneren Verstorbenen zurufen: »Steht auf! Werdet Fleisch!« Das Licht, das wir auf unsere eingesargten Werte werfen, kann uns dann spiegelbildlich als *ihr* »inneres Licht« entgegenleuchten; sie werden uns bewußt, und wir können sie unserem Persönlichkeitsbewußtsein angliedern. Das wäre Schöpfung im Sinne Res.
Es bedarf aber noch einer weiteren Mitgift, um sicher in die Tiefen der Seele zu gelangen: »Ohne genaue Kenntnis des Jenseits gibt es keinen gesicherten Weg dorthin«[52]. Der ägyptische Verstorbene mußte ein umfangreiches Wissen mitbringen, das in den »Totenbüchern« gesammelt ist. Drei Dinge sind es, die er wissen muß: er muß Kenntnis über die Unterwelt mitbringen, muß informiert sein über die Lebensumstände der jenseitigen Wesen und über die Gefahren, die im Jenseits drohen. Erst dann kann er sich dort ungehindert bewegen[53].
Für die Reise durch die »Unterwelt« unserer Seele gilt analog das gleiche. Auch in ihr gibt es eine Art Topographie, und die Gesetzmäßigkeiten, die dort herrschen, entspringen nicht menschlichem Denken, sondern den Naturgegebenheiten leibseelischer Ganzheit.

Die »Lebensumstände der jenseitigen Wesen« (ungelebter oder abgespaltener Kräfte) richten sich danach, wie unsere bewußte Einstellung sich ihnen gegenüber verhält (vgl. S. 162). Dem entsprechen die Gefahren, die uns dort drohen. Denn in der Tiefe können uns Dämonen, Schlangen und andere wilde Tiere oder Ungeheuer begegnen (jeder kennt das aus eigenen Träumen!) – natürliche, aber abgespaltene Kräfte, die unsere gesellschaftlich bedingte Einstellung bedrohen, weil diese deren Verdrängung bewirkte. In jedem von uns lebt ein archaischer Mensch, dessen Wurzeln bis in Urzeiten zurückreichen und dessen Affekte in unseren Träumen zum Beispiel als Dämonen erscheinen können. Um solche Kräfte unschädlich zu machen und eine Form von Beziehung zu ihnen herzustellen, eine Weise des Umgangs mit ihnen zu finden, dafür bedarf es eines entsprechenden »Wissens«. Mit seiner Hilfe können Gefahren erkannt und bewältigt werden. Die größte Gefahr besteht darin, sich mit einer jener Unterweltsfiguren – sei sie besonders gefährlich oder besonders »gut« – zu identifizieren. So kehren Schamanen oder Mystiker, oder auch Menschen im Therapieprozeß, unbeschadet zurück, weil sie ganz bestimmte Regeln oder Riten einhalten, die es ihnen erlauben, ihr eigenes Ich von den ihnen begegnenden Figuren zu unterscheiden und sich nach ihrer Rückkehr wieder ins gewöhnliche Leben einzugliedern. Der Psychotiker hingegen, der solche Regeln nicht kennt, identifiziert sich mit den erlebten Gestalten und wähnt sich dann als »Messias«, »Kaiser« oder anderes. Ähnliches gilt für Drogensüchtige.
Campbell formuliert den Unterschied zwischen einer inneren Erfahrung *mit* »Wissen« und einer führerlosen so: »In jedem Fall springt man in dasselbe tiefe Meer des Innern. Die symbolischen Figuren, denen man begegnet, sind in vielen Fällen identisch. Aber es gibt einen wichtigen Unterschied. Er ist, um es hart zu sagen, ganz einfach derselbe wie zwischen einem Taucher, der schwimmen kann und einem, der es nicht kann. Der Mystiker, der Schritt für Schritt den Anweisungen eines Meisters folgt, taucht ins Wasser ein und stellt fest, daß er schwimmen kann. Der führerlose Psychotiker ist hineingefallen oder absichtlich hineingesprungen und geht jetzt unter.[54]
Was im Alltag, wenn jemand seine berufliche Rolle *auch* privat zur Schau trägt, schon erhebliche Komplikationen und Konflikte

mit Mitmenschen bereitet, im Hinblick auf archetypische Rollen wird es gefährlich. Darum gehört im ägyptischen Totenbuch auch zum »Wissen«, *wie* man in die Rolle eines Gottes eintritt. In Einweihungen für Lebende, wie es sie in späteren Zeiten in vielen Religionen gab und heute noch gibt, wird auf das Wissen, wie man mit Göttern umgeht, ein erhebliches Gewicht gelegt.

Grundsätzlich läßt sich sagen, daß eine Haltung der Überheblichkeit zum einen Gefahr der Inflation beinhaltet, zum anderen das, was eine Einweihung letztlich will, verunmöglicht. Psychologisch bedeutet das: wenn das kleine Ich sich mit dem umfassenden Selbst messen will, ist das Größenwahn und bedeutet Gefahr für das Ich. Darum fügt Campbell hinzu: »Das höchste Ziel der Suche darf, wenn man zurückkehren will, weder Befreiung noch einsame Ekstase sein, sondern muß in der Weisheit und Kraft bestehen, anderen zu dienen«[55]. Seine Warnungen sind auch überall dort angebracht, wo Menschen ohne entsprechendes Unterscheidungsvermögen eines der vielen esoterischen Angebote, die es heute gibt, ergreifen. Dabei können sie leicht in die Gefahr eines »Zauberlehrlings« geraten, der »die Geister nicht mehr los wird«.

Der »Weltinnenraum« unserer Seele läßt sich nicht betreten wie irgendein Raum unseres Bewußtseins, um »bloß mal zu sehen, wie man das macht«. Die alten Mysterienreligionen wußten sehr genau, warum sie zunächst ein intensives »Wissen« vermittelten. Wir leben nicht mehr in einer Kultur, die den »Tod« als eine Erfahrung seelischer Wandlung sieht; das macht es heute so schwer, sich in der Flut von Angeboten zu orientieren. Am gefährlichsten wirken die Versprechungen eines »Schnellverfahrens«. Ernstzunehmende Verfahren brauchen heute wie früher ihre Zeit, weil sie dem Menschen beistehen möchten, die für ihn von innen her bestimmte Daseinsform in eigener Verantwortung zu finden.

Re, der große »Wissende«, weiß ebenso wie die ihn begleitenden Götter, wie er mit den Gefahren der unteren Räume umgehen muß. Das wird sich besonders in der 5. und 7. Nachtstunde zeigen. Den Verstorbenen ist er derjenige, der sie in die Geheimnisse der Unterwelt und ihrer Wandlungen einweiht. »Die Tiefen müssen erschlossen werden, und dem Sonnengott kommt die Aufgabe zu, dies zu leisten.«[56]

Wissend sind auch die Bas, die den Sonnengott begleiten. Denn die menschliche Seele – Abbild der göttlichen Geist-Seele – bringt ein

Ur-Wissen mit in die Welt. Beim unbewußten Kind können wir das noch deutlich wahrnehmen. Im Laufe der Ich-Entwicklung zieht sich dieses Wissen gleichsam in die Tiefen der Seele zurück. Das bedeutet: es geht für das bewußte Leben verloren, zusammen mit dem unbewußten Er-Selbst-Sein des Menschen. Auf dem Weg zu einem bewußten Selbst-Sein kann er dieses mitgebrachte »Wissen« Schritt für Schritt neu erringen, allerdings auf einer anderen Ebene.
Die schwierigste Prüfung, die Re-Atum und seine Mannschaft *vor* der Mitternachtsstunde zu bestehen haben, begegnet ihnen in der gefahrvollen Sokar-Wüste in der 4. und 5. Nachtstunde. Hier gibt es kein Wasser, dafür wimmelt es von Schlangen. Außerdem herrscht undurchdringliche Finsternis. Deshalb hat die Barke nun an Bug und Heck je einen feuerspeienden Uräenkopf. Sie »stechen« den Weg durch die Finsternis. Auf diese Weise kriecht die Barke vorsichtig über den »unnahbaren Ort des Sokarlandes«, über die »geheime Höhle des Sokar« hinweg, von wo »gefährlicher Donner tönt, Rest einer chaotischen Urwelt, welcher der Sonnengott fernbleibt«[57]. Sokar ist der ursprüngliche Totengott, »ein geheimes Bild und nicht wahrzunehmen«[58]. Wenn sich die Barke hier selbst in eine Schlange verwandelt, dann paßt sie sich der Beschaffenheit dieser Zone an, weil Re und seine Mannschaft »wissen«, daß dies die einzige Möglichkeit ist, weiterzukommen.
Auf unserer Seelenreise ist die Sokar-Wüste vergleichbar mit einem Zustand tiefster Hoffnungslosigkeit und Depression, aus dem der Mensch nicht mehr herauszufinden glaubt. Es ist ein Zustand, in dem alle Gefühle und Empfindungen, aber auch jede Meinung, aus eigener Kraft alle Probleme lösen zu können, soweit »abgestorben« sind, daß wir uns in völliger Hilflosigkeit und Ohnmacht erleben. Wir sind nahezu »tot«. In der christlichen Religion ist dies der Zustand von »Jesus am Kreuz«. Auch für Re-Atum ist es die Phase seiner größten Schwäche.
Er zeigt uns aber auch die einzige Möglichkeit, wie solche Depressionen durchzustehen sind. Das ist besonders wichtig, da der Mensch dazu neigt, dann einfach liegenzubleiben, weil ihm alles zu mühsam wird. Genau das wäre »Selbstmord«: er würde »verdursten«, wenn er die letzte Aktivität aufgibt und alle Energie versiegen läßt. Jetzt wird erkennbar, wie bedeutungsvoll das angemessene »Wissen« ist, das hier besagt: die Gefahr ist zu umkriechen.

Sich heftig gegen die Depression zu wehren, wäre genau so gefährlich. Es würde bedeuten, ihr ein vom Ich her bestimmtes Ziel zu setzen – auf der mythischen Ebene betrachtet: das nicht vorhandene Wasser ertrotzen zu wollen. Dieser Kampf an der falschen Stelle könnte das Ich leicht zur Beute der vielen Schlangen werden oder in die gefahrvolle Höhle abrutschen lassen. »Kriechen« meint hingegen: *mitgehen* mit der Depression, wachsam und instinktiv erspüren und dorthin kriechen, wohin die Bewegung der abnehmenden Energie uns führen will. Nur so können wir eine neue Perspektive gewinnen. Und da wir in diesem Zustand nicht mehr in der Lage sind, das selbst herauszufinden, ist es wichtig, solches »Wissen« vorher von denen, die sich auf der »Unterweltsreise« auskennen, erhalten zu haben. Dem Sog der Sokarhöhle dagegen verfällt, wer bereits vorher seinen Willen aufgegeben hat, etwa durch Alkohol- oder Drogenkonsum. In diesem Fall gewinnen die zerstörerischen Aspekte einer Depression die Oberhand.
Wer bewußt mit der Bewegungsrichtung der Depression mitkriecht, stellt sich in den Sinnzusammenhang des *gesamten* Prozesses. Er wird innerhalb solcher Gefahrenzonen gerade von den niedersten Instinktkräften (den Schlangen) getragen. Gerade dieses notwendige Kriechen birgt die Chance, zu einer Demut zu finden, die anerkennt, daß letztlich eine größere Kraft unserer Seele uns führt, auf die wir uns verlassen können.
Es fällt auf, daß die Gefahr der Sokar-Höhle unmittelbar dem eigentlichen Höhepunkt und Geheimnis der gesamten Unterweltsfahrt vorgelagert ist. Darin liegt eine Gesetzmäßigkeit von tiefem Sinn, der in der christlich-mystischen Tradition etwa so formuliert wird: Je näher ein Mensch Gott kommt, um so mehr plagt ihn der Teufel. Tiefenpsychologisch könnte man die gleiche Wahrheit so ausdrücken: je tiefer ein Mensch sein eigenes Selbst erfährt, um so deutlicher und schmerzhafter werden für ihn die eigenen Schattenaspekte, die einer Vereinigung mit dem Selbst noch im Wege stehen. Die Gesetzmäßigkeit, die sich in solcher Erfahrung ausdrückt, spiegelt die in unserem Mythos zum Ausdruck kommende Notwendigkeit, die Sokar-Wüste zu durchqueren, bevor in der darauf folgenden Nachtstunde die intensivste Erfahrung der ganzen Unterweltsfahrt stattfindet. Analog dazu betonen Mystiker, daß einer Erleuchtung eine tiefe Dunkelheit vorausgeht. Das »Wissen« um solche Gesetzmäßigkeiten kann uns – gerade bei einer Depres-

sion auf dem inneren Weg – davor bewahren, der Resignation zu verfallen.
Im Mythos heißt es, daß aus der Sokar-Höhle »gefährlicher Donner« herauftönt. Er kommt vermutlich aus dem unter ihr gelegenen »Feuersee«, dem Ort der »Verdammten« und des Nicht-Seins. Dort ist alles Widergöttliche und Widermenschliche »beheimatet«, und die Gefahr der Sokar-Höhle scheint darin zu liegen, daß sie einen Zugang zu jenem Bereich hat. Von dort steigen Selbstzweifel, Leugnung aller hilfreichen Kräfte, die wir in uns kennen, Abwertung aller tragenden und beglückenden Erfahrungen, die wir hatten, Zerfetzung jeglichen Glaubens an göttliche Führung oder die Existenz der eigenen Seele, Zerstörungswut gegenüber allem Leben und Vernichtungsfanatismus hinsichtlich kleinster Hoffnungsfunken auf. Wo solche Urgewalten in der Tiefe toben, da tönt wahrlich »gefährlicher Donner als Rest einer chaotischen Urwelt« aus den Abgründen unserer Seele. Das ist die aggressive Kehrseite unserer Depression, und sie bewirkt eine erhebliche Desorientierung: unser Ich ist völlig verwirrt, denn all sein Denken, Wissen und Können ist tot, sein bisher gültiges Wertsystem ist ausgelöscht. Wie gut ist es, in solchen Phasen einfach nur zu »wissen«, daß achtsames Kriechen jetzt das einzig Hilfreiche ist, unabhängig von meinem Begreifen. Wenn selbst der Sonnengott in dieser kritischen Phase sein Handeln und Leuchten der Instinkt-Weisheit der im trockenen Sand kundigen Schlangen unterordnet, dann muß der Mensch nicht klüger sein wollen als er.
Jede Nachtstunde betritt Re-Atum durch ein Tor, das von einem Wächter (im Pfortenbuch sind es drei) bewacht wird. Da er erwartet wird, öffnen sich ihm alle Tore der Dat. Verstorbene hingegen müssen – je nach Totenbuch – sieben[59] oder 21[60] Tore passieren, die alle streng bewacht sind. »Der Tote bannt ihren Schrecken, indem er« die Tore und ihre Wächter »beim Namen nennt; er erreicht freien Durchgang, indem er seine Reinheit beweist«[61]. Wieder geht es um das richtige »Wissen«. (Die Siebenzahl der Tore ist auch aus Sumer und den Religionen anderer Kulturen bekannt.) Jedes Tor bedeutet den Zugang zu einem Geheimnis, das geschützt werden muß. Es verbirgt sich im Namen des Tores. Seine dynamische Kraft wird verstärkt durch den meist schreckenerregenden Namen des Torwächters oder dessen Attribut. Solche Wächter haben die Funktion, die Ankommenden herauszufordern,

ihre Angst zu überwinden und ihren Mut sowie ihre Kraft einzusetzen. Besitzt der Ankömmling das entsprechende »Wissen«, besteht er die Prüfung, die sich im Torhüter verkörpert.
Psychisch können wir die Wächter vielleicht als Spiegelbilder unserer verschiedenen Ängste sehen, die je einen bestimmten Komplexbereich unserer Seele »hüten«, damit wir ihn nicht anschauen »müssen«. C.G. Jung sagte einmal: »Das Unbewußte macht uns dasselbe Gesicht, das wir ihm gegenüber machen. Vernachlässigen wir es, schneidet es uns eine Fratze.«[62] Wenn wir uns also »hüten«, unsere Ängste näher anzuschauen, dann hüten sie selbst als »Fratzen« all das, was sich hinter ihnen verbirgt. »Wissen« um den Umgang mit solchen Gesichtern und Wächtern im Unbewußten könnte uns dann helfen, hinter den grausam-wütenden Gestalten die Gesichter unserer wirklichen Nöte und Bedürfnisse zu erkennen und ihnen die Tore zu öffnen. Sind die Wächter einmal erkannt, haben sie ihre Funktion verloren und gewähren Durchgang zu weiteren Stufen.
Alle 21 Tore im Spruch 145 des Totenbuchs sind »Tore des Herzensmatten«, die Osiris verhüllen. An jedem Tor sagt der Verstorbene zum Wächter: »Gib mir den Weg frei, denn ich kenne dich«. Vom 11. bis zum 20. Tor fügt er hinzu: »Ich kenne deinen Namen und kenne das, was in deinem Innern ist!« Auf genauere Fragen der Wächter differenziert er seine Antwort. Ziel des Weges ist die »Halle der Wahrheit«, in der Osiris thront und das Totengericht abhält, vor dem jeder Verstorbene sich zu verantworten hat.
Die Einweihung des Verstorbenen ins Jenseits und die des Priesters in den Kultdienst verläuft parallel: »Der Weg des Toten zu Osiris entspricht dem Weg des Priesters zum Kultbildschrein«. Er steht im »Allerheiligsten« des Tempels, zu dem später ebenfalls sieben Tore hinführen. »Der Weg des Priesters wiederum wird als Himmelsaufstieg ausgedeutet: er ›öffnet die Türflügel des Himmels in Karnak‹ und ›schaut die Mysterien des Lichtlandes‹.«[63] Assmann vermutet, daß diesseitige Initiationsriten für Priester und Könige zum Vorbild für die Einweihung Verstorbener ins Jenseits wurden[64]. Diese erhalten beim »Mundöffnungsritual«, das nach ihrem Tod an ihrer Ka-Statue vollzogen wird, das notwendige »Wissen«: »Du bist gemacht als ein Wissender dessen, was nicht gewußt wird«, heißt es da[65]. Und der Spruch 161 des Totenbuches mahnt: »Kein Außenseiter soll den Spruch kennen, denn er ist sein (des

Toten) Geheimnis, und keine Fremden sollen ihn kennen. Benutze ihn nicht für irgendeinen Menschen, außer für dich selbst. Denn er ist ein wahres Geheimnis, das nicht irgendjemand erfahren soll.«
Es ist ein Charakteristikum aller Mysterienreligionen, daß ihr »Wissen« nicht an Unkundige verraten werden darf. Was damit gemeint ist, hat nichts mit Überheblichkeit gegenüber Nicht- Eingeweihten zu tun, sondern es ging zum einen darum, Heiliges zu hüten – im Sinn der Jesusworte, daß man »Perlen nicht vor die Säue werfen« soll. Auch heute wird kaum ein Mensch, der eine tiefe spirituelle Erfahrung gemacht hat, diese preisgeben. Man würde ihn als Angeber empfinden, der Eingeweideschau betreibt. Und er selbst müßte dann erkennen, daß er den Gewinn seiner Erfahrung wieder verloren hat.
Der andere Grund für das auferlegte Schweigen liegt in der Ehrfurcht vor Gott oder den Göttern, mit denen derartige Erfahrungen zusammenhängen. Denn die eigentliche Einweihung des Menschen findet in der Tiefe seiner Persönlichkeit statt, wo er dem Göttlichen begegnet. An diesem würde er Verrat üben. So sind uns aus den alten Mysterienreligionen nur Andeutungen erhalten über das eigentliche Erleben eines Mysten. Am deutlichsten ist vielleicht die von Apuleius überlieferte:

Ich betrat die Grenze des Todes, und als ich Proserpinas Schwelle überschritt, wurde ich durch alle Elemente getragen und kehrte zurück; um Mitternacht erblickte ich die Sonne, blendend in strahlendem Licht; ich näherte mich den unteren und den oberen Göttern und betete sie an von Angesicht zu Angesicht.[66]

Wir können in diesen vom Hellenismus konzipierten Einweihungen Lebender in die Isis-Mysterien deutlich den ägyptischen Hintergrund erkennen, sei es das Leuchten der Sonne um Mitternacht oder Anklänge an Stellen aus den Totenbüchern.
Die Erfahrung des Todes, die in der Vereinigung mit dem Gott gipfelt, und die der Umwandlung selbst, bleibt Geheimnis und muß es bleiben. Denn ein Symbol, das nicht be-griffen wird von jenen, die sich nicht er-greifen lassen wollen, bleibt eine magisch wirkende Kraft, die nicht in die Hände von Unberufenen gehört. Daher findet sich auch in einem Papyrus der Spätzeit, der einen »Ritus zur Erhaltung des Lebens in Ägypten« enthält, die strenge Warnung:

Wer das enthüllt, der stirbt durch Ermordung,
weil es ein großes Mysterium ist: Re ist das, und Osiris ist das.[67]

Dieses Ritual, das die Vereinigung von Osiris und Re zum Inhalt hatte, wurde streng geheim gehalten. In einer solchen kultischen Handlung wurde eine Heilstatsache rituell gegenwärtig gesetzt. Eine Kultgemeinde, die einen solchen Ritus vollzieht, nimmt an der Heilstat des gefeierten Gottes teil und erlangt dadurch selbst Heil.

## 3. Die Sonne erstrahlt um Mitternacht – Neues Leben wächst aus dem Tode

»Der einzige Ort der Gottwerdung,
der uns zugänglich ist,
ist das menschliche Herz
als ein wahrer Teil des transzendenten Prozesses selbst.«

*G.R. Heyer*

»Die beständige Mitte reinen Seins,
Mitte aller Mitten,
Kern aller Kerne.
Im Unendlichen ist deine Schale.«

*Rilke*

In einem Sonnenhymnus aus der Zeit der Pharaonin Hatschepsut wird in der Einleitung das wesentliche Geschehen der Unterweltsfahrt Res angedeutet:

Die Geheimnisse der Unterwelt.
Eine Einweihung in die Mysterien des Totenreichs.
Die Sonne sehen, wenn sie untergeht im Leben, im Westen,
wenn sie angebetet wird von den Göttern und Verklärten der Unterwelt.
Was vollzogen wird in der Verborgenheit der Unterwelt,
das Mysterium der Unterwelt,
eine Einweihung in die Geheimnisse des Totenreichs[68].

»Was vollzogen wird in der Verborgenheit der Unterwelt« – das größte aller Geheimnisse – das findet in der 6. Nachtstunde statt, nachdem die gefahrvolle Sokar-Höhle überwunden ist. Der Sonnengott hat es bereits in der 1. Nachtstunde angekündigt:

> Ich bin gekommen, daß ich mich beschenke mit mir,
> daß ich meine Glieder atmen lasse als Osiris.[69]

Läßt sich die erwartete Begegnung mit dem Gott der Tiefe in schöneren Worten beschreiben? Sich mit dem Jenseitsleib zu »beschenken« und ihm im Gegenzug Atemluft zu schenken – das, was den Unterweltlichen am meisten mangelt – das ist echtes Bezogen-Sein des Gottes der Himmelshöhe auf den Tiefengrund der Welt, (auf den Seelengrund des Menschen). Re sehnt sich nach Osiris, und dieser harrt in seiner Tiefe des Sonnengottes. Mit diesem treten wir nun ein in den »nährenden Urgrund der Welt im tiefsten Bereich der Unterwelt«[70], in eine Region Leben-spendenden Wassers. Zwölf Götter (= vergöttlichte Tote) tragen das »Mysterium (= Osiris) mit unsichtbaren Händen«:

> Sie tragen das Mysterium des größten Gottes.
> Re sagt zu ihnen: ›Das, was ich bin, ist ein Mysterium
> für das, was ihr seid! Geheimnisvoll ist die Dat!‹
> Sie antworten: ›Dein Ba gehört zum Himmel,
> dein Leichnam gehört der Erde.
> Du atmest, wenn du deinen Leichnam einnimmst.[71]

Geheimnisvolle Worte – nur »Eingeweihten« verständlich! Wir verstehen vielleicht noch am ehesten, daß Re als »Ba« zum Himmel, Osiris als »Leichnam« zur Erde gehört. Re ist der Ba des Osiris und kommt, um sich mit diesem zu »beschenken«. Die Vereinigung beider – das Wandlungs-Geheimnis als Zentrum des gesamten Sonnen-Mythos – will das Gleichgewicht der Energie innerhalb des Kosmos aufrechterhalten.

Im Unterschied zur Leibfeindlichkeit griechischer Philosophen – die im Christentum weiterwirkte –, die eine möglichst schnelle »Befreiung« der Seele aus dem »Kerker des Leibes« erstrebten, sind die Ägypter durchdrungen von einem Gefühl der Zugehörigkeit des Leibes zu allen Seelenanteilen. Das äußert sich auch darin, daß noch der »Leichnam« als »Geschenk« für die Seele betrachtet wird. Beide zusammen machen erst die ganze Person aus. Der Ba tritt in seinen Körper ein wie in ein Bild, um ihn »neu zu beleben«[72]. Die Belebung geschieht also von innen her, zumal ja erst der Ba beseelte Lebendigkeit und individuelles Person-Sein bewirkt. Die geheimnisvollen Worte Res: »Das, was ich bin, ist ein Mysterium für das, was ihr seid« beziehen sich vermutlich auf die Analogie seiner Vereinigung mit Osiris zu jener der Bas mit ihren »Toten«. Denn er stellt dann diese Analogie ausdrücklich her:

Ich lasse die Ba's sich auf ihren Leichnamen niederlassen,
nachdem ich mich selbst auf meinem Leichnam niedergelassen habe.[73]

Darin kommt die große Hoffnung aller Ägypter zum Ausdruck: »die Vereinigung von Re und Osiris« wird zum »Urbild individueller Unsterblichkeit«[74]. Das bedeutet zugleich, daß menschliche Individualseele und kosmische Seele der gleichen universalen Urstruktur entsprechen und diese in der Vereinigung zur wirksamen Wirklichkeit werden lassen.

Anschaulich-bildhaft tritt hier die »Doppelpoligkeit alles Psychischen« zutage, wie sie für den mythischen Menschen charakteristisch ist: die der Seele innewohnende Energie fließt zwischen einem »Lebenspol« (hier dem Ba) und einem »Todespol«[75] (hier dem »Leichnam«) hin und her, und beide zusammen bilden die eine Ganzheit der Seele, der individuellen wie der kosmischen. Bereits die Sargtexte des MR sprechen von einem »vereinigten Ba« als Folge der Begegnung beider Seelen, und eine Stele des NR sagt, daß er »mit einem Munde spricht«.

In dieser Vereinigung kehrt also alle Ausfaltung Res innerhalb seines gesamten dynamischen Kreislaufs zu ihrem Ruhepunkt zurück, der nur solange ein »Leichnam« ist, als Re, seine Ba-Seelenkraft, sich außerhalb, auf dem Weg der »Evolution« befindet. Kehrt der Sonnengott in sein Leibgefäß zurück, wird er diesem innerlich, durchseelt und belebt es, so daß beide »mit einem Munde sprechen«. Dann wird Osiris sonnenhaft, er wird zur »Nachtsonne«.

Wenn wir – für einen Moment und mit Vorsicht – einmal die spätere Unterscheidung von »Materie und Geist« heranziehen, dann entspräche Osiris der Materie und würde von Re, als dem Geist, durch-geistet. Das hieße aber, daß Materie und Geist in ihrem Urgrund *eins* sind, »*eine* Stimme« haben und beide der gleichen Ordnung angehören. Auch während der Re-Geist seinen Sonnenlauf vollzieht, bleibt er – aufgrund dieser *inneren* Einheit – dennoch mit seinem Materie-Leichnam verbunden. Dieser allerdings ist keine »tote« Materie, da er angeschlossen ist an das unsterbliche Lebensprinzip des Urgrundes, den Ka. Unter diesem Blickwinkel wären Materie und Geist keine Gegensätze mehr, sondern Gegen-Pole, die zusammengehören, sich gegenseitig Kraft verleihen und im letzten Grunde eins sind. So gesehen ließe sich dann bereits hier der Ausspruch Teilhard de Chardins geltend machen: »Der Stoff des Universums ist Geist-Materie«. Allerdings sagt auch ein moderner Physiker, David Bohm, daß sich »Geist und Materie von einem gemeinsamen Grund abheben, der jenseits von beiden und letzten Endes unbekannt ist. Ihre Beziehung ist von Grund auf eine innerliche. Solche Internalität wird am unmittelbarsten im Bewußtsein wahrgenommen.«[76]

Am tiefsten Punkt der Sonnenbahn, wo Ab- und Aufstieg in eins zusammenfallen, dort werden Re und Osiris zu einer einzigen Gestalt. Die im Sinne David Bohms »ent-faltete Ordnung« – für unseren Mythos möchte ich sie lieber »aus-gefaltete Schöpfungsordnung«, die durch Res Tageswirken repräsentiert wird, nennen – hat sich am Ort der Mitternacht ganz »ein-gefaltet«. Als solche ist sie der »Ursprung in dem unangezapften Ozean von Energie, der primär nicht in Raum und Zeit existiert. Die letzte Quelle ist unermeßlich.«[77] – Das ist ägyptische Wahrheit, modern formuliert! Mögen die Bilder, welche die Ägypter hervorbrachten, auch nicht mehr in unsere Zeit passen, was sie mit ihnen zum Ausdruck bringen wollten, erweist sich als eine grandiose Schau, wenn wir bedenken, daß moderne Physiker die gleiche Wahrheit heute neu entdecken.

In der Vereinigung von Re und Osiris ist vorübergehend die gesamte Wirklichkeit »eingefaltet«. So fallen auch die Bewegungen von Vergangenheit und Zukunft zusammen: »gestern« (Osiris – als ewige Dauer im Jenseits verstanden) – und »morgen« (Re-Chepre – als die sich ständig erneuernde Zeit) – vereinen sich zyklisch und garantieren so die Kontinuität der Wirklichkeit.

Die Vereinigung von »Wandel« und »Dauer« schafft vorübergehend die Zeitlosigkeit reiner Gegenwart. Ein Mensch, der von ihr her die gesamte Schöpfung durchschauen könnte, würde vollkommene Durchlässigkeit erleben – eine Schau, die bisher nur wenigen

Menschen für kurze Zeit vergönnt ist. Doch bevor wir näher darauf eingehen, wollen wir uns zuerst noch etwas eingehender dem mythischen Bild zuwenden. Zwar wird die Vereinigung der beiden Götter in der Unterwelt schon im MR beschrieben, doch findet sie ihre vollste Ausprägung erst im NR, in dem sogar erstmals eine bildliche Darstellung gewagt wird – auffälligerweise in einem König*innen*grab, dem Grab der Nefertari, das als schönstes aller Königinnengräber gilt.
Die Darstellung trägt die Beischrift:

Osiris<br>ist es,<br>der in<br>Re<br>ruht.

Re<br>ist es,<br>der in<br>Osiris<br>ruht.

*Abb. 14:* (Grab der Nefertari, Gemahlin Ramses II., Tal der Königinnen).

In der Mitte des Bildes befindet sich eine widderköpfige Mumie (»Widder« heißt ebenfalls »Ba«, und der Widderkopf ist ein Zeichen Atums) als Ausdruck der vereinigten Gestalt. Gemeinsam tragen sie die Mitternachtssonne. Neu ist auch, daß Isis und Nephthys dieser Doppelgestalt beigestellt werden und sie umfangen, indem sie je eine Hand auf den Widderkopf und eine auf die Mumie legen. Die Vermutung liegt nahe, daß hier nicht nur die Hand des Künstlers im Spiel war, sondern mehr noch die religiöse Überzeugung Nefertaris. Gemessen an der Bedeutung, die ihr als Gemahlin von Ramses II. und als »Gottesgemahlin« zukam, hat sie sich wohl etwas dabei gedacht, als sie dieses bis dahin einmalige Bild in ihre Grabkammer malen ließ. Spüren wir seiner Bedeutung ein wenig nach.

Zunächst darf als selbstverständlich gelten, daß Isis und Nephthys zum toten Osiris gehören. Als Begleitung Res spielen sie aber auch gerade bei seiner Unterweltsfahrt eine wichtige Rolle. Zum einen wird Nephthys oft als Abend- und Isis als Tagbarke gesehen. Wichtiger noch sind sie allerdings als »Geburtshelferinnen« am Morgen. Wie sie Osiris in den *Tod* hineingeleiten, so nehmen sie den neu *geborenen* Re bei seinem Auftauchen aus der Tiefe in Empfang. Sie sind also Führerinnen zum Tod wie zur Auferstehung, für Nefertari auf den Bildern ihres Grabes, aber ebenso für alle Toten. Sie sind Hüterinnen von Tod *und* Leben, sind aufnehmendes und bewahrendes Gefäß.

Nefertari kennt den Osiris-Mythos, und sie kennt das Totenritual. Sie weiß, daß die beiden Schwestern, die den toten Bruder einhüllen, beklagen und schützen, ihn schließlich zur Auferstehung führen, im Totenritual durch die beiden Klagefrauen vertreten werden, um am menschlichen Toten die gleichen Dienste zu übernehmen. Als Frau weiß sie ebenso, daß die Frau, die das Leben aus sich entläßt, ihm Heimkehr gewährt, wenn es an sein Ende gekommen ist (deshalb ist ja Nut Himmels- *und* Todesmutter).

Frauen fällt es im allgemeinen leichter, die Vorstellung aufzugeben, begreifen zu müssen, wo es nichts mehr zu begreifen gibt, weil alles Begreifen aufgehört hat. Sie meinen nicht, sich in Aktivitäten stürzen zu müssen, wo es nur darum geht, einfach *da* zu sein, das Sterben zu begleiten und den Tod auszuhalten. Sie können es, weil das Weibliche die Beziehung zu dem, was sich dem Tod unterwirft, nicht verliert und um den Keim neuen Lebens weiß, der in dem, was stirbt, bereits verborgen ist. Darum sind es Göt*tinnen*, die die Barke durch die Unterwelt führen, und darum tut der Mensch gut daran, sich bei der Fahrt durch die Seelentiefe seinen inneren weiblichen Kräften anzuvertrauen.

Nefertari weiß also, daß es bei der Einswerdung von männlichem Lebens- und Todespol der weiblichen Umarmung bedarf – als des Gefäßes, in dem die tiefste gegenseitige Durchdringung sich ereignen darf.[78] Sie spürt, daß die männliche Vertikalachse, gebildet durch Himmels- und Unterweltspol, nur in einer weiblichen Horizontalachse (Abend- und Morgenbarke) schwingen kann. Soll kosmische Ganzheit sich abbilden, müssen männliche und weibliche Kräfte sich ergänzen (in der politischen Realität war Nefertari eine unentbehrliche Ergänzung für Ramses II.). Wieder begegnen wir einer göttlichen Vierheit. Doch sie hat eine neue Dimension gewonnen: hier symbolisiert sie eine unzerstörbare Ganzheit auf höherer Ebene. Jede der vier göttlichen Gestalten besitzt Bedeutung in sich selbst, aber keine von ihnen stellt allein die Ganzheit des Kosmos dar.

Dieser Bedeutung kommen wir noch tiefer auf die Spur, wenn wir das Bild in den religionsgeschichtlichen Zusammenhang der damaligen Zeit hineinstellen. Nefertari lebte im 13. Jh. v.Chr., in der Ramessidenzeit, in der sich – ein Novum in der ägyptischen Religionsgeschichte – die »persönliche Frömmigkeit« herausbildete. Ihr Charakteristikum war die »Vorstellung der Göttlichkeit der Welt als einer unaufgebbaren Wahrheit, die es ermöglicht, die Vielheit der Götter als den farbigen Abglanz einer verborgenen Einheit zu denken, den ›heiligen Ba der Götter und Menschen‹, dessen Namen, Symbole, Emanationen, Manifestationen, Schatten und Bilder die vielen Götter sind«[79].

Das Bewußtsein des ägyptischen Menschen ist mittlerweile soweit entwickelt, daß es *hinter* der Vielheit der Götter (*nicht anstelle* der vielen Götter, wie bei Echnaton!) bewußt den einen, »verborgenen« Gott sucht, als dessen Ausfaltungen es die vielen Götter empfindet. Auf dem Hintergrund solcher Überzeugung scheint mir im Grab Nefertaris eine symbolische Darstellung der neuen Erkenntnis von religiöser Tragweite gelungen: die göttliche Vierheit – als Verdichtung der Vielheit – faßt gleichwertig männliche und weibliche, dunkle und helle Götter-Seiten in einer Vier-Einheit zusammen.

In dieser Zeit, in welcher der Ägypter *die* Götter in Kult und Kosmos verehrte, den *einen* Gott aber, der sich hinter ihnen allen verbarg, sich »ins Herz gab« – in dieser Zeit einer beginnenden mystischen Frömmigkeit dürfen wir im Symbol der vereinigten Vierheit, in der alle Pole gleichzeitig erfahren werden, wohl das frühe Urbild für die tiefste Erfahrung aller Mystik und Meditation suchen. Wo der Mensch nicht mehr ein Dies von Jenem unterscheidet und sich die vielen Dies und Das nicht mehr als *Objekte* gegenüberstellt, sondern den Blick auf das *eine* Göttliche richtet, das sich in der Vielfalt der Erscheinungen alles Geschaffenen ausspricht, wird der *eine*, allumfassende Seinsgrund der Schöpfung erfahrbar. Er ist nicht mehr dunkel *oder* hell, männlich *oder* weiblich, sondern alles in einem, ohne eine undifferenzierte Verschmelzung zu sein. Alles Gegenpolige findet sich in einer höheren Einheit aufgehoben – in unserem Bild symbolisiert durch die über der Vier-Einheit schwebende Sonnenscheibe. »Was aber das Innerste von allem ist, ist die Fülle der Fülle« heißt es in den erst vor kurzer Zeit in Nag Hammadi in Ägypten aufgefundenen apokryphen Evangelien[80].

Was im Grab der Nefertari in einer urbildhaften Szene zur Darstellung gelangt ist, kann das Tiefste des eigenen Lebensmythos zum Klingen bringen, jenen Wesensgrund unserer Seele, in dem wir Voll-Mensch sind und *alle* unsere Kräfte zusammenschwingen. Es entspricht dem Erleben des Ich, in seinem Selbst zu ruhen, aber auch dem des Selbst, im Ich zu ruhen. Anders gesagt: wo das Ich sich von seinem Selbst erkannt fühlt und sich zugleich selbst im Selbst erkennt, da wird »Mensch-Werdung« des Göttlichen möglich. Denn das Selbst bedarf des Ich, um bewußt gemacht zu werden. Umgekehrt muß das Ich im Selbst als seinem Existenzgrund ruhen, um ihn bewußt machen zu können.

Wenn Re in die Tiefe der Nacht die gesamte Erfahrung seines Tageslaufs einbringt, so können wir daraus lernen, daß wir den Einweihungsweg der Seele auf dem Boden unserer *eigenen Wirklichkeitserfahrung* gehen, nicht aufgrund vorgestellter Ideale, wie wir zu sein *hätten*. Nehmen wir uns mit, wie wir *sind*, können wir gewandelt werden. Natürlich ist das immer wieder ein Weg des Sterbens, denn Kennenlernen des eigenen Selbst bedeutet immer Begegnung mit dem Tod, dem Tod einer Ich-Einstellung, die alles Geschehen aus *ihrer* Sicht heraus bestimmen und kontrollieren möchte. Sich dem »Totengott« stellen, heißt: ihm erlauben, daß *er* unsere eigentliche Wahrheit enthüllt. Das kann er nur, wenn wir nicht *unsere* Vorstellungen von dem, was sein *müßte*, *vor* diese Wahrheit *stellen.* Indem er die Gewichtigkeit unseres Herzens gegen das Koordinatensystem der »Ma'at«, der uns innewohnenden universalen Gesetzlichkeit, in die Waagschale legt, rückt er unsere Maßstäbe zurecht.

Den Weg auch unserer dunklen Seelen-Seite gehen bedeutet also, daß wir das Geheimnis der Dynamik zwischen Leben und Tod im Innern unserer Seele erfahren. Re vermittelt uns, daß die mit ihr verbundene Spannung bereits mit dem Abstieg beginnt, denn in ihm ist der künftige Aufstieg bereits mitgemeint. Gerade das macht die Spannung aus, daß im Sterben die Auferstehung schon enthalten ist, denn im Ja-Sagen zum Sterben unserer bisherigen Ich-Haltung gehen wir bereits einer neuen Gestalt-Werdung entgegen, ohne sie schon zu kennen. Dieses Nicht-Wissen erzeugt bei uns ein Gefühl von Ohnmacht und Hilflosigkeit. Wird die Spannung dennoch durchgetragen, führt sie unweigerlich zur demütigen Erkenntnis, daß es in uns ein Größeres gibt als das im Alltag dominierende Ich. Wir können eine verborgene Wirklichkeit in uns spüren, die uns schon berührt und uns trägt, ohne daß wir sie kennen, und zu der uns eine gleichsam eingeborene Sehnsucht hinzieht, ohne daß sie uns bewußt wird. Im tiefsten Wesen unseres Menschseins gegründet, ist sie uns noch nicht zugänglich und leitet uns gleichwohl schon. Uns ihr anvertrauend, werden wir bereit für die Erfahrung unseres Selbst, das sich in seiner Doppelpoligkeit von Leben und Tod erst erschließt, wenn wir uns im Leben *auch* des Todes, das heißt der abgründigen Tiefe in uns, bewußt sind.[81] Was, psychologisch gesehen, für das Ich eine »Selbst-Erfahrung« ist, heißt in religiöser Sprache »Gottes-Erfahrung«. Es ist jener dunkle Abgrund der Seele, wo sich Gott dem Menschen am intensivsten offenbart, wenn er – nach gelungenem Durchkriechen der Sokar-Wüste – gereinigt ist von ich-haften Erwartungen. Dann ist er bereit, sich hineinzulassen in die Einswerdung mit den göttlichen Kräften seiner Seele, so daß sie sich ihm offenbaren dürfen.

Das entspräche einer inneren Erfahrung dessen, was sich urbildhaft in der vereinigten Vier-Einheit im Grab der Nefertari darstellt. Was dort ein kosmisches Geschehen meint, hat seine Analogie im verborgenen Grund unserer Seele und ist in gleicher Weise geheimnisvoll für den, der – wie die Mystiker aller Zeiten – solches Eins-Sein mit allem, was ist, erfährt. Erkennen, Erleben und Sein fallen zusammen, wenn er – in seinem »inneren« Bewußtsein – sich der all-einen Wirklichkeit, die alles durchdringt und lebendig macht, inne wird. Es ist, als würde ihm das Geheimnis *des* Lebens enthüllt. Wie ein Licht aus dem Dunkel bricht dieses Erkennen-Erleben im inneren Bewußt-Werden auf und überstrahlt gleichsam alles.

Solche Erfahrung kann erschütternd, erleuchtend oder beglückend sein oder auch alles gleichzeitig. Denn wenn die verborgenste Wirklichkeit göttlichen Seins in der Menschenseele aufleuchtet, wird der Mensch er-griffen und fühlt sich gemeint: da er in der Einheitserfahrung – wie in einem Spiegel – sich in seiner Bestimmung, ein ganzheitlicher zu werden, erkennt, spürt er, daß er aus der erfahrenen Wirklichkeit leben und wirken müßte. Er spürt, daß jene geheimnisvolle Kraft in ihm, die sich ihm offenbart hat, ihn lenkt, führt und trägt, daß er auf sie vertrauen, aber daß er sie nicht kontrollieren und ich-haft über sie verfügen kann. Vielleicht muß er erst mehrfach an die Grenzen seines Ich stoßen und solche Einheitserfahrungen machen, ehe er die Identität mit jenem Ich loslassen kann, das Herrschen und Kontrolle nicht aufgeben will.

## 4. Der Drachenkampf – Alles Geschaffene ist ständig vom Chaos bedroht

Re und die beiden Göttinnen haben keine Zeit, die erlebte Vereinigung nachklingen zu lassen, da schlägt es urplötzlich um. Ebenso hart wie in Ägypten die Wüste auf das grüne Land stößt, folgt für die Insassen der Barke der Teilhabe am größten Geheimnis die Bedrohung durch die abgründige Finsternis. Die neu gewonnene Kraft wird bis an ihre Grenzen herausgefordert. Ein schauerliches Gebrüll ertönt und bricht sich an den »Wänden« der Unterwelt – Gebrüll einer höchst gefährlichen Macht, die dem Seinsbereich der Schöpfung feindlich gegenübersteht. Lauernd auf einer Sandbank liegt der Urdrache Apophis, eine chaotische Macht ohne Augen, Nase und Ohren, ohne Hände und Füße. In ihm enthüllt sich das Abgründige totaler Finsternis. Sie ist der »Rest des Chaos, der in der Schöpfung nicht aufgeht«[82] – eine fortdauernde Bedrohung

kosmischen und menschlichen Seins. Nur bis an die Grenzen des geschaffenen Seins reicht die Strahlkraft des Lichts; außerhalb ihrer gähnt grenzenlose Finsternis, in der sich »alles Chaotische, Ungeformte, was aus unauslotbaren Tiefen in die begrenzte Schöpfungswelt hineinragt und sie immer wieder in Frage stellt«[83], verdichtet.
Denn die *vor* der Schöpfung herrschende »Urfinsternis« wurde nicht aufgehoben, sondern umgibt weiterhin die »begrenzte Schöpfungswelt. Als Verbannungsort feindlicher Gewalten bildet die Finsternis an den Grenzen der Welt eine ständige Bedrohung der Schöpfung. In ihr haust der Urdrache und Sonnenfeind Apophis und streckt aus der Finsternis sein Schlangenhaupt der Sonnenbarke entgegen.«[84] Der Sonnengott, der bei der Schöpfung aus der Urfinsternis hervorbrach als Licht der Welt, sieht sich jede Nacht der völligen Verneinung der Schöpfung gegenüber, um ihr das Seiende erneut zu entringen. Denn für die Ägypter ist der Gegensatz zwischen Licht und Finsternis gleichbedeutend mit jenem zwischen Sein und Nicht-Sein. Schöpfung ist *Sein.* Apophis ist nicht geschaffen, gehört also nicht zum Sein. Bloßes Existieren heißt nicht: Sein haben. Weil er aber weder Anfang noch Ende hat, ist er unsterblich. Die Götter hingegen werden geboren und sind sterblich. »Ihre Ewigkeit ist die des kosmischen Kreislaufs durch Tod und Neugeburt. Apophis und alle Götterfeinde aber stehen außerhalb dieses Kreislaufs. Die Ordnung ist vergänglich, Unsterblichkeit gehört einzig zur chaotischen Weltsphäre.«[85]
Apophis hat den größten Teil des Fahrwassers aufgeschlürft und damit eine Sandbank entstehen lassen, auf der er nun liegt, um die Barke am Weiterfahren zu hindern. – Kaum ist Neues erweckt, aber »noch im Ei« (wie der Ägypter sagt), dann tritt sogleich die Gegenseite auf den Plan. Das ist eine Erfahrung, die in Einweihungen und mystischen Erlebnissen vieler Kulturen immer wieder formuliert wird. Das beglückende Erlebnis schlägt um in sein Gegenteil (nach dem Gesetz der »Enantiodromie«): eine feindliche Macht versucht, alles wieder zunichte, zu »Nichts« zu machen.
Mystiker kennen nach dem Erleben der Einheit mit Gott die »Gottesfinsternis«. Wir alle sind schon ähnlichen Erfahrungen im Alltag begegnet: nach einer großen Freude oder erhellenden Einsicht schlägt die Stimmung plötzlich um in Leere oder Depression, und wir fallen in ein »Loch«. Im therapeutischen Prozeß äußert sich

die Umkehrung ins Gegenteil meist so, daß Menschen eine neue Erkenntnis, ein soeben erlebtes Voranschreiten auf dem Weg, eine Erfahrung des Bei-sich-Seins anzweifeln, in Frage stellen oder als Fata Morgana betrachten: »Ich habe mich wohl geirrt. Es ist ja doch noch alles beim Alten!« Die Realität der positiv erlebten Erfahrung wird geleugnet. Oder der Mensch glaubt sich vom Schicksal ins Unrecht gesetzt: »Wenn ich einmal für einen Moment etwas Schönes habe oder mich freue, wird es mir sofort wieder genommen!«

Jemandem angesichts solcher Reaktion zu zeigen, daß eine *gemachte* Erfahrung nicht verlorengeht, jedoch auf ihre Tragkraft hin geprüft werden will, gelingt dann meist nicht. Solche Menschen sind so darauf fixiert, ihnen werde nur Bedrohung und Unrecht zuteil, daß sie die Chance einer Herausforderung nicht zu erkennen vermögen. Genau diese ist jedoch – wie uns die Eingeweihten aller Zeiten sagen – der Sinn der »Umkehrung« ins Gegenteil. Eine beglückende Erfahrung, die nicht ins Alltagsleben integriert wird, verflüchtigt sich und hat keinen Sinn. Ob sie integriert werden kann, zeigt sich darin, ob der Mensch auf sie vertrauen und aus diesem Vertrauen heraus einer bedrohlichen Herausforderung begegnen kann.

Welcher Art diese ist, zeigt uns der Mythos deutlich: der Drache der Finsternis baut sich in seiner ganzen Mächtigkeit auf und will die Lebensbarke zum Stillstand bringen. Sein Ziel ist: Abbruch jeglichen schöpferischen Wirkens und Erstarrung des Lebens. Dazu schlürft er das Wasser aus – das Symbol fließender Lebensenergie, welche die Barke unseres Lebens trägt. Ergebnis ist die Sandbank, auf der er sich bedrohlich in den Weg legt. Sandbänke sind ein Charakteristikum des Apophis. Für uns heißt das: er verbirgt sich hinter allen Zuständen des Vertrocknens, der Langeweile, Öde und Sinnentleerung. Wo die Lebensenergie nicht mehr fließt, das Leben also »ver-sandet«, hat es keine Tiefe mehr. Oberflächlichkeit tritt an ihre Stelle. Wo das Lebenswasser sich in den massigen Leib jener Tendenz zurückzieht, die nur Stillstand des Lebens will, da wird der Mensch Seins-blind und -taub, wenn er nicht – wie Re und seine Mannschaft – Rituale hat, mit denen er einer so tödlichen Tendenz begegnen kann.

Nach einer freudigen Erfahrung wird die Wirkung eines Auflaufens auf Sand deutlicher und schmerzlicher als ein Stillstehen wahrgenommen. Das vergrößert die Chance einer Bewältigung der Krise. Gefährlicher wird es dort, wo der Mensch unbewußt dahinlebt und *allmählich* »ver-sandet« oder gar erstarrt. Eine nicht wahrgenommene Gefahr ist bedrohlicher, weil der Mensch ihr nichts entgegensetzt. Seelisches Leben ist, will es nicht verdorren, auf periodische Rückkehr ins Unbewußte angewiesen. Sie aber kann nur bewußt geschehen.

Wie sehr alles Geschaffene immer und überall vom Zurücksinken ins Nicht-Sein bedroht ist, zeigt sich im Mythos darin, daß der Schöpfer allen Seins selbst ihm jede Nacht aufs neue begegnen muß. Es ist der uralte und immer neue Kampf zwischen Licht und Finsternis, der seit Beginn der Schöpfung nicht aufhört und auch in jeder menschlichen Seele immer wieder ausgefochten werden will. Da die »zusammengeballte« Finsternis dem absolut Unbewußten entspricht, das nicht bewußt gemacht werden kann, geht es – psychologisch – hier um den Kampf des Bewußtseins gegen die Gefahr, vom Unbewußten wieder verschlungen zu werden.

Er ist am stärksten ausgeprägt bei Psychotikern und solchen Menschen, die hart an der Grenze zur Psychose leben und sich in ihrer Existenz nie wirklich sicher fühlen. So sagt die bereits im 3. Mythologem erwähnte 50jährige Frau (in Formulierungen, die sich denen des Mythos sehr nähern): »Es sind Zustände, in denen es um Chaos und Überleben geht. Es ist so grausig, daß es gerade dadurch den Tod übertrifft, weil es *nur* Grauen bedeutet, dies bei klarem Bewußtsein zu erleben. Ich weiß dann nicht, ob ich in der nächsten Minute noch da oder schon ausgelöscht bin. Es ist, als würde ich weg-gezogen, und das spüre ich regelrecht leibhaftig!« – Erfährt sie solche Zustände während eines Spaziergangs, dann läuft sie, um so schnell wie möglich in die Reichweite von Menschen zu kommen: »Ich muß in ihrer Nähe spüren, daß ich noch Mensch bin, denn in diesem Moment vermag ich mir selbst dieses Gefühl nicht mehr zu geben.« Sie erlebt dann ihre Suche nach Menschennähe, als »folge sie einem gesunden Instinkt«.

So wird sie einerseits bis an die äußerste Grenze ihres Mensch-Seins geworfen, spürt aber gerade im Moment der stärksten Bedrohung die für sie einzige Möglichkeit, den Realitätsbezug wiederherzustellen und folgt ihr. Der gleichen Selbstregulierung ihrer Psyche mag es wohl entspringen, wenn sie ihre »Sprachlosigkeit« – sie vermag dann mit niemandem zu sprechen, weil das Erleben

»unaussprechlich« ist – dadurch ausgleicht, daß sie sie in ein Bild oder Gedicht kleidet. Eines dieser Gedichte möchte ich hier anführen:

Verschlungen werd' ich vom Nichts der Dinge,
dem Hohn, den jedes Ding entgegenschreit.
Tu nur! Und sollt' der Handgriff auch gelingen, dem Untergang ist es geweiht.
Das Nichts, das jeden Baum und jeden Weg zudeckt –
wo ich gegangen, ist dann alles fremd.
Verhüllet wie von bösem Zauber, bin ich von allem abgetrennt.
Wenngleich die Augen alles sehen, so fehlt doch das lebend'ge Sein.
Und alles, was ich eben hatte, ist fern von mir, ist nicht mehr mein.
Wer kennt die Angst, die ich nicht kann beschreiben?
Sie überfällt mich, und ich kann sie nur erleiden.
Sie greift nach mir, ob Tag, ob Nacht,
die niemand sieht. – Ich bin in ihrer Macht.
Und unerwartet bricht sie über mich herein,
den kleinsten Funken Dasein in mir tötend.
Nichts ist dann mehr mein.
Ich lebe, – ja, nach außen, weil niemand etwas sieht
von dem, was dann in meinem Inneren geschieht.
Mit einem Schlag bin ich wie ausgelöscht,
kein Grund, der trägt, kein Atemzug, der hofft.
Ach, ahnt denn jemand diese Tiefe, die mich umgibt, die mich verschlingt?
Es ist nur Abgrund, nur Hoffnungslosigkeit und Sterben
und eine Qual, die unvorstellbar ist.
Und überall ist Mensch und Leiden – in einem Maß, das gar kein Maß mehr ist.
Ganz ungezählt ist dieses Heer der Toten.
Im Abgrund dieser Tiefe wird nie ein Schrei mehr möglich sein,
weil unaussprechlich, ohne Grenzen, die ungeheure Zahl der Pein.
In diesem Abgrund lebt mein Leben, bin ich dem Tode zugedacht.
Ich kämpfe meinen Kampf vergebens.
Ich bin bedroht. – Von wessen Macht?
Ich sterbe jeden Tag aufs neue,
doch sterb' ich nicht den letzten Tod.
Und gleichwohl bin ich ihm viel näher als je dem Leben – und als Gott!
Ich gehe nur durch tiefen Abgrund,

zur Seite steht der Wahnsinn mir Spalier,
und oftmals kann ich nicht mehr fühlen:
bin ich seinem Wesen näher schon als mir?
So leb' ich ohne Grund und Boden,
oft weiß ich selbst nicht, wer ich bin.
Und immer wieder kommen Zweifel:
hat eigentlich mein Dasein einen Sinn?
Wie soll ich jemals leben in diesem ungeahnten Weh?
Gott, wenn du da bist, rette meine Seele,
daß sie niemals verlorengeh'![86]

Dieses Gedicht ist mehr als zehn Jahre alt und zeigt, in welcher Hoffnungslosigkeit sich die Frau damals befand. Mittlerweile ist ihr Gespür für ihre Grenzen sehr viel deutlicher ausgeprägt, und sie hat eigene Rituale gefunden, mit ihnen umzugehen. Als klare Wegweiser dienen dabei seit einigen Jahren ihre Träume. Sie sprechen sehr genau an, wo ihre Ich-Grenzen bedroht sind. Das kann etwa unter folgendem Traumbild erscheinen: in einem kleinen See schwimmend (sie ist eine gute und leidenschaftliche Schwimmerin), sieht sie in dessen Mitte einen kleinen, rechteckig abgegrenzten Bereich. Eine Stimme sagt ihr, dieser Bereich sei »Schizophrenie-gefährdend«[87]. – Wie im Mythos ist es ein abgegrenzter Wasserbereich, von wo aus die »chaotische Urwirklichkeit« ihre, durch Tätigkeiten des Alltags und durch Rituale geordnete Welt bedroht. Sie beachtet solche Träume sehr genau und vergißt sie nie. Das ganz bewußte Erleben ihrer Bedrohung verringert nicht ihr Leiden, aber die Gefahr; und es bewahrt sie vor tatsächlicher Um-Finsterung.

Zwar ringt jeder Mensch um die Fortsetzung seiner Existenz, denn »durch uns alle hindurch läuft, solange die Schöpfung ist, die Grenze des Seins gegen das Nicht-Sein!«[88] Doch spüren solche Menschen in besonders bedrängender Weise die Urgefahr einer Wieder-Auflösung im Unbewußten.

Ging es bei jener Frau um die intensiv erlebte Bedrohung der Gefahr, verschlungen und ausgelöscht zu werden von einer »Macht«, die – wie Apophis von den Ägyptern – als abgründige Finsternis erfahren wird, so deutet das folgende Bild einer 37jährigen Frau (wir sind ihr bereits im 1. Mythologem begegnen) eher jene Apophis-Qualität an, die sich im Fahrwasser – hier des Walfisches – aufbaut und Stillstand erzwingt. Wie gelähmt sitzt die Frau im Bauch des Fisches und starrt voller Angst, ja Panik, auf den ungetümen einäugigen Klotz, der sich vor dem schützenden Fisch aufbaut, hinter dessen Auge sie »sich versteckt« vor dem bannenden Blick des Ungeheuers. Sie möchte »aus dem Fisch heraus« und hat gleichzeitig Angst, daß sie dann von der bedrohenden Macht in einen Strudel gerissen wird. Das Hin- und Hergeworfen-Sein zwischen zwei Extremen oder zwei Gefahren ist hier, wie in vielen Fällen ihres Alltags, das, was ihre Lähmung und Entscheidungsschwierigkeit ausmacht. Daher bezeichnet sie sich immer wieder als »elenden Versager«.

*Abb. 15:* Zeichnung einer Patientin.

Doch es ist nicht ein eigentliches Versagen, was ihre Lähmung bewirkt, sondern ihre Angst bleibt *vor* dem Erfahren, *was* sie so sehr bedroht, stehen. Aus Angst, das »Wissen« dann nicht aushalten zu können, will sie es lieber nicht wissen. Und so bringen auch die Träume nur kleine Stücke, aus denen sich wenig erkennen läßt; meist aber »vergißt« sie diese Träume. Zwar steht diese Frau unter großem Leidensdruck, doch will solche Angst auch geschützt werden und hat ihren Sinn. Solange die Frau nur auf das Ungetüm

starrt und nicht wahrnimmt, daß hinter ihm der Baum Blätter trägt und unter seinen Wurzeln einen »Schatz« birgt, kann der Stillstand nicht überwunden werden. Der Therapeut kann nur versuchen, die Frau auf der Bild-Ebene zu halten (sie flieht schnell auf die Kopf-Ebene) und sie darin zu unterstützen, mit dem Fisch, der ja keine Angst zu haben scheint, in einen Dialog einzutreten, um über ihn zu erfahren, worin die Bedrohung besteht. Denn immerhin besitzt der »Klotz« ein Auge, dem das Auge des Fisches standhält.
Solche Erlebnisse von Menschen bestätigen auch heute noch die Wahrheit des Mythos, daß die Mächte des Abgrunds immer wieder in unsere geschaffene Welt hineingreifen und sie bedrohen. Wir erfahren die Apophis-Mächte gleichermaßen im Außen wie im Innen. Beide verweisen aufeinander und bedingen sich gegenseitig. So steht in der Atombedrohung die gefährliche Abgrundseite »handgreiflich« im Außen in nur geringer Entfernung vor unserer Lebensbarke. Nur ist sie »aus dem Modus der Natur in den, den wir ›Technik‹ nennen«[89], hinübergewechselt. Diese Tatsache gibt zugleich den Hinweis auf das Ungeheuer in unserem Innern: wo wir mit Geschöpflichem umgehen, als unterstehe es *allein unserer* Verfügungsgewalt, da bedroht uns die »Rückseite« unserer genialen Schöpfungsleistungen in Form eines Ungeheuers, das uns auszulöschen droht. Wo wir unser Wissen und die mit ihm gegebene Macht absolut setzen, ohne uns einem größeren Sinnzusammenhang gegenüber verantwortlich zu fühlen, programmieren wir selbst den Stillstand des Lebens. Denn Vereinzelung eines machtgierigen Ich wirkt tödlich.
Anders im Mythos: die gesamte Bootsmannschaft, einschließlich Seth, steht im Dienst der Schöpfung. Außerhalb ihrer steht der Feind jeglichen Lebens, Apophis. Mit ihm hausen in der Finsternis alle Götterfeinde, und dazu gehören all jene Toten, deren Herz bei der Wägung im Totengericht die Prüfung gegen die Ma'at nicht bestanden hat. Schon im Diesseits lehnten sie das Wirken des Schöpfergottes ab und sind nun in dieser Haltung erstarrt. So haben sie sich selbst aus dem Schöpfungsbereich ausgeschlossen und verfallen dem »zweiten«, dem endgültigen Tod, aus dem es keine Auferstehung gibt.[90] Da die Finsternis eine dauernde Bedrohung der Weltordnung verbirgt, bedarf es der täglichen Erneuerung der Schöpfung.
Wir erleben heute, daß der Mensch in einem bisher unvorstellbaren Ausmaß das Gleichgewicht der Schöpfung bedrohen kann. Denn

obwohl Herr über ungezählte technische Systeme, ist er am allerwenigsten Herr über seine eigene Gier und Zerstörungsmacht. Campbell schreibt: »Unsere westlichen Drachen verkörpern die Gier, alles an sich zu raffen und zu behalten. Solche Menschen geben nichts, es kommt kein Leben von ihnen. Sie versuchen nur, *ihr* Leben aus anderen »herauszusaugen«. So ist »psychologisch der Drache die innere Instanz, die einen an das eigene Ich fesselt«[91]. Die Wirkung dieses »inneren Drachens« ist inzwischen zu einer unabsehbaren Bedrohung geworden. Die Raffgier der Industrieländer hat das Leben aus den Entwicklungsländern schon soweit »herausgesaugt«, daß diese auf der »Sandbank« des Hungers und der Armut dem Untergang geweiht sind. Auf der »Rückseite« ihres zerstörerischen Raffens werden die Besitzenden selbst vom Sog des totalen Konsums und damit letztlich von ihrer eigenen Gier verschlungen.

Angesichts der bedrohlichen Nähe eines zerstörerischen Chaos, dem wir auf mehreren Ebenen ausgesetzt sind, relativiert sich ein Erschrecken über die Bilder von Ungeheuern und Dämonen, wie sie der ägyptische Jenseitsglaube malt. Die alten Ägypter haben anscheinend gewußt, daß wir auch dem Reich der Finsternis und des Nicht-Seins begegnen müssen, um ihm nicht zu verfallen. »Hier werden die dunklen und destruktiven Seiten der Psyche nicht geleugnet, sondern sichtbar gemacht. Zur gleichen Zeit sind sie in einer strengen, klar ausgerichteten Ordnung gebunden und formen die tiefste Schicht, in der rachevolle und strafende Phantasie ausgelebt wird.«[92] Was beim Namen genannt und angeschaut wird, vermag immerhin Gegenkräfte und schöpferische Phantasien zu mobilisieren. Was verleugnet und ins Nicht-Wissen-Wollen abgedrängt wird, wirkt wie schleichendes Gift aus dem Hintergrund. – Es fehlt heute nicht an Visionen für eine Lösung und nicht am Konzept einer neuen Ethik. Doch ein Weg zu ihrer Verwirklichung tut sich nicht auf, denn sie werden ebenfalls Opfer der unausrottbaren und wie mit Fangarmen um sich greifenden Gier nach Konsum.

Blenden wir nochmals auf den Osiris-Mythos zurück. Meint nicht die Botschaft von der Zerstückelung des Gottes durch Seth für *unsere* Zeit: was wir uns auch in Jahrtausenden durch unseren Kultur-schaffenden Geist errungen haben – unsere unentwickelte, seth-hafte Gier schickt sich an, alles zu zerstückeln?

Die Botschaft des Sonnen-Mythos vom »Rest des Chaos, der in der Schöpfung nicht aufgeht«, sondern immer wieder aus der Finsternis in sie hineingreift, bedeutet eine ungeheuer harte Konfrontation, wenn wir sie ernstnehmen. Wir hätten lieber eine Lösung, in der alles aufgeht, eine Harmonie. Es ist die gespürte Analogie zu unserer realen Bedrohung durch eine chaotische Wirklichkeit, die wir nicht aushalten können. Wir haben uns in eine Weltlage hineinmanövriert, aus der es keinen Ausweg mehr zu geben scheint. So breitet Angst sich aus. Die unerklärliche »Angst vor der Angst«, mit der heute viele Menschen, vor allem Frauen, zur Therapie kommen, ist nach meiner Überzeugung nicht nur persönlich-biographisch bedingt, sondern spiegelt auch unser aller Angst wider, unserer chaotischen Wirklichkeit ins Auge zu schauen.

Frage ist, ob der Mythos mit seiner zeitlosen Wahrheit uns Wege weisen kann, aus unserem Dilemma herauszufinden. – Vom Kollektiv her gedacht, halte ich diese Frage solange für theoretisch, wie wir nicht – als ganze Völker – den Apophis-Abgrund, den wir selbst geschaffen haben, zu sehen bereit sind. Und in dieser Hinsicht sieht es düster aus. Vom einzelnen Menschen her bleibt die Frage nicht ohne Antwort. Einzelmenschen, besonders wenn sie unter der Sinnlosigkeit ihres von Technik und Konsum gesteuerten Lebens leiden und nicht von Macht oder Geld dirigiert sind, haben eher offene Augen für die Gefahr und Ausweglosigkeit, in der sich die Menschheit heute befindet. Sie sind auch eher bereit, einen Weg der Erneuerung zu gehen, der sie herausfordert, als ein Kollektiv das kann und tut. Sofern sie sehen, daß wir *alle* das Kollektiv verkörpern und jeder einzelne dazugehört, werden sie auch begreifen, daß es darum geht, die im eigenen Schicksal durchlebte Gefahr und Wandlung für die Gesamtheit fruchtbar werden zu lassen. Es scheint heute kein anderer Weg möglich, als daß das Kollektiv von vielen einzelnen her erneuert wird.

Die »Götter« haben wir entthront; dies ist *eine*, vielleicht auch *die* Hauptursache unseres Leidens. Denn wir haben uns selbst an ihre Stelle gesetzt und werden nun die »Geister, die wir« selbstherrlich »gerufen haben, nicht mehr los«. Götter vermochten einen Sinn zu vermitteln, für den es sich zu *leben lohnt*, Technik hingegen (unser moderner »Gott«) vermag es nicht.[93] Der mythische Mensch projizierte die göttlichen Kräfte seiner Seele als Götter nach außen und setzte sich zu ihnen in Beziehung. So konnte er von ihnen ergriffen und be-troffen und deshalb gewandelt werden, da seine eigenen Seelenkräfte auf ihn zurückwirkten.

»Die Mitte der rituellen Kultur ist das Erleben des Wirklichkeitshintergrundes. Die Wahrheit ist dort der miterlebte, der nur zu *erlebende* Sinn, nicht die abstrahierte, begriffsgefesselte Sinnaussage. Daher die große Rolle der Symbole, der Mythen. Daher die Unmöglichkeit des verstehenden Brückenschlags zwischen den Erlebens- und Begreifenskulturen. Daher aber umgekehrt bei uns auch die Sinnentleerung.«[94] – Natürlich geht es nicht darum, auf die mythische Bewußtseinsstufe zurückzukehren. Doch da sie in jedem von uns weiterlebt und sich in den Bildern und Symbolen unserer Träume manifestiert, kann der »Brückenschlag« nur innerhalb jedes einzelnen Menschen geschehen. Das hieße: inneres Erleben, Bilder und Symbole, die uns ergreifen, vor allem aber unsere eigenen Träume wieder ernster nehmen, sie auf uns und in uns wirken lassen (anstatt sie als »Schäume« beiseitezuschieben). Dann werden sie uns einen Zugang zu den sinngebenden, den göttlichen Kräften unserer Seele vermitteln.
Wir werden noch anderen Antworten begegnen. Doch wenden wir uns zunächst dem Fortgang des Mythos zu. Wir verließen ihn dort, wo Apophis auf seiner Sandbank lag und das Weiterfahren der Sonnenbarke zu verhindern suchte. Es ist beruhigend zu wissen, daß er in den eigentlichen Bereich der Sonnenbahn nicht einzudringen vermag. Doch er bedroht – als Finsternis – ihre Grenzen so nah, daß die Gefahr eines totalen Verschlungenwerdens immer greifbar scheint. Re verbirgt nun auch sein Sonnenauge, um es vor Nachstellungen des Apophis zu schützen, so daß die Finsternis noch zunimmt. Nur feuerspeiende Uräen spenden etwas Helligkeit.
Der Sonnengott nimmt alle Lichtenergie nach innen und entzieht sich so der zerstörerischen Macht. Am Mittag war es ähnlich – ein Hinweis darauf, daß ebenso der Zustand größter Bewußtheit wie der tiefster Verinnerlichung am meisten vom Stillstand des Lebens bedroht sind: wo die stärkste Kraft erlebt wird, besteht die größte Gefahr, sie festhalten zu wollen und dadurch zu vertrocknen.
Den »Schrein«, in dem er zuvor saß, hat der Sonnengott jetzt mit der »Umringlerschlange Mehen« vertauscht: er hüllt sich also ein mit seinen beschützenden Schlangenkräften – dem positiven Gegenbild zu Apophis. So umringelt bleibt er in seiner inneren Bezogenheit zum Herrscher der Unterwelt und umgibt das Geheimnis seiner erneuerten Kraft mit einem Schutz-Zauber.

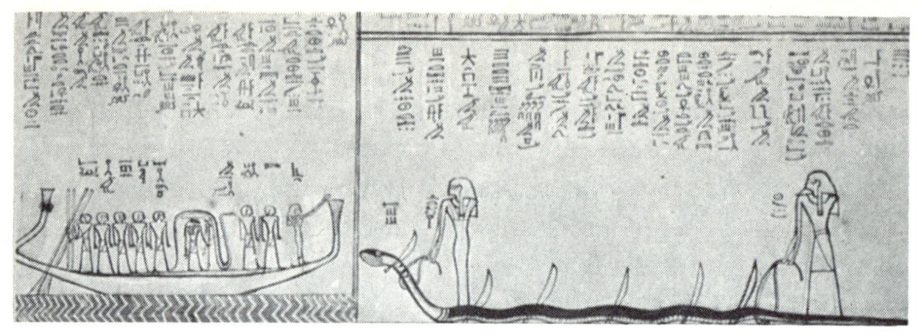

*Abb. 16:* Isis am Bug der Barke, Apophis beschwörend (links); Selkit hat den Urdrachen gefesselt (rechts).

Ein solches Verhalten ist nach jedem tiefgreifenden Erlebnis vonnöten, besonders dort, wo wir einer feindlichen oder unverständigen Umwelt ausgesetzt sind, die es uns zerreißen oder zertreten und uns so unserer neuen Kraft berauben kann.

In der Bootsmannschaft werden nun Hathor durch Isis und Upuaut durch Seth ersetzt. In dieser bedrohlichen Situation bedarf es der beiden »Zauberreichen«. Isis tritt an den Bug der Barke, streckt ihre Hand gegen Apophis aus und bannt ihn mit einem Zauberspruch. Sie lähmt ihn, so daß er »sich nicht findet«[95]; er weiß nicht mehr, wo er ist. So kann Selkit ihn mit einem Seil fesseln, und der »Drachentöter« Seth stößt seinen Speer in ihn – so im Totenbuch. Im Amduat, im Pfortenbuch oder in anderen Texten hingegen wird Apophis zerstückelt: »Sein Kopf ist abgeschnitten, seine Windungen zerschnitten«. Das kann Seth tun, aber ebenso eigens dafür bestimmte Göttinnen, die »Wachsamen«. Im Papyrus Hunefer ist es Re selbst in seiner Erscheinungsform als Sonnenkater, der diesen Akt ausführt.

Da der Umgang mit Apophis gefährlich und sehr schwierig ist, gehören zum »Wissen« des Verstorbenen auch Sprüche, um den Drachen zu bannen. Ein solcher heißt z.B.:

> Falle und sei gefesselt, Apophis, Feind des Re.
> Zurück, du Rebell. Re's Licht ist schneidend.
> Re hat deine Anschläge zu Fall gebracht,
> Selkit hat Fesseln um dich geworfen,
> Ma'at hat dir Wunden zugefügt.
> Du mit verstümmeltem Kopf, zerschnittenem Gesicht.
> Dein Kopf ist abgetrennt, deine Knochen sind zerbrochen,
> deine Glieder sind verstümmelt.[96]

Mit diesem Spruch stellt sich der Verstorbene also in das mythische Geschehen hinein, als sei er selbst in der Barke und wirke mit an der Zerstückelung des Feindes. Um den Glauben an die Wirkung einer solchen Identifizierung besser zu verstehen, brauchen wir nur Kinder im Alter von vier oder fünf Jahren beim Spiel beobachten. Dort begegnet uns die gleiche »Denkweise«.
Es gibt für Verstorbene auch einen »Spruch, um an der Sandbank des Apophis vorbeizugehen«[97]:

> O du Räuber, der gewaltsam fortnimmt,
> der von dem Müden lebt –
> ich bin nicht müde für dich,
> ich werde nicht schwach sein für dich.
> Dein Gift wird nicht eindringen in diese meine Glieder.
> Mein Schutz ist der aller Götter immerdar.

Dieser Spruch scheint uns näher zu sein, bringt er doch deutlich zum Ausdruck, wie – tiefenpsychologisch gesehen – ein Mensch durch erhöhte Wachsamkeit verhindern kann, daß ihm die Energie schwindet, »geraubt« wird. Wir könnten statt dessen so formulieren:

> Ich werde mich nicht hängenlassen für dich,
> ich werde nicht resignieren für dich.
> Dem Gift deines Zurücksaugens werde ich durch
> erhöhte Wachsamkeit begegnen.
> Ich werde mich den göttlichen Kräften
> meiner Seele anvertrauen, und sie werden mir beistehen.

Es ist sicher oft ganz gut, mit der eigenen depressiven Tendenz einen solchen Dialog zu führen, diese innere Gegenkraft zu personifizieren. Dann bekommen wir eine gewisse Distanz zu ihr und sind nicht so schnell identisch mit dem, was uns da in den Strudel reißen will. Stellen wir uns außerdem in den Schutz der göttlichen Kräfte unserer Seele, sind wir besser gefeit gegen das lähmende »Gift« einer Apophis-Tendenz aus den Tiefen unseres Unbewußten. Bevor uns das gelingt, müssen wir erst einiges an rationaler Abwehr überwinden und uns einüben. Dann verblaßt die Macht des Unterweltdämons gegenüber dem »Wissen«, das aus der Kraft der *Verbindung* zwischen der diesseitigen und der jenseitigen Welt erwächst.

Nur wer selbst um sein eigenes Drachenhaftes weiß, – und hier liegt eine weitere wichtige Antwort für den Einzelmenschen auf seiner Suchwanderung – vermag den Drachen zu bannen. (Um dieses Bannens willen tragen Bug und Heck jetzt Schlangenköpfe!) Indem er eigene Drachenhaftigkeit gegen den Drachen einsetzt, entzieht er diesem die Angriffsmöglichkeit. Mit List wendet auch Isis die gleiche Lähmung, mit der Apophis alles Lebendige bedroht, gegen ihn selbst. Denn in direktem Kampf kann das »Übelgesicht« oder: der »Hinterhältige« (das sind nur zwei seiner vielen Namen) nicht angegangen werden.
Psychologisch heißt das: Apophis ist kein unbewußter Komplex, der bewußt gemacht werden könnte. Denn er ist das kollektive, chaotische Unbewußte schlechthin – ein autonomer Teilbereich, der in allen Menschen als das Tiefste ihres Unbewußten lebt. Von ihm kann man sich nur bewußt distanzieren, wenn man ihm nicht zum Opfer fallen will. Apophis assimilieren oder verwandeln zu wollen, käme einem Wahn gleich, da er eine überindividuelle Macht verkörpert, die *allen* Menschen zugehört, nicht einem einzelnen. Es ist daher wichtig, um dieses finstere Potential zu »wissen« und es unterscheiden zu können von einem schattenhaften persönlicher Art, wie es im Mythos Seth verkörpert. Da Apophis eine dämonische *Ur*-Macht ist, geht es in der Konfrontation mit ihm immer um Leben und Tod (das eingeblendete Gedicht zeigte das sehr deutlich). Dennoch hat er eine wichtige Funktion: durch sein immer erneutes Auftauchen zwingt er Götter und Menschen, sich ständig neu mit ihren Grenzen auseinanderzusetzen und dem darin erfahrbar werdenden Sog zur Auflösung oder Erstarrung etwas entgegenzusetzen.
Apophis mit List zu bannen, setzt eine starke Bewußtseinskraft aufseiten des Bannenden voraus. Im Mythos kommt sie von Isis und ist feurige Energie, denn Isis ist »die Feurige, die ihre Zauber in sich vereint«[98]. »Zauber als aktive Energie« war dem Ägypter eine wirkende Kraft, die sich im Bild des Feuers ausdrückte: »alle Zauberworte sind Flammen«[99]. Entsprechend gilt Isis in diesem Zusammenhang als »Feurige Uräusschlange« an der Stirn des Re und damit zugleich (seit der 19. Dynastie) als »Auge des Re«. In dieser Erscheinungsform weiß sie sowohl zu bannen wie zu leuchten. Daher gilt sie zugleich als »Führerin des Schiffes«, die »in der Dunkelheit leuchtet und die Feinde auf den Wegen vernichtet«[100]

oder als »Herrin des Lichts im Reich der Finsternis«[101]. Isis steht also ebenso im Dienst ihrer lichten Geist-Begabung, mit der sie leuchtet und er-leuchtet, wie im Dienst ihrer dunklen Tiefenkräfte, durch die sie List und bannenden Zauber besitzt. Und wenn sie »feurige Zauberworte« gegen dämonische Mächte schleudert, dann wirken dunkle und lichte Kräfte in ihr zusammen.
Psychologisch wäre Isis eine weibliche Kraft unserer Seele, die ohne Angst im Kampf der Seele gegen die Finsternis führend sein kann, indem sie sowohl unseren Weg erleuchtet als auch die notwendige zauberische List vermittelt. Es wäre also angezeigt, diese feurige weibliche Seelenkraft in uns an- und aufzurufen, um sie genauer kennenzulernen und in einen Dialog mit ihr einzutreten. Mit feuriger Zauberkraft den Drachen bannen, ihn gleichsam »festnageln« auf einen Ort, das heißt: ihn in seinem Wesen erkennen. Gerade das bewirkt seine Desorientierung: er weiß nicht mehr, wo er ist. Indem er gestellt wird, verliert er seine Macht und kann gefesselt und überwunden werden. Es geht also zuerst um intensive Konzentration der feurigen Energie auf den Feind – der bekannte »bannende Blick« der Kobra, die in ihrer aufgerichteten Haltung »Uräus« heißt! Die *gesamte* Aufmerksamkeit und Wachsamkeit ist für diesen »bannenden Blick« vonnöten, also das genaue Gegenteil einer »Vogel-Strauß-Politik«! Das verunsichert und verwirrt den Angreifer, er kann sich nicht entziehen und verliert damit seine Macht.
In drei Stufen vollzieht sich die Überwindung des Urdrachens: durch Bannen, Fesseln und Töten. Die Fesselung verstärkt als konkret-körperliche die »geistige« Lähmung des Dämons durch Bann. Seth, der als »Drachentöter« auftritt, ist hier nicht mehr der grobschlächtige Haudegen, als den wir ihn früher kennenlernten. Mit purer Körperkraft könnte er gegen Apophis nichts ausrichten. Mit seinem Speer, den er mit gezielter Treffsicherheit einsetzt, beweist er gebündelte und gerichtete Kraft (abermals Konzentration), wo es um Wesentliches geht: um die Erhaltung der Schöpfung, zu der auch er gehört. – Zerstückelung, von der in anderen Texten die Rede ist, meint im Unterschied dazu eher eine entschiedene Ab-Grenzung vom Chaos, eine genau differenzierende Unterscheidung zwischen Sein und Nicht-Sein, Leben und absolutem Tod. Wo es darum geht, Leben vor dem »letzten« und endgültigen Tod zu bewahren, haben beide Formen der Tötung ihren Sinn.

Doch die gefährliche Macht kann nie endgültig zum Verschwinden gebracht werden. Daher ersteht Apophis in der nächsten Nacht, ja schon am Mittag neu und muß immer neu überwunden werden. Doch er wird täglich und nächtlich *besiegt* – Ausdruck dafür, daß die Lebenskräfte sich letztlich gegen den Tod durchsetzen, da der Schöpfergott selbst sie in unermüdlichem und wachsamem Einsatz dem Chaos entringt und die Finsternis vertreibt. Sofern jedoch zur Erneuerung von Licht und Schöpfung die Unterweltsfahrt des Sonnengottes unerläßlich ist, offenbart das Chaos damit auch einen positiven Aspekt: »Als Kategorie der Welt vor und jenseits der Schöpfung gehört die Finsternis zum nährenden, verjüngenden Urgrund der Welt. Mit Einbruch der Nacht sinkt die Schöpfungswelt täglich in diesen ewigen Urgrund zurück, der chaotisch-formlos wie unbegrenzt fruchtbar ist.«[102]

Dieses fruchtbare und positive Element des Chaos stellt sich dar im Urozean Nun als dem »immerwährenden Vorrat an Lebenskräften«. Somit erweist sich der chaotische Urgrund in seiner Bedeutung als ambivalent: bildet er zum einen eine fortwährende Herausforderung für den Sonnengott und die ganze Schöpfungswelt, so enthält er andererseits auch »alle Elemente, welche die Schöpfung zu ihrer fortgesetzten Erneuerung und Regeneration benötigt«[103]. Das bedeutet allerdings auch, daß sich die Bedeutung des Apophis im Laufe des NR wandelt: in der Ramessidenzeit gewinnt er zunehmend positive Züge hinzu. Umringlerschlange und Apophis wachsen zusammen zu der *einen* Schlange, die einen vernichtenden wie erneuernden, einen bedrohenden wie schützenden Charakter zugleich hat. »Aus der tödlichen Bedrohung des Sonnengottes wird so unversehens eine Geborgenheit im Schlangenleib, wie sie schon die Schlange der Wiedergeburt im Amduat verkörpert. Diese Paradoxie wird wenig später in einem genial einfachen Bild zur Anschauung gebracht – das Sonnenkind im ›Uroboros‹ (ägyptisch: ›Schwanz im Maul‹).«[104]

Mit dieser Charakterisierung des Chaos als bedrohlich und erneuernd zugleich entspricht es deutlich jener des kollektiven Unbewußten in unserer Seele durch C.G. Jung. Es erstaunt also nicht, wenn immer wieder die Unterweltsfahrt des Sonnengottes als das treffendste Mythologem für die Erneuerung menschlichen Bewußtseins durch das Unbewußte angesehen wird. Und wie diese nicht ein ein für allemal abgeschlossener Akt sein kann, sondern

*Abb. 17:* Das Sonnenkind im Uroboros.

ein fortlaufender Prozeß, so war für die Ägypter die Schöpfung kein unveränderliches Ganzes, sondern eine »creatio continua« – eine andauernde Schöpfung, die nie beendet ist, sondern stetig weiterwächst.

Auf der Erde brachte jeder Pharao diesen Aspekt symbolisch darin zum Ausdruck, daß er am Tempel, der Wohnung der Götter auf Erden, weiterbaute. Kein Tempel galt als beendet. Wollen wir daraus einen Hinweis für uns entnehmen, so bedeutet die »Aufgabe, die Re in unwandelbarer Dauer vollbringt«[105], daß wir uns immer neu in den Prozeß der Verjüngung unseres Bewußtseins hineingeben und so am Tempel unseres eigenen Lebens weiterbauen. Dieser fortwährende Erneuerungsprozeß ist die stärkste Gegenkraft gegen die Tendenz zum Stillstand, den Apophis will. Und wie das *Licht* des Sonnengottes erst differenzierte, wo vorher Vermischung war, und Gestalt werden ließ, wo zuvor Formlosigkeit herrschte, so vermag auch unser Bewußtsein mit jedem Aufstieg aus der Tiefe neue Formen, Möglichkeiten, Kräfte hervorzuholen und zu erhellen und auf diese Weise schöpferisch zu wirken.

Während in der Sonnenbarke Freude herrscht:

> Die Nachtbarke – ihr Herz ist weit.
> Deine Mannschaft frohlockt:
> dein Auge hat deinen Feind gefällt.
> Apophis ist die Bewegung geraubt[106]

vollzieht sich in der Tiefe der Unterwelt Gerechtigkeit. Osiris (jetzt nicht als Mumie) sitzt auf seinem Thron in der »Halle der vollständigen Wahrheit« als Totenrichter. Parallel zur Vernichtung des Apophis werden vor ihm die »Verdammten« enthauptet, von einem Dämon namens »Der mit gewalttätigem Gesicht«. Die Bas dieser Toten werden ausgelöscht, sie sehen nie mehr das Licht: »Ihr sollt euren Gott nicht sehen!« heißt es im »Buch der Nacht«. »Wasser und Nahrung werden ihnen verweigert, die Atemluft abgeschnitten; auf den Kopf gestellt, leben sie vom Abscheu ihrer Herzen.«[107] Die Toten werden in die »chaotische Welttiefe« verwiesen, und »der Sonnengott zieht *über* ihnen dahin«.

Die 7. Stunde ist also die Stunde der Gerechtigkeit, in der mit allen Feinden des Kosmos abgerechnet wird, um die Schöpfung wieder neu auf den Boden der Ma'at zu stellen. Dabei »bestimmen sich seliges Schicksal und Verdammnis nach der gleichen Regel: wer auf Erden der Ma'at folgt und damit die ordnenden Kräfte anerkennt, bleibt auch jenseits der Todesschwelle in geordneter Schöpfungswelt; wer den Mächten und Gesetzen der Ordnung widerstrebt, schließt sich von ihr aus und gehört ins Chaos, dem er in Tod und Gericht endgültig anheimfällt – für ihn ist das Jenseits ewige Hölle.«[108]

# 5. »Herausgehen am Tage« – Wiedergeburt zum ganzheitlichen Menschen

Die Wahrheit kam nicht nackt in die Welt,
sondern sie kam in Sinnbildern und Abbildern.

*Apokryphe Evangelien, Nag Hammadi*

Ich bin Gestern, Heute und Morgen.
Ich habe die Macht, ein zweites Mal geboren zu werden.
Ich bin die göttliche verborgene Seele, die die Götter erschafft.
Ich bin der Herr der Menschen, die geworden sind,
der Herr, der hervortritt aus der Finsternis.

*Ägyptisches Totenbuch*
*– in der Nachdichtung von Kolpatschy*

Was am Westhorizont in der ersten Nachtstunde begann, in der 12. Stunde kommt es am Osthorizont zur Vollendung: Re erscheint als Sonne des neuen Tages und einer erneuerten Welt. Vor seinem Aufstieg führt ihn die Unterweltsreise allerdings noch zu zwei wesentlichen Höhepunkten. Einer von ihnen findet in der 11. Nachtstunde statt: »das Gesicht Re's, vom Leib einer Uräusschlange getragen«, wird durch die Dat gezogen, und, die ihn schauen, rufen ihm zu:

Machtvoll bist du, Re, durch dein Gesicht.
Groß bist du, wenn du dich niederläßt, Re,
in deinem geheimen Gesicht.
Geöffnet ist das Gesicht des Re,
aufgetan sind seine Augen,
damit er die Finsternis vertreibe,
damit er Glanz spende mit dem Auge,
das für ihn die Dunkelheit erleuchtet.[109]

Das Zugseil der Barke, auf der die tragende Schlange thront, fassen drei Götter, die auf erhobener Hand je einen Stern tragen. Sie heißen: »Die zu den Sternen gehören«. In der letzten Stunde, die dem Verlassen der Unterwelt vorausgeht, ist das Gesicht des Sonnengottes »enthüllt und macht damit eine sichtbare Begegnung mit der Gottheit möglich, bringt aber auch ihre Mächtigkeit voll zur

Geltung«[110], da es dem Betrachter frontal zugewandt ist. In der Beischrift heißt es:

> Sie preisen mit ihren Sternen.
> Dies ist das Gesicht des Re,
> welches dahinfährt in der Erde.
> Die, welche in der Dat sind, preisen es.[111]

Sterne sind gleichsam die unzähligen Spiegelbilder der Sonne. Sie erscheinen hier als Götter personifiziert, die ihren Stern tragen. Dies legt einen Vergleich zur Offenbarung des Johannes im NT nahe, wo die Engel Sternen gleichgesetzt werden. Wie die Sterne Spiegel der Sonne sind, so gelten die Engel als Spiegel Gottes. Beide sind Spiegel des eigentlichen Lichtes. In einer Vision Hildegards von Bingen sagt Gott:

> Zur Anschauung meines Antlitzes habe ich Spiegel geschaffen, in denen ich alle Wunder meiner Ursprünglichkeit betrachte.[112]

Vielleicht sind die Sternengötter bei der Barke Vorläufer solcher Engel, da sie wie jene in der Schau vor dem Angesicht Gottes verharren und ihn preisen. Ähnlich vertraut mag uns eine für Hymnen charakteristische Bittformel klingen, in der sich die Bedeutung des Angesichtes Gottes für das religiöse Gefühl des Ägypters äußert: »Möge dein Angesicht gnädig sein dem N.N.!«[113] Auch der gläubige Jude suchte später in gleicher Weise das Angesicht seines Gottes: »Jahwe lasse sein Antlitz auf dich leuchten und sei dir gnädig! Jahwe erhebe sein Antlitz hin zu dir und schaffe dir Heil!«[114]
In dem Bild aus dem »Pfortenbuch« wird »in konzentrierter Form zur Darstellung gebracht, was sich der Ägypter im Jenseits erhofft: den Göttern ›von Angesicht zu Angesicht‹ zu begegnen«[115]. Den Verstorbenen wird hier die »Schau Gottes« zuteil; der Sonnengott öffnet ihnen durch die Schau seines Antlitzes das Geheimnis, das er selbst *ist.* »Im Gesicht sind die von einer Gottheit ausstrahlenden Wirkungen konzentriert.«[116] Darum können nur die »seligen Toten« solche Schau ertragen, denn als »Ach« haben sie bereits ihre eigene Verklärung erlangt. Die Lebenden hingegen können Gott nur »im Bild und Gleichnis« schauen. »Was ein Gott eigentlich ist, bleibt« ihnen »verborgen, aber seine leuchtende Spur ist sichtbar, seine Wirkung spürbar«[117].

Eine »Schau Gottes« kann für Lebende tödlich sein, davor warnt Jahwe den Moses[118], und das erfährt Jakob, der mit einem Engel kämpfte: »Ich habe Gott von Angesicht zu Angesicht gesehen und bin mit dem Leben davongekommen«. – »Gott wird für den Menschen tödlich, wenn dessen Schatten desintegriert, wenn der Mensch in sich gespalten bleibt. An dieser in allen Religionen vorkommenden Vorstellung von der todbringenden Wirkung der Gottesbegegnung läßt sich die Gotteserfahrung als der wohl mächtigste Archetyp erkennen.«[119]

Das Gesicht Res erscheint, nachdem die Vereinigung mit Osiris und die Distanzierung von Apophis stattgefunden haben. Der Sonnengott ist also von seinem Wesen her bereits ein Verwandelter, aber noch nicht in seiner äußeren Gestalt (das wird erst in der 12. Stunde erfolgen). In ihr wird er in die sichtbare Welt aufsteigen, während die Unterweltlichen seine erfüllte innere Wirklichkeit schauen dürfen. Vielleicht verdeutlichen die »Sternen-Götter«, was solche »Schau« in einem Traum oder einer Vision meinen könnte: das Ur-Licht, der Gott in uns, blickt uns von innen her an, und wir sehen uns in ihm, unser Ich sieht sich in unserem Selbst gespiegelt, während es auf seiner Fahrt durch die »Jenseitsräume der Seele« sich dem Aufstieg nähert.

Den letzten Höhepunkt bringt die 12. Nachtstunde, die den Namen trägt: »Die die Vollkommenheit Res schaut«. Jetzt findet der eigentliche Verjüngungsprozeß statt. Er ereignet sich im Leib einer riesigen Schlange, in die alle als Gealterte eintreten und verjüngt wieder herauskommen. Deshalb fährt die Barke in den Schwanz der Schlange ein und kommt durch ihr Maul wieder hervor. Mit ihrem bedeutungsträchtigen Namen »Ka dessen, der die Götter leben läßt«, offenbart sich diese männliche Schlange als das genaue Gegenteil zu Apophis – als die Verkörperung der erneuernden und verjüngenden Kraft der Tiefe.

Immer wieder ist es eine Schlange, der besondere Kräfte zugetraut werden: sie geleitet über die Sokar-Höhle, sie »sticht« den Weg durch die Finsternis, sie schützt Re gegen Apophis, und sie bildet den Leib der Verjüngung. Die Ägypter, die mit der von Schlangen ausgehenden Gefahr leben mußten, die andererseits aber auch sahen, wie diese sich verjüngten, kannten kein besseres Symbol der Verjüngung als den Leib einer Schlange. Dem Bild von ihrer Häutung entsprechend, sagen die aus dem Nun auftauchenden Schläfer:

Wir leben wieder von neuem,
nachdem wir eingetreten waren in den Nun
und er uns verjüngt hat zu einem,
der zum ersten Mal jung ist.
Der alte Mensch wird abgestreift,
ein neuer angelegt[120].

Der Mensch, der nachts in der Tiefe der Traumwelt weilte, tritt also am Morgen in eine erneuerte Daseinserfahrung ein. (Das ist wahrlich Tiefenpsychologie!) Zusammen mit dem Sonnengott und den Bas der Seligen erneuert sich also auch die Ba-Seele der Lebenden, erneuert sich die Gesamtwirklichkeit der Schöpfung. »Die unbegrenzte Fähigkeit zu Wandlung und Regeneration ist der Felsen, auf den der ägyptische Jenseitsglaube gebaut ist.«[121] Doch ist sie »nicht möglich ohne einen Gang durch das Nichtseiende«[122], durch das, was *vor* der Schöpfung war. So »führt der Sonnenlauf dem Ägypter sichtbar vor Augen, daß eine Regeneration des Lichts in der Finsternis und damit auch eine Regeneration des Lebens durch den Tod möglich sind«[123].

Wie der Sonnengott jeden Morgen aus der Tiefe der Unterwelt wieder aufsteigt, so muß sich auch unser Ich wieder aus dem Unbewußten herauslösen und in das Licht des Tages emportauchen. Und mit jeder neuen »Nachtmeerfahrt« werden wir bewußter hinabsteigen und beim Aufstieg einen weiteren Anteil des Unbewußten dem Bewußtsein integrieren. Im Mythos weisen die »Leichname«, die auf Licht und Lebensodem durch Re sowie auf die Vereinigung mit ihren Bas *warten*, so auf ihre Sehnsucht hin, bewußt gemacht zu werden. Das gleiche gilt für ihre Trauer, wenn die Bas sie wieder verlassen.

Da es um ein immer neues Werden geht, heißt der Sonnengott nach seiner Verjüngung im Leib der Schlange »Chepre«, der »Werdende«.

Ich bin von selbst entstanden
in meinem Namen ›Chepre‹.
Ich entstehe Tag für Tag,
ich bin der Herr des Lichts

sagt er im Totenbuch[124]. Emporgehoben wird er – und mit ihm die gesamte Barke – von den starken Armen des Nun, Schu oder Geb. Immer sind es die Ka-Arme eines männlichen Gottes, die ihn hoch-

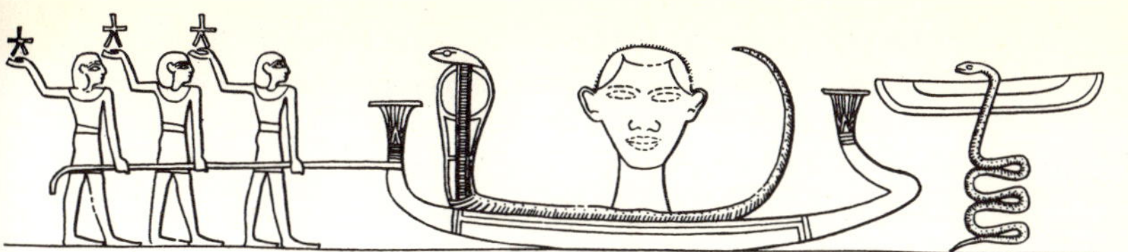

*Abb. 18:* Das Antlitz des Sonnengottes wird durch die Unterwelt gezogen (Motiv aus dem Grab Ramses VI.).

heben aus der Tiefe. »Er kommt heraus aus der Unterwelt Tag für Tag in der Umarmung seines Vaters Nun« heißt es in einem Grabraum. Daher trägt auch das letzte Tor der Unterwelt den Namen: »Welches die Götter erhöht«. In der Unterwelt zurück läßt Chepre die Mumienhülle, die im Pfortenbuch »Bild des Fleisches« heißt, im Amduat »Hülle des Gottes, der Re und Osiris in einem ist«[125].
Hat die Barke das Tor passiert, »versiegelt« Schu es sogleich hinter ihr. Und, wie am Beginn der Schöpfung, trennt er am Morgen wiederum den Himmel von der Erde, um der Sonne den Raum zu ermöglichen, den sie am Tag mit ihrem Licht erfüllen wird, und damit sie »in den Augen der Menschen aufleuchte«. Auch am Osthorizont berühren sich Himmel, Erde und Unterwelt. Sie wieder voneinander zu trennen, ist die Aufgabe Schus. Die Ka-Geste des Emporhebens und Umarmens ist jene spezifisch väterliche Geste eines Vaters der Jenseits-Tiefe, der bereitwillig die urzeugerische Kraft des Weltgrundes an die sichtbare Welt schenkt. Sich diesen Armen zu überlassen, bedeutet daher: mit neuer Schöpfungskraft begabt und aus dem Dunkel ins Licht gehoben zu werden, ohne Angst vor einem Absturz in die Tiefe haben zu müssen. – Mir will scheinen, als ob ein »Vater unser in der Tiefe« weniger die Gefahr beinhaltet, sich zum Alleinherrscher zu machen, und als ob eine »Mutter unser im Himmel« nicht dazu neigt, ihren erdhaften und unterweltlichen Anteil zu vergessen.
Wie am Abend, so stellten die Ägypter sich auch am Morgen in den Schöpfungsrhythmus hinein, wenn sie mit Riten und Hymnen die neu erstehende Sonne begrüßten:

Lobpreis sei dir, Re, der aus dem Urozean aufsteigt,
Skarabäus, der sich zeigt, um den Himmel hochzuheben,
Sonne, die die Finsternis vertreibt.
Der Umkreis des Himmels grünt durch dich.
Du bist es, der alles Seiende gebildet hat.
Sie leben auf, wenn du leuchtest,
kein Ort ist bar deines Lichtes.
Der Hauch deines Mundes kommt an jede Nase,
du bist die Augen selbst, man sieht durch dich.[126]

»Der Sonnenkult verstand sich als preisender, fördernder Mitvollzug des Sonnenlaufs. Der Sonnenpriester muß den Sonnenlauf kennen, um ihn kultisch begleiten und dadurch in Gang halten zu können.«[127] »Derartige Riten sind nicht einfach symbolisch gemeint. Sie bilden vielmehr echte Bestandteile kosmischer Geschehnisse und stellen den Anteil des Menschen an diesen dar.«[128] Darin spiegelt sich die gleiche Überzeugung, wie C.G. Jung sie noch bei den Pueblo-Indianern antraf, die zu ihm sagten: »Wir sind die Söhne des Vaters Sonne, und mit unserer Religion helfen wir unserem Vater täglich, über den Himmel zu gehen«[129]. In einfacher, uns vielleicht naiv anmutender Weise brachten und bringen noch heute Indianer (auch die Hopi) zum Ausdruck, daß sie sich mitverantwortlich fühlen für das Geschehen mit und im Kosmos. Sind solche Gedanken angesichts unserer ökologischen Krise wirklich so abwegig?
Die Arme des Unterwelts-Vaters, der die junge Sonne mit neuer Schöpferkraft begabte, reichen Re-Chepre nach oben, von wo sich ihm die geöffneten Arme Nuts entgegenstrecken, um ihn emporzuheben. Während sie ihm am Abend die Möglichkeit bietet, sich von seiner Taggestalt zu lösen, schafft sie am Morgen jene Atmosphäre, in der er am Tag seine volle Strahlkraft entfalten kann. Mit ihrem eigenen Leib bietet sie ihm das Betätigungsfeld für seine schöpferische Energie: »Nut, die Große, erhebt dich in deiner Schönheit«[130] Bei der eigentlichen »Geburt« aus der Tiefe leisten jedoch zunächst die beiden »Geburtshelferinnen« Beistand, Isis und Nephthys. Typische Morgen-Bilder sind: »Die beiden Göttinnen heben dich hoch«[131], oder: »Du erglänzt auf den Armen von Isis und Nephthys; sie lassen dich erscheinen in jener Barke (der Tagbarke), ihre Arme als Schutz hinter dir«[132].
Wie bereits gesagt wird Re hier in seiner Erscheinungsform als »Chepre«, als Skarabäus, wiedergeboren. Das beruht auf der Be-

obachtung, daß dieser Käfer eine große, gelbe Kugel zur Ablage seiner Eier herstellt, aus der dann, wenn sie eine gewisse Zeit im Mist lag, die Jungen herauskriechen. Man schrieb dem Skarabäus daher geschlechtslose Fortpflanzung, also »Selbstentstehung« zu. Der tiefere Sinn liegt jedoch darin, daß »Chepre« gleichlautend ist mit dem Verb »chepr« = werden, entstehen. So konnte der Skarabäus zum Symbol des Weltschöpfers werden, der »durch sich selbst entstanden war«: der Sonnengott am Morgen. Im MR kamen Skarabäen (aus hartem Stein gefertigt) auf, zunächst als Siegel, dann als Amulette, die man auf der Unterseite mit Spruch 30 B aus dem Totenbuch beschrieb und der Mumie über dem Herzen auf die Brust legte. So wurde der Skarabäus, dessen Form dem Herzen ähnelt, auch zu dessen Symbol, um den Verstorbenen beim Totengericht zu schützen[133].

Zwar steht das Aufkommen dieses Herzskarabäus nicht mit Re im Zusammenhang. Doch scheint es mir sinnreich, daß für ihn wie für das Herz das gleiche Symbol gewählt wurde. Das Herz galt als Kern der Person, daher auch als Sitz des Lebens und als Sitz Gottes im Menschen. Da Re Lebensodem schenkt, hat er seinen Sitz im Herzen des Menschen. Preisungen aus der 18. Dynastie setzen die Schöpfertätigkeit Res in Beziehung zu seinem Herzen:

> Re, du hast die Erde geschaffen nach deinem Herzen, du allein;
> der die Erde erschuf als ›Erfindung‹ seines Herzens,
> der den Himmel machte als Schöpfung seines Herzens.
> Der alles Seiende begonnen hat als Schöpfung seines Herzens;
> der Himmel und Erde erschuf mit seinem Herzen.[134]

Re ist also ein Gott, der die Welt von innen her erschafft, aus seinem Herzen, der sie »von innen heraus erfüllt und in fortwährender Schöpfung belebt«[135]. Als Urgott erschafft der »die Welt im Prozeß seiner eigenen Gestaltwerdung und Ausdehnung«, und als der Gott des Lichtes »erfüllt er sie bis an ihre Grenzen«[136]. Goethe sagte einmal:

> Was wäre ein Gott, der nur von außen stieße,
> im Kreis das All am Finger laufen ließe!
> Ihm ziemt's, die Welt im Innern zu bewegen,
> Natur in sich, sich in Natur zu hegen,
> so daß, was in ihm lebt und webt und ist,
> nie seine Kraft, nie seinen Geist vermißt.

Das paßt sehr gut für einen Gott wie Re, der die Schöpfung gleichsam aus sich heraus entwickelt und dennoch ein personhafter Gott ist, zu dem die Menschen in Beziehung treten können. Ein Gott, von dem ihr Leben und die gesamte Schöpfung so entscheidend geprägt war, mußte ein Du, ein Dialogpartner sein, den man ansprechen konnte. Ein Du ist einmalig, und »in der Begegnung enthüllt es seine Eigenart«, es »ist als lebendige Gegenwart erfahrbar«. Daher haben »die Alten Mythen erzählt, anstatt logische Schlüsse zu bieten. Sie berichteten nur von Vorgängen, in die sie mit ihrem ganzen Dasein einbezogen waren. – Der echte Mythos verewigt die Offenbarung eines Du.«[137]

Einem Gott, der als Du erlebt, und einer Schöpfung gegenüber, die sich aus seinem Herzen entfaltet und als beseelt erfahren wird, können Menschen sich verantwortlich fühlen, nicht jedoch einer Welt gegenüber, die als Objekt verstanden wird, das man nach Belieben ausbeuten und zerstören kann. Einem *Objekt* gegenüber bleiben wir kalt. Ein Gott, der »alles Seiende begonnen hat als Schöpfung seines Herzens«, spricht zum *Herz* des Menschen. So erfährt er Geschenk und fühlt sich gemeint. Er wird sogar noch tiefer angesprochen: wenn Re immer wieder neu entsteht, weil er sich wandelt und als ein Gewandelter die Schöpfung erneuert, so liegt darin nicht nur der Hinweis, sondern auch die Hoffnung für den Menschen: wenn du dich wandelst, so wirst du nicht nur dich erneuern, sondern auch eine »neue Welt« erschaffen. – Das ist auch eine Erkenntnis der modernen Tiefenpsychologie, und hier zeigt sich wieder, wie aktuell ein alter Mythos sein kann.

Wir haben den Skarabäus als *eine* Erscheinungsform des neugeborenen Sonnengottes betrachtet. Doch es gibt noch andere, zum Beispiel »die große Lotosblume, die aus dem Nun erschienen ist« und das Kind als Symbol des neuen Lichtes trägt. Dann ist Re der, der »hervorkam aus dem Lotos am hohen Hügel, der die beiden Länder mit seinen Augen erleuchtet«[138]. Die Lotosblüte, »die aus der schlammigen, dunklen Tiefe emportaucht«, wird so zum Symbol für Licht-Werdung: »aus ihrem Blütenkelch entspringt das Sein in Gestalt der Sonne«[139]. Durch dieses »Kind der Flamme mit funkelnden Strahlen« erscheint das »Licht der Welt«. Sein Aufscheinen bedeutet für die Menschen Heil und Leben, da es ihnen den Fortbestand des Lebens garantiert. Von seinem Licht erfüllt sein, heißt seit den Sargtexten des MR: »Zu leben nach dem

Sterben wie Re täglich«. Was aber heißt es für den Menschen im Diesseits? Geht es da nicht um die Frage, ob er die Strahlkraft seines eigenen inneren Lichtes erneuert, damit es seinen Alltag erleuchte?

Neben der Nachtfahrt durch die Tiefe der Unterwelt steht gleichwertig die Fahrt durch den Leib der Himmelsgöttin Nut, die besonders gern in der Ramessidenzeit aufgegriffen wird. Am Abend geht der Sonnenball ein in den Mund der Göttin, um am Morgen hervorzukommen »durch jenes geheime Tor, durch das der große Gott heraustritt«[140].

> Lob sei dir, der entsteht Tag für Tag.
> Der du des Nachts in Schwangerschaft getragen wirst
> und aus dem Leib deiner Mutter hervorkommst ohne Unterlaß.
> Die Erde wird hell zu deiner Geburt.
> Du, der du herauskommst aus den Schenkeln
> bei deiner Geburt im Osten des Himmels.[141]

Hier ist es also Nut, welche die regenerierende Kraft spendet, und die Welttiefe ist in diesem Fall die Himmelstiefe. In den Sarghallen von Ramses VI. und IX. finden sich die am besten erhaltenen Darstellungen. In der Halle von Ramses VI. ist die Szene kurz vor der Geburt von einmaliger Aussagekraft: im Bild einer »transparenten Schwangerschaft« wird Re als ithyphallisches Kind im Schoß der Göttin dargestellt – eine gelungene Zusammenschau von Selbstzeugung des Schöpfergottes und seinem Im- Ei-Sein als Kind.

Das Motiv der Selbsterzeugung[142] des Gottes, das wir bereits auf der pflanzlichen Ebene in der Lotosblume, auf der tierischen im Skarabäus kennenlernten, erscheint hier nun auch auf der menschlichen Ebene. Der erigierte Phallus – heute Symbol für alles, was männlich-menschliche Machbarkeit ausdrückt, bis hin zur Atomrakete – war für den mythischen Menschen Ägyptens Bild für schöpferische Selbsterneuerung aufgrund einer innewohnenden göttlichen Dynamik. Im Symbol des ithyphallischen Kindes im Mutterschoß verbindet sich solche Schöpferkraft des großen Sonnengottes mit seiner Kleinheit als göttliches, noch ungeborenes Kind. Die »paradoxe Einheit des Allerschwächsten und Allerstärksten« wird hier nicht nur auf einmalige Weise ins Bild gebracht, sondern darin könnte auch der Hinweis verborgen liegen, die unbezweifelbare Größe menschlichen Könnens mit der Schlichtheit

*Abb. 19:* Die »transparente« Schwangerschaft der Nut (Grab Ramses VI).

eines Kindes zu verbinden, das die Erneuerung seiner Lebenskraft von Mutter Himmel und Vater Erde (oder auch umgekehrt) entgegennimmt.

Re, der im Schoße Nuts als noch ungeborenes Kind mit erigiertem Phallus aufleuchtet – das ist nicht »von der Großen Mutter beherrschte Phallus-Männlichkeit«[143]. Dieses Bild scheint mir in besonders angemessener Weise das Zusammenspiel von väterlich-mütterlichem Erneuerungswirken zu charakterisieren: der sich aufrichtende Phallus, Symbol für aufsprießendes Wachstum, als Gabe des Vaters der Tiefe; der Wachstums-*Energie* spendende und das heranwachsende Leben umhüllende mütterliche Schoß, einer Sonnenscheibe gleich, der Raum schenkt und sich durchlässig macht dafür, daß das in der Verborgenheit herangereifte Leben in die Sichtbarkeit gelangen darf.

Auf den innerseelischen Prozeß eines Menschen bezogen, läßt sich dieses Kind als Symbol eines neuen, noch verborgenen Bewußtseins sehen, das nun selbst danach drängt, geboren, das heißt bewußt gemacht zu werden. Eine derart dynamische Kraft ist bereits von Beginn des Prozesses an wirksam, indem sie das Ich hinabruft in die Tiefenschichten der Seele und es von innen her führt. Sie entspringt dem göttlichen Selbst im Menschen, das sich in dessen Ich hinein gebären, sich selbst erneuern will.

Nut läßt sich hier auch als Urbild einer Frau sehen, in der die phallische Kreativität zur Entfaltung drängt und die bereit ist, sie durch sich hindurchwirken zu lassen und sie an- und aufzunehmen. Doch Nut ist nicht alleine. Ihr zur Seite sind die unentbehrlichen Geburtshelferinnen Isis und Nephthys. Sie sind die *Schauenden*, jene, deren Blick ins Verborgene reicht. Sie entsprechen dem inneren Auge des Menschen, für das bereits jene seelische Wahrheit durchscheinend wird, die dem äußeren Auge noch verborgen ist. Es bedarf also des Isis-Nephthys-Blickes, um den wesentlichen Menschen, der aus uns geboren werden will, zu er-schauen.

Die obere Hand beider Schwestern ist erhoben, sie preist Nut, die untere das Kind in ihrem Schoß; beide Göttinnen knien. Sie wirken hier weniger aktiv als in der Szene mit Re und Osiris, vielmehr meditativ zurückgenommen – in Ehrfurcht vor dem sich ihnen offenbarenden Geheimnis. Das Geschehen, das Isis hier begleitet, vermag sie auch von innen her mitzuvollziehen, hat sie doch in sich selbst aus dem Phallus des toten Osiris neues Leben erweckt. Wer wäre also geeigneter als sie, um – in ihrer Doppelgestalt als Isis und Nephthys – die »junge Sonne« (so lautet die Beischrift) nach ihrem Durchgang durch den Tod ins Leben hineinzugeleiten!

»Der Mythos ist die größte Annäherung an die absolute Wahrheit, die möglich ist«, sagt ein indischer Gelehrter.[144] Es ist interessant, daß die moderne Systemforschung heute entdeckt: »Die beiden wichtigsten dynamischen Phänomene lebender Systeme sind Selbst-Erneuerung und Selbst-Transzendenz, also die Fähigkeit, durch die Vorgänge der Evolution kreativ über die eigenen Grenzen hinauszugreifen.«[145] Hier scheint in wissenschaftlicher Sprache formuliert, was unser Bild in mythischer Dichte zum Ausdruck bringt. Was Menschen, Jahrtausende vor uns, die noch ganz selbstverständlich von einem kosmischen Bewußtsein getragen waren, intuitiv erfaßten, vermag ein modernes Bewußtsein, das *wieder* auf Ganzheit ausgerichtet ist, zu reflektieren.[146]

Den alten Kulturen und den modernen Vertretern eines neuen, eines ganzheitlichen Bewußtseins, ist also sowohl die Überzeugung gemeinsam, daß eine den Menschen transzendierende geistige Kraft im kosmischen Geschehen wirksam ist, als auch die Forderung an den Menschen, sich seiner Verantwortung in diesem Gesamtgefüge bewußt zu werden. Dieser Schritt scheint jedoch nicht möglich von der bisher üblichen Sichtweise aus, welche die Erde und die gesamte Natur nur als Objekte betrachtet, obwohl wir aufgrund der neuesten Erkenntnisse wissen, daß sogar die bislang als »tot« angesehene Materie belebt ist. Ein Umdenken setzt voraus, daß wir die in unserem Unbewußten durchaus noch lebendige magische und mythische Weltauffassung, – die uns heute in vielen Zerrformen gleichsam von hinten überfällt, weil wir sie bewußt als »primitiv« ablehnen –, auf einer integrativen Ebene mit unserer mentalen Sichtweise verbinden.[147]

Mir scheint, daß gerade *das* zu einer *kollektiven* »Unterweltsfahrt« gehören würde, die – im Unterschied zu früheren Zeiten – allerdings nicht mehr von politisch regierenden Kräften her gelenkt, sondern nur noch von der Basis her – durch viele einzelne – in Gang gesetzt werden kann. Werte, die wir verworfen oder vernachlässigt haben, obwohl sie noch Strahlkraft und Tragfähigkeit hätten, würden dann wieder zutage gefördert. Ähnliches passiert auch in einer Therapie, wo jemand mit Schichten seines Menschseins wieder in Berührung kommt, von denen er gar nicht wußte, daß es sie gibt, oder die er verloren geglaubt hatte. Damit werden neue Energien verfügbar, die bisher brach lagen. Und in der Tiefe eines jeden von uns gibt es sicher noch eine Menge ungenützter Energien, die geweckt werden könnten.

Denken wir nur einmal an die nicht verwandelte Kraft, die sich hinter Traumbildern von wilden Tieren, Dämonen, Einbrechern, gewalttätigen Menschen oder auch Munition, Raketen und anderen Explosivstoffen verbirgt. Bedenken wir aber auch, was Christen mindestens in den letzten tausend Jahren (oder länger) alles verdrängt und abgespalten haben, dann schlummert nicht nur in jedem einzelnen, sondern auch in der Kollektivpsyche noch ein ungehobenes Potential, das seiner Mumienhülle oder auch seines dämonischen Charakters entkleidet werden und an unser Bewußtsein wieder angegliedert werden könnte; man könnte auch sagen: dieses Potential wartet noch auf seine »Menschwerdung« in uns. Sie entspräche dem »Herausgehen am Tage« – analog zur neuen Geburt des Sonnengottes, wenn er aus den Tiefen der Unterwelt wieder aufsteigt und sein erneuertes Licht in die Welt hineinstrahlen läßt.

So wird das Mythologem von der Nachtmeerfahrt des Sonnengottes und seiner allmorgendlichen Wiedergeburt aus der Tiefe ein Modell für die ständige Erneuerung menschlichen – individuellen wie kollektiven – Bewußtseins im Dunkel des Unbewußten, aber auch für die Wirksamkeit dieser Erneuerung in die Welt hinein. Fritjof Capra, ein moderner Physiker, sagt: »Das existentielle Dilemma der menschlichen Situation läßt sich letzten Endes nur auf eine Weise überwinden: indem man es durch die Erfahrung der eigenen Existenz innerhalb eines umfassenderen kosmischen Zusammenhangs transzendiert.« Das geschieht in einer »Art des Bewußtseins, in der das Individuum sich mit dem Kosmos als ganzem verbunden fühlt«[148].

In einem Mythos tut das der »Held«. Er ist derjenige, »der noch im Leben die Ansprüche des Überbewußten, das in der ganzen Schöpfung mehr oder weniger unbewußt ist, erkennt und vertritt«. Doch wie soll er »die Laute der Finsternis, die die Sprache verschlagen, zurückübersetzen in die Sprache des Alltags? ... Um sein Abenteuer zur Vollendung zu bringen, muß er den Ansturm der Welt überstehen.«[149] Das aber kann er nur, wenn er zum einen die Verbindung zu jener paradoxen Einheit von Oberwelt und Unterwelt, die er in der Tiefe erfuhr, aufrechterhält. Zum anderen muß er »*wissen*«, was er erfahren hat. Von diesem »Wissen« aber geht die Verpflichtung aus, es in lebendiges Handeln umzusetzen. Für jeden Menschen heißt das: was er als *Wahrheit* erkannt hat (während eines inneren Prozesses), das verlangt von ihm, daß er es be-kennt, indem er es lebt und sich dafür entscheidet. So holt er ein bisher verborgenes Potential, das nun in ihm Gestalt gewonnen hat, in die Sichtbarkeit. Göttliche Tiefenkräfte können so »Mensch werden«. Sollte der Mensch jedoch der Versuchung erliegen, sich mit einer der göttlichen Mächte, denen er begegnete, zu identifizieren, verfiele er der Ich-Inflation, das heißt: er würde sich aufblähen, als sei er jene Macht selbst. Bleibt sich das menschliche Ich bewußt, daß es nur Kanal sein kann, durch den die göttlichen Energien des Urgrundes in die Welt hineinfließen wollen, dann kann es sie in der Welt des All-Tags fruchtbar werden lassen. Die Erhaltung ganzheitlicher Ordnung im Einzelmenschen wie im Gesamtkosmos hängt davon ab, daß die Götter diesen Energiestrom, der aus dem unbewußten Seelen- und Weltgrund fließt, regulieren.

Doch es bedarf des menschlichen Ich, damit er in die Welt hinein fruchtbar wird. Auf dem Weg zu seiner Individuation ist es Aufgabe dieses Ich, nicht nachzulassen in seinem Bemühen, möglichst viele Bereiche seines unbewußten Potentials ins Bewußtsein zu integrieren. Das geschieht in einem Prozeß ständiger Wandlung und Erneuerung, wie der Sonnengott ihn vorlebt. »Wer auf die Sonne schaut, dem erschließt sich das Wesen der Finsternis« heißt es in einem Spruch des ägyptischen Totenbuchs[150]. Das heißt doch wohl: wenn wir wahrnehmen, daß die Sonne jeden Morgen erneuert und mit frischer Kraft aus dem Dunkel der Unterwelt hervorgeht, dann erkennen wir, daß es das Wesen dieser finsteren Tiefe ausmacht, Alt-Gewordenes zu verjüngen, Tod in Leben zu verwandeln. So wie dieser Gott immer neu, immer wieder jung ist, steht es auch dem menschlichen Bewußtsein offen, sich ständig zu wandeln und in einem spiraligen Kreislauf weiterzuentwickeln, was letztlich bedeutet: das Göttliche in sich wachsen zu lassen. Denn »Gott ist Mensch geworden, damit wir ›Götter‹ werden«, sagte Athanasius.

»Es gibt Dimensionen unseres Seins und ein Erkenntnis- und Bewußtseinspotential, die in dem Begriff, den wir von uns haben, nicht eingeschlossen sind. Unser Leben ist viel tiefer und breiter, als wir es uns hier vorstellen. Was wir leben, ist nur ein verschwindender Bruchteil dessen, was wirklich in uns steckt, was uns Leben, Breite und Tiefe verleiht. Aber wir können diese Tiefe leben. Und wenn wir sie erfahren, erkennen wir auf einmal, daß alle Religionen davon sprechen.«[151]

»Alle Religionen sprechen« von dem dem Menschen innewohnenden Ziel, »göttlich«, das heißt ein »vergöttlichter« Mensch zu werden und das in ihm von jeher anwesende göttliche Sein zur Entfaltung zu bringen. Das setzt voraus, daß er es zunächst in der Tiefe seines Wesens erfährt. Dazu muß er, wie Re oder Christus es den Menschen vorlebten, in die dunkle Tiefe seines Menschseins hinabsteigen, um sich dort mit der Tod-Seite Gottes zu vereinen. Wenn er nach vollzogenem Aufstieg in die konkrete Alltagswirklichkeit die erfahrene »Tiefe lebt«, wird seine »Göttlichkeit« sichtbar.

Ob mythischer Held, Mystiker oder wir – immer will die in der Seele wirksame göttliche Kraft sich durch die Weise, wie der Mensch menschliches Leben lebt, in der Welt bezeugen. Das heißt beim ägyptischen König: er lebt seine »Horusnatur«; für den Christen bedeutet es: er lebt die ihm innewohnende »Christusnatur«. Um das tun zu können, müssen wir uns allerdings in unserer personalen Innerlichkeit ernstnehmen und Stellung beziehen zu unserer Erfahrung. Das heißt: wir müssen das, was uns als innere »Ordnung« aufleuchtete, bewußt zum »Urhügel- Standpunkt« (zur »Ma'at«) unseres erneuerten Bewußtseins machen. Der innere Ort unserer »zweiten Geburt« wird zu unserer persönlichen »Insel des Aufflammens«, von der aus die erfahrene Gott-Wirklichkeit in die Welt hineinstrahlen darf. Von ihr aus können wir – als Gewandelte – unsere Welt »im Prozeß der eigenen Gestaltwerdung« neu erschaffen und erneuertes Leben zum Spiegel der Weltschöpfung werden lassen.

Wessen Herz – als die Mitte seines Mensch-Seins – licht geworden ist, der vermag auch selbst die Welt zu durchlichten. Und bei jenen, die »Ohren haben, zu hören«, wird er eine Sehnsucht ansprechen, die als eine Ahnung bereits darauf wartet, ins Bewußtsein gerufen zu werden. Indem er so dafür durchlässig wird, daß die in ihm bewußt und wirksam gewordene Göttlichkeit auch in die Welt hinein wirken darf, übt er in gewisser Weise die Funktion eines »Heil-Bringers« aus, wie sie dem ägyptischen König oblag. Er wird dann auch spüren, wann er den »Finger an den Mund legen« muß (wie der ägyptische »Schweiger«), damit »Schätze der Tiefe« nicht in den Schmutz gezerrt werden. Würde er sich aber mit dem Heilbringer identifizieren, ginge ihm die Frucht seiner eigenen Erfahrung verloren. In gleicher Weise fällt er aus ihr heraus, wenn er nur *über* sie spricht. Denn das Geheimnis des Göttlichen im Menschen läßt sich weder definieren noch wie ein Besitz vereinnahmen.

Im Mythos heißt es, daß am Morgen mit Re zusammen alles Lebende aus dem Urgewässer des Anfangs neu geboren wurde. Wenn die Wahrheit des Mythos auch heute noch gilt, dann wäre der Urozean – psychologisch ausgedrückt: unser eigenes Unbewußtes – auch für uns noch ein Ort der Erneuerung, in den wir nicht nur während der Traumreise im Schlaf hineingehen, sondern in den wir auch hineinfallen oder hinabsteigen, wenn alte Formen zerbrechen. In der gegenwärtigen Zeit zerbrechen sehr viele kollektive Formen und Werte. Das verschafft zwar den einzelnen mehr Freiheit und Individualität; doch andererseits wirft es auch viele Menschen in eine Orientierungslosigkeit, in der sie Verzweiflung oder Sinnlosigkeit erfüllt, weil sie Wegweiser vermissen. Sie sind mit »Bruchstücken« von Werten konfrontiert, und nicht jeder weiß sie schöpferisch neu zusammenzufügen, so daß Wertvolles erhalten bleibt und Überholtes sich auflöst.

Da ist es wichtig, daß es Menschen gibt, die bereits aufgebrochen sind und den Weg zur Ganzwerdung gehen, so daß sie von daher ihrem Leben Sinn zu verleihen vermögen. Sie sind für andere Orientierungshilfen, reichen vielleicht auch dann und wann die Hand beim Abstieg in die Tiefe. Denn da es keine wirklich tragenden kollektiven Werte mehr gibt, ist der Mensch von heute gezwungen, sich auf den Weg zur Bewußtwerdung zu machen, wenn er nicht verlorengehen will. Das wird zumindest heißen: sich bewußt jenen Menschen zugesellen, die wegweisend wirken können.
Der Abstieg in den eigenen Innenbereich erweist sich allerdings auch unter einem anderen Aspekt als notwendig: wir projizieren sonst die archetypischen Götterfiguren allzusehr auf unsere Mitmenschen, und damit auch auf politische Führergestalten. Damit bürden wir diesen jedoch Lasten auf, die sie zu tragen nicht imstande sind, abgesehen davon, daß das auch der Bewußtseinsstufe des heutigen Menschen nicht entspricht. Wir dürfen weder in Politikern – auf der kollektiven Ebene – noch im Partner – auf der individuellen Ebene – den »Erlöser von allem Übel« suchen, das wir beseitigt haben möchten. Lassen wir uns auf unser eigenes Unbewußtes ein und stellen wir vor allem die Verbindung zu den Göttern in unserer eigenen Seele her, dann entlasten wir äußere Beziehungen von überzogenen Erwartungen und können mehr echte Gleich-Wertigkeit leben.
Anhand zweier Beispiele möchte ich aufzeigen, wie sich ein beginnender Abstieg und ein Aufstieg andeuten können. Das erste stammt von einer 43jährigen Frau, die ein dreiviertel Jahr nach Therapiebeginn folgendes träumte:
»Ich fahre mit meinem Auto in einen Tunnel ein und sehe, daß sich dort ein Unfall ereignet hat. Doch zu meiner Erleichterung nehme ich wahr, daß Polizei und Rettungswache bereits da sind, so daß ich nicht anhalten und helfen muß. Im Vorbeifahren sehe ich zu meinem Schrecken, daß zwei junge Menschen auf der Straße liegen, deren Kopf fehlt. Dennoch bluten sie nicht. Entsetzt fahre ich weiter. – In der nächsten Szene sitze ich allein in einem großen Bus, den mein Onkel steuert. Wir kommen von der Klinik, wo ich ein Neugeborenes geholt habe, das jetzt mir gehört. Es strahlt und lacht mit mir, wie wenn es schon größer wäre.«
Das Motiv der Unfall-Toten ist insofern von Bedeutung, als die Frau – ich nenne sie einmal Erna – bei Therapiebeginn äußerte,

sie habe große Angst, sie könne, vor allem beim Autofahren, mit toten Menschen konfrontiert werden. Nun greift ihr Traum dieses Motiv auf, schont sie jedoch zunächst davor, anhalten zu müssen. »Sie kommt mit dem Schrecken davon« und mit einem kurzen Blick auf die Toten. Dabei entdeckt sie, daß diese Kopf-los sind. – Der Ausgang der zweiten Szene weist darauf hin, daß ihr Prozeß stimmig verlaufen und zur Erneuerung ihres Bewußtseins (angedeutet im Kind) führen wird. Wie ein weiterer »Initialtraum« spannt er den Bogen von dem, was zunächst als notwendige Auseinandersetzung ansteht, hin zum Ende dieses Prozesses. So macht er ihr Mut, den Weg in die eigene Tiefe zu wagen, zumal vorausgegangene Träume auf viel ungehobenes Potential hinwiesen.

Erna ist eine sehr kontaktfreudige und sozial eingestellte Frau. Sie besitzt eine ungeheure Vitalität und Lebensfreude, doch ließ sie sich durch die Forderungen anderer von Jugend an erheblich daran hindern, sie zu leben; statt dessen nahm sie sich immer zurück. Nun drängt das auf diese Weise abgewehrte Potential mit Macht nach außen und erschien in den letzten zwei Jahren (vor allem innerhalb der Familie) in Ausbrüchen von »kopfloser« Impulsivität, so daß sie jeweils im Nachhinein erschrocken vor dem stand, was sie »angerichtet« hatte. Das erzeugte solchen Leidensdruck, daß sie schließlich eine Therapie aufsuchte und sich in ihrem geschützten Rahmen immer näher an ihre verdrängten Kräfte herantastet.

Für Menschen, für die eine Wandlung so dringend ansteht, weil die verstorbenen Kräfte in ihren Grabkammern nicht mehr länger auf das Licht des Bewußtseins warten wollen – die aber gleichzeitig von großer Angst vor dem, was ihnen begegnen könnte, besetzt sind, ist es wichtig, daß die Seele ihnen im Traum die Botschaft gibt, darauf zu vertrauen, daß ihr Weg Erneuerung bringen werde. So konnte Erna Ja dazu sagen, sich mit ihrer Angst vor Toten zu konfrontieren.

Zwei Monate später hat sie einen Traum, in dem sie intuitiv ahnt, daß eine Frau, mit der zusammen sie Ski fährt, ermordet werden wird. Doch sie nimmt die Ahnung nicht ernst und macht sich im Nachhinein Vorwürfe, als sie dazu kommt, wie andere Menschen sich über die Ermordete beugen. Da sie auch im Traum mit den Ich-Augen der »Taggestalt« schaute, traute sie ihrer Intuition nicht. Dieser Traum hat sie sehr erschreckt und wachsamer gemacht für ihre bisher abgespaltene intuitive Fähigkeit. Aber bis sie diese »umgekehrte« Blickrichtung gelernt hat, wird wohl noch einige Zeit vergehen.

Kaum hatten wir der Begegnung mit diesen Träumen intensiv Raum gewährt, kam die nächste erschreckende Botschaft: Erna erlebt sich im Traum in einem Keller, wo sie zwei Menschen in je ein Wandverließ hineinstößt und zusperrt. Kann ein Traum deutlicher zeigen, wie ein Mensch eigene Kräfte »bei lebendigem Leib begräbt«? Erna weiß im Traum weder, wer diese Menschen sind, noch warum sie das tut, und beim Aufwachen steht sie fassungslos vor sich selbst. Der innere Zwang, mit dem sie Jahrzehnte eigene Lebensimpulse beschnitten hat, ist deutlich sichtbar. Es ist hart für sie, mit dem ihr grausam erscheinenden Tun konfrontiert zu werden, und dennoch – ohne Auseinandersetzung damit ist der Weg zur Wiedererweckung der »Verstorbenen« nicht frei.

Bereits in der nächsten Nacht folgt eine weitere Herausforderung.[152] Dieser Traum scheint an den ersten anzuknüpfen: Erna fährt mit ihrem Auto bis zu einem Tunnel. Von da ab ist sie plötzlich zu Fuß. Sie geht hinein, und während sie geht, wird der Tunnel zunehmend enger. Das bereitet ihr große Angst. Sie kann gerade noch aufrecht gehen, hat jedoch rechts und links keinen Spielraum. Am Ende des Tunnels ist ein senkrechter Schacht, durch den sie von einem Wind nach oben gesogen werden soll. Sie will sich hineinstellen, um möglichst schnell nach oben zu kommen, doch eine Stimme sagt: sie müsse noch warten, bis der Gegenverkehr vorbei sei (von diesem sieht sie allerdings nichts).

Wieder wird das Tunnel-Motiv aufgegriffen. Daß sie zu Fuß gehen muß, hat eine wichtige Bedeutung: es geht um das Erleben des Schritt-für-Schritt, das in Träumen immer wieder dem Rasen mit dem Auto, bei dem man vieles gar nicht wahrnehmen kann, gegenübergestellt wird. Dem Rhythmus der Seele entspricht das Gehen. Sie hat einen langsamen Rhythmus und braucht viel Zeit. Zwar beeilt sich Erna im Traum, um möglichst schnell wieder aus dem Tunnel herauszukommen. Doch dieser Wunsch wird ihr nicht erfüllt: das Enger-Werden erzwingt ein langsameres Gehen, und schließlich muß sie auch noch warten, »bis der Gegenverkehr vorbei ist«. Und da der Traum an dieser Stelle endete, wartet sie immer noch. Das kann bei solchen Bildern auch gar nicht anders sein, denn hinter dem Tunnel, ganz besonders hinter seinem Enger-Werden verbirgt sich das Symbol des Geburtskanals: Erna muß also – bevor sie das Neugeborene in den Arm nehmen kann – zuerst selbst ganz bewußt durch den Geburtskanal hindurch, um zur »zweiten Geburt«, zur Geburt des »königlichen Menschen« zu gelangen. – Wenn die »Stimme« Erna zum Warten auffordert, so verlangt sie etwas von Erna, was ihr bei ihrer Impulsivität schwerfällt, denn sie handelt meist, bevor sie nachdenkt oder entscheidet. Der »Gegenverkehr« weist vermutlich darauf hin, daß sie noch zu viele Gegenkräfte in sich einströmen läßt, die sie behindern. Aber die Selbstregulierung ihrer Psyche – denn diese verbirgt sich hinter der »Stimme« – führt sie gut, und sie darf sich ihr anvertrauen.

Nach meiner Erfahrung bricht bei sehr vitalen Menschen, die sich viele Jahre oder gar Jahrzehnte zurückgenommen haben, bis sie schließlich unter hohem »Dampfdruck« standen, der therapeutische Prozeß, kaum daß sie sich in ihn eingelassen haben, fast mit der Macht eines Vulkans los. Die meist sehr kraftgeladenen Bilder der Träume konfrontieren den Menschen sehr schnell mit den Verzerrungen seiner eigentlichen Persönlichkeit und rufen starke Erschütterungen hervor. Die kurz aufleuchtenden Ziel-Bilder sind jedoch nicht weniger kraftvoll und zeigen damit an, daß der Betreffende in der Lage ist, der Herausforderung seines Unbewußten zu begegnen.

Das zweite Beispiel betrifft eine etwa 50jährige Frau, die ihre Analyse bereits abgeschlossen hat und mit Träumen und Aktiver Imagination gut umgehen kann. Daher will sie eines Tages für den Ärger, der in ihr hochkommt, ein Bild aufsteigen lassen, weil sie weiß, daß sich auch hinter unseren Emotionen ungenutzte Kräfte verbergen. So versetzt sie sich mittels einer entspannenden Methode in einen herabgesetzten Bewußtseinszustand und findet sich zu ihrem Erstaunen sehr bald als ein »Ur-Tier« wieder. Sie berichtet: »Ich bin eine Art Echse und lebe in Urzeiten. Ich trage einen Schuppenpanzer und brülle laut. Alles ist dunkel. Durch einen tiefen, schwarzen Schacht steige ich senkrecht aus der Tiefe empor. Als ich oben bin, schließt er sich hinter mir. Ich habe einen großen Leib mit großem Kopf und bin von braungrüner Farbe. Ich spucke Feuer. Überall, wo es hinfällt, entsteht etwas: ein Hügel, darauf Bäume; ein Fluß, eine Wiese, ein See, links Felder, und im Hintergrund Felsengebirge. Als ich nach oben spucke, entsteht der Himmel und beim zweitenmal die Sonne. Jetzt wird Licht. – Dann sitze ich inmitten all dessen, was ich geschaffen habe. Die Sonne scheint auf mich und wärmt meinen Schuppenpanzer. Als er schließlich ganz erwärmt ist, öffnet er sich vorn in der Mitte, und ich merke, daß ich ihn ausziehen kann. Menschliche Füße kommen heraus, dann der Körper. Plötzlich stehe ich – vorher eine große Echse – als kleiner Mensch vor der großen Schöpfung und kann nicht fassen, daß ich sie geschaffen habe. Mir ist, als lebte ich am Anfang der Welt. Ich begrüße die Sonne und werde dankbar angesichts all dessen, was ich sehe. Daß ich es vorher schuf, das habe ich fast vergessen. Alles ist viel größer als ich, und ich freue mich an der Schönheit der Welt. Wohin die Sonne scheint, entstehen jetzt Pflanzen und Tiere. Es ist ganz selbstverständlich, daß die Tiere mit mir sprechen und daß ich ihre Sprache verstehe. Sie erzählten mir von ihrer Weise, einfach *da* zu sein.«[153]

Daß die Seele eines Menschen in der Zeit großer technischer Errungenschaften auf derart urtümliche Bilder zurückgreift und bei der Erschaffung der Welt ansetzt, ist sicher nicht das, was wir bei der Ausgangssituation eines Ärgers erwartet hätten. Wenn ein Mensch in Traum oder Imagination so gewaltige archetypische Bilder hat, dabei aber sehr schöpferisch mit ihnen umgeht, betreffen sie[154] nicht nur ihn persönlich, sondern haben auch kollektive Bedeutung und ordnen dem jeweiligen Menschen eine Funktion im Kollektiv zu. Das – im Vergleich zum Ärger – machtvolle Feuer-Speien (erinnern wir uns, daß Atum am Anfang das erste Paar *ausspie*) setzt Schöpfungsenergie aus archetypischer Tiefe frei und könnte vielleicht darauf hinweisen, daß im Schatten allen Zornes, der als Feindbilder auf andere projiziert wird, ein erhebliches Schöpfungspotential auf Freisetzung wartet. Außerdem könnte eine Anspielung darauf vorliegen, daß wir in den bereitliegenden Atombomben eine geballte Macht in die Luft schießen wollen, die als zerstörerisches Feuer auf uns zurückkäme. Im Gegensatz zu ihm ist das durch die Echse aus der Tiefe der Welt hervorgeholte Feuer von schöpferischer Kraft. Es erneuert die Welt, weil es Ur-Energie des Anfangs ist, noch nicht durch Menschengehirne und - hände hindurchgegangen.

Hier gehen sowohl Zeit wie Ort über den gegenwärtigen Lebensraum und -zusammenhang der Frau hinaus; ein »Ur-Tier« weist darauf hin, daß die Verbindung mit dem Urgrund des Seins wieder hergestellt werden muß, wenn die Menschen der Gegenwart eine natürliche Erneuerung ihrer Umwelt wollen. Kollektive Bedeutung hat ebenso, daß die Frau das »Kleid« eines Tieres anlegen mußte, das nicht nur zu den Anfängen der Erde zurückreicht, sondern auch die Kraft eines Menschen weit übersteigt. Nur so schien ihr möglich zu sein, die gewaltige Botschaft zu vermitteln, die sie – als kleiner Mensch – anschließend nicht mehr begreifen konnte. Dann aber ist auch die Echse – *als* Echse – nicht mehr vorhanden. Was von ihr bleibt, ist eine leere Hülle – eine »Mumienhülle«, die notwendig war, um die Begegnung mit archaischen Kräften der Tiefe unbeschadet zu überstehen und um eine erneuerte Daseinsgestalt heranreifen zu lassen. Sofern diese Echse nicht starr war wie eine Mumie, sondern sich aus der Tiefe heraufbewegte, gleicht sie der verjüngenden »Ka-Schlange« der 12. Stunde, wird aber in der Oberwelt zu toter Materie, sobald ein erneuertes Ich aus ihr herausgetreten ist. Dies bewirkt die Licht-Kraft der Sonne, analog zum schöpferischen Anruf, mit dem Re die »Seligen« aus ihren Mumienhüllen hervorlockt. – Es sind wahrhaft mythische Urbilder, die aus der Seele dieser Frau aufstiegen, und in ihrem Echsenkleid bildet sie geradezu ein Gegen-Bild zum modernen »Kleid« eines technischen Alles-Machers, der sich darin wie ein allmächtiger Gott vorkommt.

Die in dieser Imagination erlebte Neuschöpfung setzt entweder eine Katastrophe oder eine vorhergehende »Einfaltung der Ordnung« voraus, damit eine neue »Entfaltung«[155] folgen kann. Das entspricht der Bewegung des Mythos, der nicht gradlinig denkt, sondern in spiraliger Kreisform, so daß sich die Vorstellung einer »creatio continua« (fortwährende Schöpfung) ergibt. Sie war dem Ägypter das »Gegenteil zur Katastrophe« und wurde garantiert durch die »Vereinigung der beiden Götter Re und Osiris. Diese Vereinigung des Gottes der unaufhörlichen Bewegung und Verwandlung und des Gottes der unwandelbaren Dauer ist ein periodischer Prozeß« zur »Überwindung einer periodischen Krise. Jeder Wandel impliziert diese Krise.«[156] Das gilt für die Schöpfung, das gilt auch für den Menschen. Wir alle kennen »periodische Krisen«, jene Tiefs in unserem Leben, die von manchen wie eine »Katastrophe« erfahren werden. Da ist es gut zu wissen, daß sie einer neuen Phase der seelischen »creatio continua« vorausgehen. Immer wieder bildet die Grenze, an die der Mensch mit seinem Ich-Willen stößt, das Einbruchstor für das erneuernde Göttliche.

»Einfaltung und Entfaltung« haben beim Menschen auch mit Introversion und Extraversion zu tun. An entscheidenden Punkten unseres Lebens werden wir in die Introversion gerufen, in die »Wendung nach innen«, um uns dem Absterben alt gewordener Vorstellungen und Werte auszusetzen. Das entspricht der »periodischen Krise«, die überwunden werden will durch die Vereinigung beider Energie-Bewegungen. Introversion entspricht dem Abstieg Res, dem Weg ins Dunkel hinein. Das wird einem von Natur aus introvertierten Menschen nicht schwer fallen, kennt er doch die »Landkarte« der unteren Welt meist besser als die der oberen. Auch weiß er um den tieferen Wert all jener Dinge, die von der extravertierten Außenwelt als nichtig erachtet oder verworfen werden. Er erspürt deren verborgene Kostbarkeit, die sich außen-betonten Blicken nicht enthüllt. Einen solchen Menschen könnte man als jemand mit einer Osiris-Seele bezeichnen, da sich sein eigentliches Leben in der Tiefe abspielt, wo er seinen größten Reichtum weiß[157]. Entsprechend schwer fällt ihm daher der Aufstieg, weil er seine Reichtümer nicht vergegenständlichenden Blicken aussetzen möchte, die sie in Schubladen und Kategorien einordnen. Auch fühlt er sich dem Tempo der oberen Welt nicht gewachsen und gerät bei dem Versuch, sich ihr anzupassen, leicht in eine unnatürliche Hektik, in der er sich selbst an vieles Tun verliert. Er kann dieser Welt des Diesseits nur standhalten, wenn er seine Tief-Gründigkeit zu seinem »Urhügel« macht, in ihr seinen Standpunkt gewinnt und in ihr ruht.

Umgekehrt fürchtet der Extravertierte die *Tiefe* und hat Angst, in ihr verlorenzugehen. Daher wartet er meist, bis seine Extraversion ihn solange tyrannisiert hat, bis er in eine Depression fällt. Dann wird es ihm »eng« (»Angst« kommt von »eng«), und das nicht ohne Grund: in der Tiefe seiner Seele warten all jene Seelen-Anteile, die er »einsargte«, damit sie ihn nicht hinderten, nach den Vorstellungen seines von außen bestimmten Ich zu leben. Sie verlangen nach »Atemraum« und »Lebensodem«. In seiner Angst vor dem Absticg nahm er also unbewußt die Enge seiner inneren »Verstorbenen« wahr. Wenn er nun seine Angst in Sehnsucht nach ihnen umwandeln kann, wird das ein Streben nach Ganzwerdung in Gang setzen. Natürlich können Ab- und Aufstieg und mit ihnen der Weg zu einer neuen Bewußtseinsebene nicht ohne Schmerzen vor sich gehen. Diese werden um so größer sein, je mehr sich ein Mensch in Idealvorstellungen über ein leichtes und bequemes Leben verstiegen hatte; denn die dadurch herausgeforderte »Fratze« des Unbewußten wird sich ihm als Gegenkraft in den Weg stellen. Will er ihr etwas entgegensetzen, bedarf es intensiver Zuwendung zu seinen »Unterweltsbewohnern«, die jene Potentiale verkörpern, die seinem Oberwelt-Handeln fehlten und es dadurch blutlos werden ließen. Kann er diese bisher abgewehrte Seelenseite integrieren, wird das Gleichgewicht zwischen Oben und Unten wiederhergestellt und der schmerzhafte Spannungszustand ausgeglichen.

Von Re können beide lernen: der Extravertierte das Loslassen der »Taggestalt« und den bereitwilligen Abstieg, der Introvertierte das Loslassen der »Nachtgestalt« und das »Herausgehen am Tage«. Aufgrund ihrer umgekehrten Problematik, die sich letztlich ergänzt, könnten beide Energie-Typen einander wertvolle Dienste leisten, anstatt, wie das leider oft in Partnerschaften oder Eltern-Kind-Beziehungen geschieht, den Partner nach dem eigenen Bild umformen zu wollen. Der Introvertierte bedarf der »Geburtshelferinnen am Morgen«, die ihm den Aufstieg erleichtern. Da genügen oft schon Blicke oder kleine Gesten, die ihm sagen, daß er mit seinem So-Sein in der Oberwelt akzeptiert ist. Denn vielfach fühlte er sich von Kindheit oder Jugend an dem Zwang zur Extraversion wie einem bedrohlichen »1. Gebot« ausgeliefert. Dem Extravertierten hingegen könnte der Introvertierte mit seiner Fähigkeit, eine *innere* Verbundenheit zu Menschen herzustellen, die er aufgrund seiner Beheimatung in der Tiefe besitzt, etwas von der Sicherheit der tragenden Ka-Arme vermitteln, um dem anderen einen Teil seiner Angst vor der Tiefe zu nehmen. Vermag er seine innere Freude am Reichtum der Tiefe durch seine Augen hindurchleuchten zu lassen, so kann er im anderen vielleicht die Sehnsucht wecken, in seiner eigenen Seele Verborgenes zu entdecken.

Doch Extraversion *und* Introversion finden sich ebenso in jedem Menschen mit umgekehrten Vorzeichen: der Extravertierte hat große Schwierigkeiten mit seiner introvertierten, der Introvertierte mit seiner extravertierten Seite. Der Sonnenlauf Res mit seiner Tag- *und* Nachtfahrt zeigt uns, wie sich beide Energierichtungen miteinander in Einklang bringen lassen, so daß die menschliche Einzelseele sich als Abbild der kosmischen Seele verwirklichen kann, indem sie ihre Energie zwischen ihrem Lebens- und ihrem Todespol hin- und herfließen läßt. Nicht vergessen dürfen wir dabei, uns den weiblichen Seelenkräften – als den Führerinnen in den Tod hinein wie durch ihn hindurch zum neuen Leben – anzuvertrauen, damit männlich- göttliche Lebenskraft durch weiblich-göttliche Weisheit ergänzt werde.

# *Anhang*

## Orientierungs-Fahrplan: Kurzfassung der Mythologeme

**1.** Die beiden Schwestern Isis und Nephthys suchen – finden – beklagen und beweinen den toten Bruder Osiris, der von seinem Bruder Seth ermordet wurde. Sie fügen seine Glieder zusammen zu einer Mumie, beschützen und »beleben« ihn mit ihren Flügeln.
**2.** Als Falkenweibchen auf dem Phallus der Mumie sitzend, empfängt Isis den Samen des »toten« Gatten. Sie wird schwanger, jubelt darüber sehr und teilt den männlichen Göttern ihre Schwangerschaft mit. Sie bittet um deren Beistand wegen einer zu befürchtenden Bedrohung durch Seth, und Atum bietet ihr seinen Schutz an.
**3.** Kurz vor der Geburt des Kindes macht Isis sich auf den Weg zu den Deltasümpfen, zu den Häusern der Menschen-Frauen. Von einer Reichen wird ihr die Tür vor der Nase zugeschlagen, ein armes Fischermädchen nimmt Isis auf. Die Isis begleitenden Skorpione stechen den kleinen Sohn der reichen Frau, und Isis heilt ihn. Allein in dem mythischen Delta-Ort Chemmis, gebiert Isis dann ihren Sohn, nennt ihn »Horus«. Ihre Freude über seine Geburt wird eines Tages getrübt, als er während ihrer kurzen Abwesenheit durch Skorpion- oder Schlangengift tödlich verwundet wird und zu sterben droht. Voller Verzweiflung ruft sie die Sonnenbarke an. Diese bleibt am hellichten Mittag am Himmel stehen, und der Sonnengott schickt Thot, den Götterboten, herunter, damit er in seinem Auftrag das Kind heile. Nach der Heilung erst fährt die Barke weiter, und die Sonne scheint wieder.
**4.** Als für Horus die Mann-Werdung ansteht, entläßt Isis ihn mit einem Ritual in die Welt. Er geht auf die Herausforderung Seths ein, in der Gestalt von Nilpferden einen Wettkampf unter Wasser auszutragen. Isis will Horus unterstützen und wirft vom Ufer aus ihre Harpune. Doch sie trifft zunächst Horus. Als dieser aufschreit, ruft sie die Harpune zurück. Sie wirft ein zweites Mal und trifft Seth. Doch als dieser sie daran erinnert, daß er ihr Bruder sei, ruft sie wiederum ihre Harpune zurück. Da springt Horus, wütend wie ein Leopard, aus dem Wasser und schneidet Isis mit einem Messer den Kopf ab. Er nimmt ihn unter den Arm und geht damit ins Gebirge. Dort schläft er ein. Seth findet ihn und reißt ihm beide Augen aus. Nun kommt die Himmelsgöttin Hathor und heilt seine Augen mit der Milch einer Gazelle. Danach geht sie mit ihm zum Rat der Götter, wo ihm die Königskrone des Vaters zugesprochen wird.

**5.** Der menschliche König wird durch seine Thronbesteigung zu »Horus«, das heißt er wird ein zweites Mal »geboren«, indem er zu seiner menschlichen die göttliche Natur annimmt. In ihm wird der Gott Horus auf Erden sichtbar. Der König gilt also, wie der Gott Horus es war, zugleich als Sohn des Totengottes Osiris wie des Sonnengottes Re. Letzteren vertritt er auf Erden, es ist daher seine Aufgabe, die Schöpfung zu erhalten und zu erneuern. Dabei leisten ihm alle Götter und Göttinnen Beistand.

**6.** Am Abend besteigt der Sonnengott im Westen die Nachtbarke und fährt hinab in die Unterwelt. Dabei hat er eine ausgewählte Bootsmannschaft, zu der Horus als Steuermann gehört, während Hathor, die auch Totengöttin des Westens ist, als »Herrin der Barke« mitfährt. Die Fahrt ist eingeteilt in 12 Stunden, und zu jeder neuen Stunde ist ein Tor zu durchschreiten, das einen bis drei Wächter hat. Wichtigste Aufgabe des Sonnengottes während der nächtlichen Fahrt ist es, die Verstorbenen, die durch das Totengericht »selig« gesprochen wurden, mit Namen zu rufen, ihnen Licht und Atem zu schenken, so daß sie erwachen, sich aufrichten und leben. Doch wenn er weiterzieht, müssen sie wieder in ihre Gräber zurück und warten auf die nächste Nacht, in der sich das Gleiche ereignet. In der Unterwelt gibt es, in Form von Schlangen, Ungeheuern und Dämonen, viele Gefahren. Doch Re und seine Mannschaft wissen, wie man mit ihnen umzugehen hat. Schwierig ist die Fahrt durch die gefährliche Sokar-Wüste, wo die Barke über Sand gezogen werden muß und an Bug und Heck einen Schlangenkopf hat, der Feuer speit und das Dunkel erhellt. Vorsichtig muß die Sokar-Höhle umkrochen werden. Dies geschieht in der 4. und 5. Nachtstunde. In der 6. Stunde, der Mitternacht, vereint sich der Sonnengott mit dem Totengott Osiris, und beide schöpfen daraus neue Kraft. Die 7. Stunde ist die gefährlichste: der Urdrache Apophis hat einen großen Teil des Wassers ausgeschlürft und liegt auf seiner Sandbank, um die Weiterfahrt der Barke zu verunmöglichen, und das hieße: Chaos hereinbrechen zu lassen. Doch jetzt tritt Isis als »Zauberin« an den Bug der Barke, lähmt den Drachen mit ihrem Zauberspruch, Selkit fesselt ihn, und Seth tötet ihn mit seinem Speer. Apophis muß das Wasser wieder ausspeien, die Barke kann weiterfahren. In der 11. Stunde dürfen alle Verstorbenen das Angesicht Res schauen: sein Gesicht wird auf einer Barke an ihnen vorbeigezogen. In der 12. Stunde fährt die gesamte Bootsmannschaft in den Schwanz einer riesigen Schlange ein, in der alle erneuert werden. Re, der als Greis in die Unterwelt hinabgefahren war, wird in dieser Schlange zum Skarabäus, beziehungsweise er wird als Kind geboren aus dem Schoß seiner Mutter Nut oder aus einer Lotosblume. Von unten hebt ein männlicher Gott der Tiefe die erneuerte Sonne empor, von oben nehmen ihn zunächst Isis und Nephthys als »Geburtshelferinnen«, dann Nut als Himmelsgöttin in Empfang. Die Tagfahrt der Sonne beginnt.

## Die Götterwelt

*I. Dynastie der Urgötter*

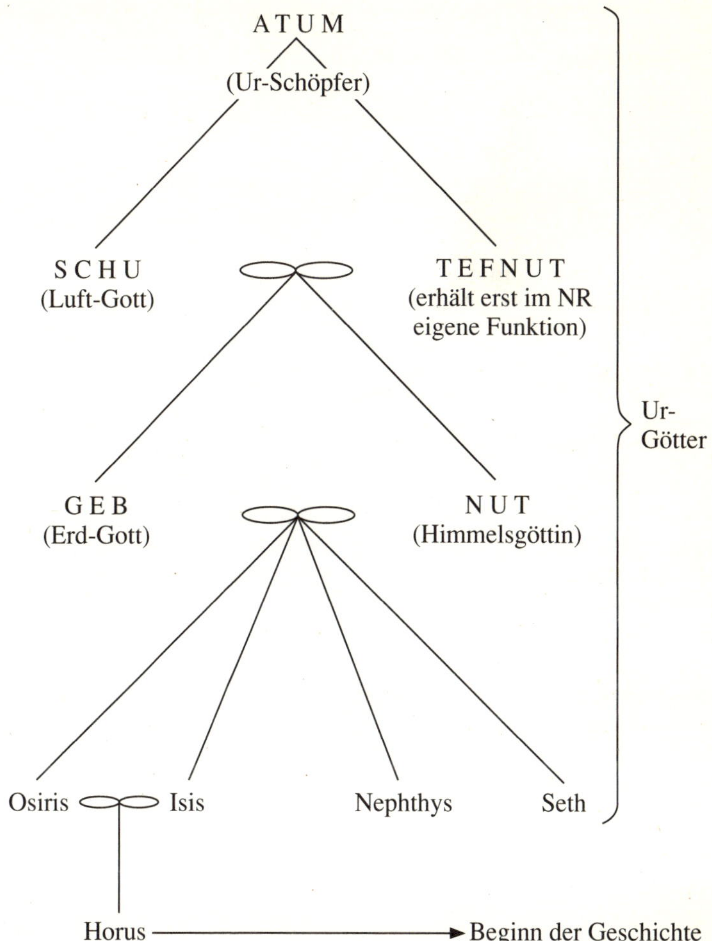


»Atum« war ohne Zweifel der älteste heliopolitanische (aus Heliopolis!) Stammesgott. Man identifizierte ihn frühzeitig mit »Chepri«, dem »Werdenden«. Der Sonnengott von Heliopolis wurde sehr bald »Re« genannt. Später nahm man dann ohne weiteres an, daß das Tagesgestirn morgens Chepri, mittags Re und abends Atum war. (vgl. Anm. 14, S. 231, in: Eliade, Die Schöpfungsmythen).

*II. Der Bruder-Streit*

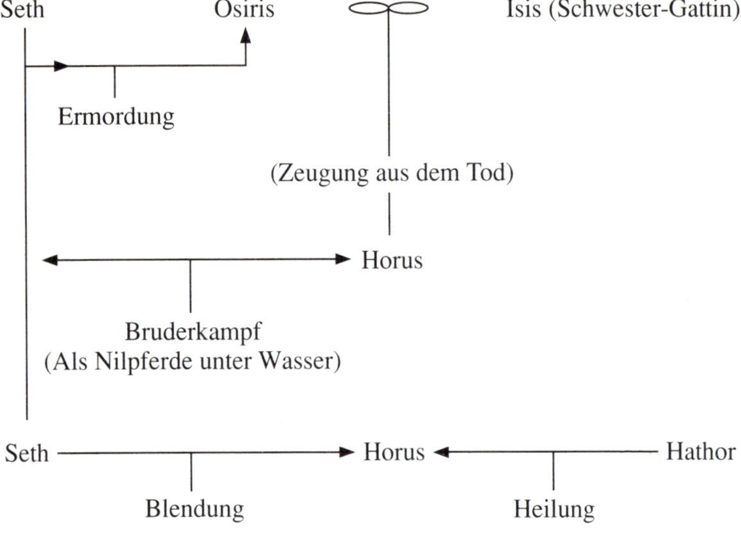


Hathor war vermutlich eine alte Ortsgöttin von Dendera. Ihren Namen deuten viele als »Haus des Horus«. Diese Bedeutung zeigt sich schon im AR. Als Mutter des Horus im AR war sie gleichzeitig Himmelsgöttin. Im NR wurde sie auch Totengöttin von Theben. Außerdem galt sie als Göttin der Liebe und der Ekstase.

*III. Der König – Stellvertreter Gottes auf Erden*

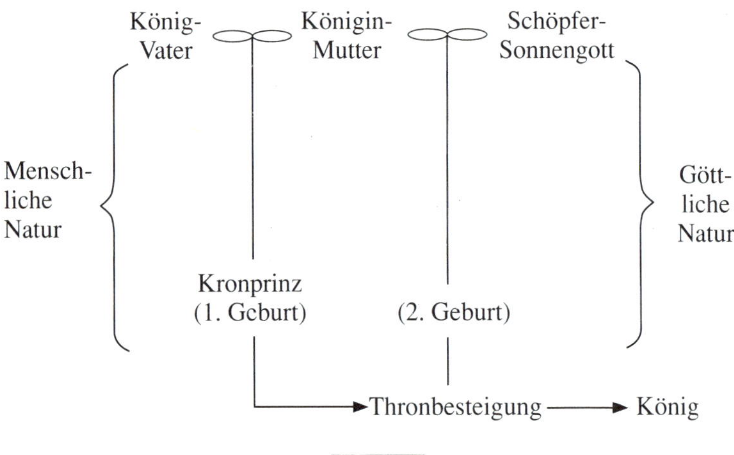

## Zeittafel

*(Überblick über die im Text erwähnten geschichtlichen Epochen)*

| | |
|---|---|
| **Neolithische Periode** | 5000 – 3000 v.Chr. |
| *König »Skorpion«* | um 3000 v.Chr. |
| *König Narmer* | um 3000 v.Chr. |
| | |
| **Frühzeit:** 1. und 2. Dynastie (Beginn der Geschichte – Konsolidierung des Königreichs) | 2950 – 2640 v.Chr. |
| | |
| **Altes Reich** (AR): 3. – 6. Dynastie | um 2640 – 2160 v.Chr. |
| *König Cheops* | 2551 – 2528 v.Chr. |
| *König Niuserre* (Sonnenheiligtümer) | 2420 – 2396 v.Chr. |
| (Pyramidentexte und Weisheitsliteratur; Ptahotep z.Zt. der 5. Dynastie) | 2465 – 2325 v.Chr. |
| In der langen Regierungszeit von *Phiops II.* »bereitet sich der Zusammenbruch des AR vor. Er kommt nicht durch äußeren Anstoß. Entscheidend ist, daß die archaisch- patriarchalische Struktur der Verwaltung den spezialisierten Anforderungen dieser Zeit nicht länger gewachsen ist und nicht konsequent genug den neuen Verhältnissen angepaßt wird. Die Folge mußten wirtschaftliche Schwierigkeiten und endlich Katastrophen sein, Hungersnöte und Kampf ums nackte Leben. Die in der Frühzeit errungene Ordnung der Welt verkehrt sich in ihr Gegenteil. Mit dem Ende der 8. Dynastie (2134) bricht die Einheit des Landes endgültig auseinander« (Hornung, Grundzüge der Geschichte, S. 39-42) | 2254 – 2160 v.Chr. |
| | |
| **1. Zwischenzeit** (Große Literaturblüte; »Lehre für Merikare«) | 2134 – 2061 v.Chr. |
| | |
| **Mittleres Reich** (MR): 11. – 14. Dynastie | 2061 – um 1650 v.Chr. |
| *Montuhotep* (2. Einiger des Landes): Begründer des MR | 2061 – 2010 v.Chr. |

*Amenemhat I.* = Begründer der 12. Dynastie, mit der die 2. große Blütezeit Ägyptens beginnt — 1991 – 1962 v.Chr.

*Sesostris I.* — 1971 – 1926 v.Chr.

Abydos = Wallfahrtsort dieser Zeit. Hier werden, seit der 11. Dyn. greifbar, alljährlich die großen »Mysterien« des Osiris gefeiert, die in Form eines dramatischen Kultspieles den Mythos um Tod und Wiederaufleben des Gottes aktualisieren« (a.a.O., S. 55).

*Sesostris II.* — 1897 – 1878 v.Chr.

»In der 1. Hälfte des 19. Jh. scheint sich eine entscheidende Wandlung im ägyptischen Jenseitsglauben zu vollziehen, eine definitive Verlagerung der Akzente vom himmlischen auf das unterirdische Totenreich. Zugleich wird der Skarabäus zur weitaus beliebtesten Amulettform«. (a.a.O., S. 59)

**2. Zwischenzeit:** 15. – 17. Dynastie — um 1650 – 1551 v.Chr.

In der 15. und 16. Dynastie wird Ägypten erstmals von Fremdherrschern regiert, den sogenannten »Hyksos«, einer »offenbar westsemitischen Herrenschicht« (a.a.O., S. 67).

**Neues Reich** (NR): 18. – 20. Dynastie — 1552 – 1070 v.Chr.

*Ahmose* ist der 3. große Reichseiniger Ägyptens und der Begründer der 18. Dynastie. — 1552 – 1527 v.Chr.

*Amenophis I.* legt die Grundlagen für eine neue kulturelle Blüte. Aus dieser Zeit stammt das »Amduat« und die Sonnenlitanei — 1527 – 1506 v.Chr.

*Hatschepsut* — 1490 – 1468 v.Chr.

»Mit Hatschepsut beginnend, finden wir klar und einmalig gezeichnete Herrschergestalten, aber verschwimmende Konturen des Königtums. Je schwächer seine formende Kraft empfunden wird, um so freier kann sich die Persönlichkeit entfalten, um so enger wird aber auch die neue Bindung an den Willen Gottes. – Verfeinerung der materiellen Kultur und lyrische Gestimmtheit steigern sich von Hatschepsut bis zur Amarnazeit. Eine reizvolle ägyptische Liebeslyrik blüht auf. Sonnenhymnen überbieten sich in poetischen Bildern.« (a.a.O., S. 79 und 82)

*Echnaton* 1364 – 1347 v.Chr.

ändert Erscheinungsform und Bezeichnung des von ihm verehrten Sonnengottes: »Aton« im Bild der »Strahlensonne«. Er beginnt die Spuren der Vergangenheit auszutilgen, wird zum Verkünder einer neuen Lehre und zum alleinigen Mittler zwischen Gott und den Menschen. Leben, Licht und Liebe soll »Aton« verkörpern, die Nachtseiten der Wirklichkeit sind in Echnatons Weltbild leere Stellen. – Niemals haben ägyptische Beamte den Rükken so tief vor ihrem Herrn gekrümmt, wie in den Darstellungen der Amarnazeit. – Echnaton verwirklicht einen Monotheismus von der Konsequenz des Islam. Doch das ägyptische Weltreich wird in seinen Grundfesten erschüttert. (vgl. a.a.O., S. 94-97).

*Tutanchamun* 1347 – 1338 v.Chr.

beendet mit einem Restaurationsedikt die Episode von Amarna. Das »Pfortenbuch« entsteht.

*Ramses II.* 1290 – 1224 v.Chr.

»Pharao der Rekorde«. »Seine Bautätigkeit ist an Umfang und kolossaler Größe ohne Beispiel. Aber seine lange Regierungszeit ist an originalen Schöpfungen arm. – Zu seiner Zeit waren die Israeliten in Ägypten. – Unter den ägyptischen »Großen Königsgemahlinnen« ragen seine beiden Hauptgemahlinnen Nefertari und Isisnofret hervor.« (a.a.O., S. 104 und 106).

| | |
|---|---|
| *Ramses V.*<br>(In seiner Regierungszeit entstand der Text, den ich dem 4. Mythologem zugrundegelegt habe.) | 1146 – 1142 v.Chr. |
| *Ramses VI.*<br>(In seine Regierungszeit fällt das Deckengemälde von der »transparenten Schwangerschaft« der Nut.) | 1142 – 1135 v.Chr. |
| **3. Zwischenzeit:** 21. – 25. Dynastie | 1070 – 656 v.Chr. |
| **Spätzeit:** 26. – 30. Dynastie<br>(Saïtenzeit: 664-525; Persische Herrschaft von 525-404 und 343- 332) | 664 – 332 v.Chr. |
| **Makedonen** | 332 – 305 v.Chr. |
| **Ptolemäer** | 305 – 30 v.Chr. |
| **Römische und byzantinische Herrschaft** | 30 v. – 642 n.Chr. |

# *Anmerkungen*

## Hinführung

1 Campbell, Kraft der Mythen, S. 66.
2 Asklepios, in: Corpus Hermeticum, Traktat Asklepius, § 25, S. 328.
3 Der Stein, der bei Rosette von den Wissenschaftlern entdeckt wurde, enthält eine Inschrift in drei Sprachen: in der Hieroglyphenschrift, in Demotisch (einheimische ägyptische Schrift) und in Griechisch (Besatzungsmacht). Damit war erstmals die Möglichkeit eines Vergleichs mit bekannten Schriften und somit zur Entzifferung gegeben.
4 Erich Neumann macht Isis zur »Großen Mutter« und Osiris zu einem »Sohn-Gott« im Rahmen eines »matriarchalen Fruchtbarkeitsrituals«. Er läßt Isis an die Stelle der »fruchtbaren Astarte von Byblos« treten und Seth in ihrem Dienst den Sohn-Gott ermorden. Dabei deutet er den schon im Alten Reich entstandenen Mythos von der in der ägyptischen Spätzeit auftretenden hellenistischen Überfremdung her und trägt das – bei anderen Völkern beobachtete – Matriarchat ins alte Ägypten hinein, wo es – im eigentlichen Sinn – nie vorkam. Den aus dem Hellenismus stammenden hölzernen Kultphallus, den Plutarch erwähnt, macht er zu einem Schlüssel-Symbol des Mythos, obwohl er im ursprünglich ägyptischen Text nicht vorkommt. Indem Neumann seine Deutung seiner Konzeption der »Großen Mutter« anpaßte, wird er in meinen Augen weder der ägyptischen Fassung des Mythos noch dem Verständnis der Ägypter von der Gleichwertigkeit von Göttern und Göttinnen, Mann und Frau, gerecht.
5 Zeitgleich mit diesem Buch wird im Artemis-Verlag eine »Ägyptische Jenseitsbeschreibung« von Prof. Hornung mit dem Titel »Die Nachtfahrt der Sonne« herauskommen.

## 1. Mythologem

1 Stundenwachen an der Leiche des Osiris. Aus der 3. Nachtstunde, 3. Kap. und 5. Nachtstunde, Kap. 5 (S. 43), beide Texte aus der Rede der Klagefrauen (in: Roeder, Urkunden).

2 Viele Menschen bedürfen nur deshalb einer Therapie, weil sie sich so sehr von ihren eigenen Idealvorstellungen – die sie gesellschaftlichen Normen oder einem Moralkodex entnommen haben – tyrannisieren lassen, daß *diese* »Zwangsjacke« sie in eine Depression oder in Somatisierungen getrieben hat.

3 Als »Zerstückelung« galt den frühen Ägyptern die Auflösung des Leibes nach dem Tod. Der Ritus des »Zusammenfügens« hat seinen Platz in der Mumifizierung, wo die einzelnen Organe nach Präparierung wieder an ihre Stelle kommen. – Es ist wahrscheinlicher, daß spätere Texte aufgrund der vielen Texte vom »Zusammenfügen« eine »Zerstückelung« des Osiris annahmen, als daß sie ursprünglich zum Mythos gehört hätte. Jedenfalls erscheint sie in den ursprünglichen ägyptischen Texten nicht.

4 Pyramidenspruch 1630 und eine unveröffentlichte Parallele aus dem MR (Museum Hildesheim).

5 Der Kultur-Anthropologe Jean Gebser unterscheidet 5 verschiedene Bewußtseinsstrukturen, von denen hier nur die ersten drei interessieren (genauer nachzulesen in seinem Band: Ursprung und Gegenwart, Teil 1). Die erste ist die »archaische« Struktur, die Ursprungs-Struktur, charakterisiert als »die Zeit, da die Seele noch schläft, die Zeit der gänzlichen Ununterschiedenheit von Mensch und All« (a.a.O., S. 83). Es herrscht noch das Einheitsbewußtsein, die Energie des Menschen ist noch mit der Welt verklebt und muß von außen aktiviert werden. Die gleiche »uroborische« Einheit herrscht zwischen Mutter und Säugling.

Auf der zweiten, der »magischen« Stufe, geschieht Bewußtwerdung der Natur. Aber der Mensch ist noch gebannt von dem, was er wahrnimmt. Das Bewußtsein ist noch nicht im Menschen, sondern ruht in der Welt, und das Außen geschieht ihm noch verworren (a.a.O., S. 88f.) Kennzeichnend für die magische Struktur ist der Punkt: einerseits als Andeutung einer ersten Zentrierung im Menschen, zum anderen als Ausdruck der eindimensionalen Raum- und Zeitlosigkeit (a.a.O., S. 87). – Der Mensch beginnt zu wollen und stellt sich gegen die Natur mit Bannen und Beschwören (vgl. etwa ein zweijähriges Kind!). Es beginnt der Kampf um die Macht. Der Mensch ist geprägt durch seine Emotionalität und reagiert erlebnis- und gefühlsmäßig.

Ich kann Jean Gebser jedoch nicht zustimmen, wenn er den Menschen der magischen Stufe als »Ichlos« bezeichnet. Zwar ist er noch nicht zur Begegnung mit personaler Abgrenzung fähig, doch findet immerhin ein schemenhaftes Gegenüber statt. Anders könnte der magische Mensch nicht in seinen Ritualen dem »Mana« schicksalsbestimmender Wirkkraft gegenübertreten. (Ähnliches geschieht oft in der »Aktiven Imagination«, wenn jemand betroffen und erschüttert ist von einem auftauchenden Etwas, das noch kein Gesicht hat, und er sich – vielleicht in einer Art Ritual – dem auf ihn Wirkenden, aber noch nicht Erkennbaren, langsam annähern muß.)

Als dritte und mir für dieses Buch wichtigste Struktur folgt die »mythische«. Sie ist Ausdruck zweidimensionaler Polarität (a.a.O., S. 110), daher ist »ihr Symbol der Kreis. Er umfaßt alles Polare und bindet es ausgleichend ineinander« (a.a.O., S. 113). Geprägt wird die mythische Struktur durch ein »imaginatives Bildbewußtsein, das sich im Bildcharakter des Mythos spiegelt« (a.a.O., S. 115). Das Bewußtwerdungselement, die »Erhellung« macht das wesentliche Moment des mythischen Prozesses aus (a.a.O., S. 117). Der Himmel kommt als Gegenpol zur Erde ins Bewußtsein (vgl. »Trennung von Himmel und Erde«).

Erst *diese* Struktur vermögen wir in ihrem Beginn ungefähr zu fixieren: charakteristisch für sie ist die Bewußtwerdung der Seele, die in den unterschiedlichen Kulturen zu unterschiedlicher Zeit einsetzt, für das Abendland laut Gebser etwa um die Mitte des 2. Jtsd. v.Chr. – Ich würde sie für Ägypten früher ansetzen, da der Osiris-Mythos bereits in der 4. Dynastie entsteht, und d.h. in der Mitte des 3. Jtsd. v.Chr. Außerdem haben wir ein großartiges Dokument über ein »inneres« Gespräch eines »Lebensmüden mit seinem Ba«, das aus der ersten Zwischenzeit, also um 2100 v.Chr. stammt.

Beim Kind beginnt die mythische Periode mit dem 3. oder 4. Lebensjahr. Es ist die Zeit der Ichwerdung. Sie dauert bis zur Vorpubertät.

Die vierte Stufe ist die »mentale«, beim Menschen ab etwa 12 Jahren anzutreffen, auf der wir uns – entwicklungsgeschichtlich betrachtet – noch immer befinden. Die mit dem Wassermannzeitalter beginnende fünfte Stufe nennt Gebser die »integrale«.

6 Hornung, Der Eine, S. 169.

7 Jene eifersüchtigen Götterväter, die ihren Söhnen nicht Raum geben wollten, sind vielleicht als die Verursacher der patriarchalen Überformung anzusehen, die wir heute so sehr beklagen!

8 Hornung, Der Eine, S. 194.

9 Pyramidenspruch 1652.

10 Vgl. die gründlichen und interessanten Ausführungen über die Bedeutung der Zahl in: Marie-Louise v. Franz, Zahl und Zeit, S. 109ff.

11 Auch die Israeliten kannten solche Ängste, wenn sie Gott in ihren Psalmen baten, er möge ihre »Gebeine ungestört lassen«, oder daran glaubten, er lasse den, der ihm treu verbunden sei, »die Verwesung nicht schauen«.

12 Da ein Mythenspiel nicht *irgendein* Rollenspiel, sondern das Spiel eines ehemals heiligen Mythos ist, füllt er sich mit neuer Energie, wenn wir mit ihm umgehen. Das bedeutet, daß wir gleichsam Kosmogonien in Gang setzen, und wenn wir sie nicht mit Bewußtsein füllen, machen sie sich selbständig. Mythen handeln immer von Göttern und haben daher überzeitliche Bedeutung. Diese falten sie jedoch in einer bestimmten Zeit aus, und wenn wir sie heute spielen, müssen wir sie zu unserem Jetzt-Sein in Beziehung setzen.

Ich verstehe die Aufgabe des Mythenspielers so, daß er im Auftrag des Göttlichen in uns den Mythos neu ausfaltet. Darum ist es erforderlich, die »götterweltlichen Ereignisse« *rein* darzustellen, sie nicht nach meinem persönlichen Dafürhalten oder Geschmack umzuformen. Daß während des Spiels Persönliches angesprochen wird und sich auf diese Weise ungewollt etwas verändert, ist eine völlig andere Sache. Denn nur wenn wir uns in das hineingeben, was überpersönlich vorgegeben ist, kann Getroffen-Werden im eigenen Sein sich ereignen und Reinigung von dem, was unserer Verbundenheit mit dem Göttlichen noch im Wege steht, stattfinden.

Der Sinn heutiger Wiederbelebung alter Mythen scheint mir darin zu liegen, daß wir uns der archetypischen Kräfte, die wir so sehr verdrängt haben, daß sie uns heute bedrohen, wieder bewußt werden und mit ihnen umzugehen lernen. Zwar sind die Mythen in ihrer Form alt, jedoch ihre Themen sind, auch wenn sie in anderem Gewand erscheinen, zeitlos gültig. Diese uralt-neuen Themen auch in ihrem heutigen Gewand zu erkennen, in der eigenen Seele ebenso wie in all dem, was uns im Außen allzusehr fasziniert, ist eine wesentliche Verantwortung, die dem modernen Menschen aufgetragen ist, will er an der Erhaltung und Erneuerung des Kosmos und des menschlichen Lebens mitwirken.

Während die heute aufbrechenden archetypischen Kräfte nach Art einer Überflutung oder Explosion über die Menschen hereinbrechen, sind sie in den alten Mythen bereits in eine Gefäß-bildende Form eingebunden. Die archetypischen Energien erscheinen also hier in einer sinngebenden und konstruktiven Form und haben sich in rituellem und bewußtem Umgang über lange Zeiten hin bewährt. Im Mythenspiel in sie einzusteigen, bedeutet daher, sich Archetypischem allmählich und dosiert zu nähern, in einer verantwortlich geführten und durch angemessene Rituale abgesicherten Weise. Damit keine Inflation entsteht, wird Persönliches und Überpersönliches auch dadurch auseinandergehalten, daß der Eintritt in eine göttliche Rolle durch das Umlegen eines Tuches, der Austritt aus

ihr durch Ablegen des Tuches gekennzeichnet ist. Auf diese Weise vollzieht jeder bewußt den Akt, in eine Rolle einzutreten und ebenso: wieder er selbst zu werden.
Einen wesentlichen Faktor macht die Reflexionsphase am Schluß des gesamten Spielgeschehens aus. Alles, was Ereignis wurde, wird genau angeschaut auf seine Bedeutung für den Alltag. Während des Prozesses hingegen soll das Erleben nicht vom Nachdenken darüber gestört werden.
Die Anzahl der Teilnehmer an einer solchen Gruppe begrenze ich auf 16, Mindestzeitdauer sind 2 Tage, wobei dann ein Mythos nur *an*gespielt werden kann. Es hat sich als notwendig erwiesen, vorher in einem Kurz-Exposé die Bedingungen zu umreißen, damit Interessenten wissen, worauf sie sich einlassen.

13 Träume von Zerstückelung weisen darauf hin, daß das Ich im Hinblick auf bestehende Lebenseinstellungen an eine Grenze gekommen ist, die es aus eigener Kraft nicht zu übersteigen imstande ist. Vermag es sich dann der Selbstregulierung der unbewußten Psyche anheimzugeben, folgen oft Träume der Erneuerung.

14 Eliade, Mythen, Träume und Mysterien, S. 313.

15 Osiris-Hymnus des Amon-Mose.

16 Literarisch taucht Isis überhaupt erstmals in *dieser* Funktion auf: in den Pyramidensprüchen.

17 Es dürfte wohl kein Zweifel bestehen, daß solche Särge sich später in der Bundeslade der Israeliten widerspiegeln.

18 Hornung, Tal der Könige, S. 135.

19 Ders., Einleitung zum Ägyptischen Totenbuch, S. 35.

20 Pyramidenspruch 1975.

## 2. Mythologem

1 Pyramidenspruch 632.

2 Isaias 11,1.

3 Heinrich Zimmer, Indische Weltmutter, S. 28.

4 Zu manchen Zeiten setzten die Ägypter das Austrocknen des Nils mit dem Tod des Osiris gleich.

5 Papyrus Louvre 3079.

6 Etter, Der Schöpfungsteppich von Girona, S. 47.

7 Sargtexte 148.

8 Sie ist das Urbild für die orthodoxe »Gottesmutter des Zeichens«, siehe Abbildung S. 228.

*Abb. 20:* »Gottesmutter des Zeichens« (transsilvanisch, 18. Jh.).

## 3. Mythologem

1 Einer der auf der sogenannten »Metternichstele« aufgezeichneten Texte. Sie wurde zwischen 378 und 341 aufgestellt. Der Text findet sich in: Emma Brunner-Traut, Altägyptische Märchen, S. 107; von Autorin gekürzt. Er gehört zu den sogenannten »Heilungszaubertexten«, die selbst jüngeren Datums sind, jedoch uralte mythische Texte enthalten (siehe auch Anmerkung 14 dieses Kapitels).

2 Wilber, Halbzeit der Evolution, S. 164.

3 Ders., a.a.O., S. 163.

4 Der Text lautet: »Komm heraus auf die Erde, mein Sohn! Ich werde dich preisen. Das Gefolge deines Vaters Osiris wird dich geleiten. Ich werde deinen Namen machen, wenn du am Horizont vorbeigehst, am Hause des Verborgen-an-Name (= Re)... Die Kraft kommt heraus aus meinem Leib. Die Kraft in meinem Leib ist ans Ziel gelangt. Mein Sohn Horus, sitze auf dieser Erde deines Vaters Osiris... Ich bitte, daß du bist im Gefolge des horizontischen Re vorne in der Barke der Götter.« (Aus: Sargtexte 209.)

5 Dieser Text stammt ebenfalls von der »Metternichstele« und findet sich bei: Brunner-Traut, a.a.O.; erhebliche Kürzung von Autorin.

6 »Das göttliche Kind ist das in die Gestalt eines Kindes inkarnierte Göttliche.« (H. Barz, Die zwei Gesichter der Wirklichkeit, S. 88.)

7 Ders., a.a.O., S. 90.

8 C.G. Jung sagt: »In der Psychologie des Individuums handelt es sich in einem solchen Moment immer um eine leidvolle Konfliktsituation, aus der es anscheinend keinen Ausweg gibt.« Unser rationales Bewußtsein sieht nämlich immer nur zwei Alternativen. »Aus dem Zusammenprall der Gegensätze erschafft die unbewußte Psyche immer ein Drittes irrationaler Natur, welches dem Bewußtsein unerwartet und unbegreiflich ist.« (Jung/Kerenyi, S. 129.)
So stellt die Geburt des Kindes sozusagen eine neue Antwort auf die bedrängende Lebensfrage dar.

9 Die »unempirische Weise« von Zeugung, Empfängnis und Geburt bringt nach Jung zum Ausdruck, daß es sich um eine psychische Entstehung handelt. Entsprechend »versucht das Motiv des Ausgeliefertseins und der Gefährdung die enorme Schwierigkeit, das höchste Gut (die Ganzheit) zu erringen, darzustellen« (a.a.O., S. 127).

10 Jung/Kerenyi, a.a.O., S. 52.

11 König »Skorpion« im AR.

12 Text von der »Metternichstele«, aus: Brunner-Traut, a.a.O., gekürzt von Autorin.

13 Assmann, Re und Amun, S. 79.

14 Heilungszaubertexte stellen eine andere Zeit, eine magisch- religiöse Zeit her. Diese Errichtung der Zeit ist nicht allegorisch, sondern real, der Patient und sein Gebrechen sind gleichzeitig mit dem Leiden des Horus. »Diese Gleichzeitigkeit mit den großen mythischen Momenten ist eine notwendige Bedingung magisch-religiöser Wirkung... Man kann die Tendenz, die mythische Zeit wiederherzustellen, nicht genug betonen. Sie läßt sich in jeder Kultur, gleich, welchen Entwicklungsgrades, beobachten.« (Eliade, Die Religionen und das Heilige, S. 445 und 447.)

15 Assmann, Ägypten, S. 87.

16 Wir mögen solche Denkweisen vielleicht als »magisch« und »überholt« betrachten oder belächeln. Abgesehen davon, daß viele moderne Menschen im Alltag eine ganze Reihe magischer Praktiken haben (und wir alle tragen ja die »magische Stufe« noch in uns!), möchte ich darauf verweisen, daß ein ähnlicher Vorgang wie bei der erwähnten Heilweise im Mythenspiel insofern stattfindet, als der Mensch, der sich in die Ursprünge eines Mythos wirklich hineinläßt, gerade dadurch den Zugang zu seinem eigenen Lebensmythos findet. Und auch das kann man als eine Form von »Heilung« bezeichnen.

17 Jung, Werke Bd. XVIII/1, S. 121.

18 Asklepios 25-26, zitiert bei: Assmann, Ägypten, S. 89.

19 Assmann, Ägypten, S. 90.

20 Aus den »Prophezeiungen des Neferti« aus dem MR, zitiert bei: Assmann, Ägypten, S. 88.
21 Zitiert bei: Assmann, Vater, S. 45.
22 Zitiert bei: Assmann, Ägypten, S. 85.
23 Hornung, Zeitliches Jenseits, S. 305.

## 4. Mythologem

1 Märchen oder Sagen von feindlichen Brüdern sind wohlbekannt; aus der Sicht der Entwicklungspsychologie bildet diese Rivalität eine wichtige Voraussetzung für die Erfahrung eigener innerer Konflikte.
2 Er entstand zu Beginn der 12. Dynastie, ist jedoch nur noch in Teilen erhalten. Vollständig erhalten dagegen ist eine Neubearbeitung aus der Unterhaltungsliteratur des NR, aus der ich jenen mythischen Teil herausgreife, der das älteste Material verwendet und für eine tiefenpsychologische Deutung des Bruderstreites zwischen Horus und Seth die beste Grundlage bietet. Dort, wo es für diese Interpretation von Bedeutung ist, werde ich auf die ursprüngliche Fassung zurückgreifen.
3 Genauere Angaben und vollständiger Text bei: Spiegel, Horus und Seth. Ich zitiere die Textstellen nach dieser Untersuchung und beziehe mich auch auf die dort angegebenen Quellen zu diesem Mythologem. In anderer Übersetzung findet sich der gesamte Text bei: Brunner-Traut, Ägyptische Märchen.
4 Spiegel, a.a.O., S. 133 – Hier möchte ich anfügen, daß Nilpferdmütter tatsächlich mit ihren Kindern spielerisch üben, wie lange sie unter Wasser bleiben können, ohne zu atmen.
5 In der ursprünglichen Fassung handelt es sich um einen wirklichen Kampf unter Wasser.
6 »Der numinose Mensch (z.B. Leopardenmensch) hat theriomorphe Eigenschaften, indem er den gewöhnlichen Menschen nicht nur nach oben überragt, sondern auch nach unten.« (Jung, Briefe I, S. 449f.)
7 Seth erscheint nie in reiner Menschengestalt, sondern entweder als Tier (meist als ein Fabeltier) oder in Mischgestalt: Mensch mit Tierkopf. Er gehört noch der tierischen Bewußtseinsstufe an. In der Nilpferdgestalt drückt sich seine überlegene physische Kraft aus. Er kann auch in der Gestalt eines Schweines auftreten. In der Spätzeit, besonders der römischen, gibt es eine Reihe von Darstellungen, auf denen er als Nilpferd, das mehr einem Schwein ähnelt, von Horus verfolgt und harpuniert wird. Horus erscheint dabei übergroß, das Nilpferd unverhältnismäßig klein.

8 Pyramidenspruch 1213-14 (mit dem »Gürtel« ist vermutlich die »Phallustasche« gemeint).
9 Vgl.: Assmann, Vater, S. 22 und S. 28.
10 Nilpferde gehören nämlich zur Gattung der Schweine!
11 Spiegel, a.a.O., S. 134.
12 Als Relikt aus der archaisch-afrikanischen Vergangenheit Ägyptens ist zu betrachten, daß der »Sem-Priester«, der seit dem MR in den Osiris-Mysterien als »streitbarer Horus« auftrat, seit der Frühzeit ein Leopardenfell trug. Bei afrikanischen Stämmen war der Initiationsmeister mit einem solchen Fell bekleidet, wenn er an den Novizen den sogenannten »Initiationsmord« vollzog. Denn »das Raubtier verkörpert den Einweihungsmeister« (Eliade, Mythen, Träume, Mysterien, S. 277).
13 Eliade, Wiedergeburt, S. 50f.
14 Eliade, a.a.O., S. 153.
15 v. Franz, Gralslegende, S. 59.
16 Papyrus Sallier IV,3,5. (zitiert in: Kees, Lesebuch, S. 35. – Dieser Papyrus stammt ebenfalls aus dem NR, hält sich jedoch genauer an den ursprünglichen Text des MR. – Genaueres bei Spiegel, a.a.O., S. 46.)
17 Vgl. dazu: Bergmann, Ich bin Isis, S. 192f.
18 Whitmont, Rückkehr der Göttin, S. 194.
19 Spiegel, a.a.O., S. 135 (ich habe die Textstellen verkürzt wiedergegeben).
20 Brunner-Traut, Großer Ägypten-Führer.
21 Keleman, Leibhaftes Leben, S. 69ff.
22 Hier spielen zwei alte Mythologeme hinein: das vom Himmelsgott Horus im AR, dessen Augen Sonne und Mond sind, und jenes vom Aufgang der Sonne aus der Lotosblume. Die Mythen um das Horusauge sind zahlreich: Horus von Letopolis wurde als blinder und wieder sehender Gott verehrt und damit zum Gott der Blinden, d.h. besonders der Harfner, die alle blind waren. Außerdem wird er zum »Horus des Westgebirges«, dessen Augen als Sonne und Mond, bzw. als Morgen- und Abendbarke gelten.
23 Bei psychotischen Depressionen gelten andere Maßstäbe.
24 Der entsprechende Kultort lag bei Memphis.
25 In einem anderen Mythos heißt Hathor selbst »Gazellenweibchen der Wüste«. – Zur Gazelle sagt der deutsche Zoologe Gerlach: »In Ägypten wurde sie zahm bei den Häusern gehalten. Der Blick ihrer großen Augen sollte Frauen, die guter Hoffnung waren, so verzaubern, daß ihre Kinder als Hellblickende zur Welt kämen.« (Die Geheimnisse im Reich der Säugetiere, S. 26f.)
26 Ders., a.a.O., S. 211-213.

27 Ich vermute, daß bei letzterem Aspekt mit hineinspielt, daß die Himmelsgöttin Hathor auch die Göttin der Liebe ist.

28 Denn – so Campbell – »der höchste Held ist, wer das verblendete Auge wieder öffnet, so daß durch die Freuden und Schmerzen des Welttheaters hindurch wieder die Gegenwart des Einen wahrgenommen wird« (Heros, S. 330). – Dies gehört nicht zum *ersten* Typ des Heldenweges, auf dem die Tat im Vordergrund steht, sondern zum *zweiten* Typ, dessen Kennzeichen der »Weg zum Vater, dem großen Unbekannten«, ist.

29 Während der biblische Brudermörder Kain von Gott verflucht wird, weist der ägyptische Sonnengott Re dem Brudermörder Seth eine Aufgabe zu, die seinem Potential entspricht und integriert ihn somit in den Schöpfungskreislauf.

30 Vgl. die Skorpione, die synton mit Isis wirken!

31 Hornung, Seth, S. 60.

## 5. Mythologem

1 Der Name eines Pharao zeigt ganz deutlich, daß sich der Sohn der Isis, der göttliche Horus, in ihm offenbart: »Horus Sesostris«. Sesostris ist der Name des geschichtlich einmaligen Menschen, »Horus« bezeichnet die göttliche Rolle, die er mit seiner Thronbesteigung übernimmt.

2 Der »Ka«, Ausdruck für die zeugenden und bewahrenden Lebenskräfte, wird zusammen mit dem Menschen geboren. Auf Darstellungen bildet der Gott Chnum zugleich mit dem Kind dessen »Ka«. Er begleitet den Menschen während seines Lebens als eine Art Doppelgänger. Stirbt der Mensch, lebt sein »Ka« weiter. Sterben bedeutet »zu seinem Ka gehen«, denn der »Ka« ist beim Tod des Menschen zu seinem göttlichen Ursprung zurückgekehrt. In den königlichen Totentempeln oder den Statuenkammern der Privatgräber sind Ka-Statuen aufgestellt. Sie gelten als Sitz der unsterblichen Lebenskraft des Verstorbenen, des »Ka«. Die Darstellung folgt dabei der natürlichen Gestalt des Menschen, läßt aber alle zeitgebundenen Ausdrucksgesten entfallen, weil nur das zeitlos Unvergängliche Gestalt gewinnen soll. Denn nur so kann die Statue Träger überzeitlicher Bedeutung sein.

3 So heißt der Vorgänger von Sesostris dann »Osiris Amenemhat«.

4 Pyramidenspruch 2127.

5 Assmann, Vater, S. 40.

6 Ders., a.a.O.

7 Gehrts, in: Gorgo 13, S. 47.
8 Zitiert bei Keel, Altorientalische Bildsymbolik, S. 238.
9 Assmann, Liturgische Lieder (LL), S. 317 (vgl. dazu die Aussagen im Zusammenhang mit der Auferstehung Jesu).
10 Das Reinigungswasser gilt als Samen des Atum, der die Wiedergeburt bewirkt.
11 Assmann, a.a.O., S. 232.
12 Hornung, Geschichte als Fest, S. 26.
13 Am schönsten in Der el Bahari am Totentempel der Hatschepsut, aber auch im Luxortempel, im Ramesseum in Medinet Habu und im Chonstempel in Karnak.
14 Bei der Geburt der Pharaonin Hatschepsut heißt es entsprechend: »Es kommt dieser erhabene Gott, um seine geliebte Tochter zu sehen, nachdem sie geboren worden ist, worüber sein Herz sehr, sehr froh ist.« (Wolf, Ägypten, S. 199.) – Der Mythos von »der göttlichen Geburt schuf eine höhere Wirklichkeit und machte Hatschepsut zur ›vollkommenen Göttin‹, zum ›Abbild des Gottes aus seinen Lenden‹«. (Hornung, Rolle, S. 130.)
15 Gehrts, Gorgo 8, S. 11.
16 Campbell, Heros, S. 209.
17 Hornung, Grundzüge der Geschichte, S. 53/54.
18 Neumann, Umkreisung der Mitte I., S. 96.
19 Ders., a.a.O., S. 63.
20 Hornung, Der Eine und die Vielen, S. 133.
21 Mit »Persona« ganz allgemein bezeichnet die Jungsche Psychologie die äußere Erscheinungsweise eines Menschen (sowohl in bezug auf Kleidung wie auf Verhaltensweisen): wie er vor anderen dastehen möchte, aber auch in bezug auf das, was andere von ihm erwarten.
22 In Hymnen, die in Steinbrüche der Wüste eingemeißelt sind.
23 Hornung, Fest, S. 15.
24 Gehrts, Gorgo 8, S. 11.
25 Eliade, Kosmos und Geschichte, S. 34.
26 Neumann, Umkreisung, S. 30.
27 Hier unterscheiden sich die ägyptischen Mythen von denen aller umliegenden Völker insofern, als sie nicht als Epen oder fortlaufende Erzählungen konzipiert sind, sondern im Ritual ständig lebendig und daher auch immer wieder verändert werden.
28 Zimmer, Abenteuer der Seele, S. 241.
29 Hornung, Pharao ludens, S. 486.
30 Whitmont, Rückkehr der Göttin, S. 237.
31 Hornung, Pharao, S. 486.
32 Assmann, Ägypten, S. 48.

33 Eliade, Die Religionen und das Heilige, S. 427.
34 Assmann, a.a.O., S. 58.
35 Gehrts, Gorgo 13, S. 49.
36 Hornung, Fest, S. 26.
37 Jacoby, in: Das Böse im Märchen, S. 178.
38 Hornung, Grundzüge, S. 12.
39 Münster, Isis, S. 67. – Diese Kind-Werdung durch die Isis- Milch setzt sich in den hellenistischen Isis-Mysterien fort, wo sie Zeichen für die mystische Neugeburt der Neu-Eingeweihten zu einem vergöttlichten Kind-Sein wird.
40 Hornung, Geist der Pharaonenzeit, S. 134.
41 Bergmann, Ich bin Isis, S. 216.
42 Hornung, Der Eine, S. 253 und S. 249.
43 Bereits vor mehr als 4000 Jahren besaß die ägyptische Frau Rechte, um die heute vielerorts Frauen noch kämpfen. Sie war, wie Dokumente aus der Rechtspraxis belegen (Ausstellungskatalog Hildesheim 1985: »Nofret – die Schöne«), eine selbständige Rechtspersönlichkeit, voll geschäftsfähig, und konnte vor Gericht Klage erheben. Für gleiche Arbeit erhielt sie gleichen Lohn wie der Mann. Im Ansehen war sie dem Mann gleichgestellt. Die Königin war häufig entscheidend mitbestimmend in der Regierung. Priesterinnen gab es bereits im AR. Einen herausragenden Rang nahmen die »Gottesgemahlinnen« im NR ein, die an die Stelle des bisherigen Hohenpriesters traten und königliche Rechte besaßen.
Grundsätzlich war die Gleichwertigkeit von Mann und Frau bereits im AR eine Selbstverständlichkeit. Berichte über ein Matriarchat stammen von Griechen und Römern. Ihnen mußte die hohe Stellung der Frau in Ägypten als zu dominant erscheinen, da sie selbst in einer patriarchalen Gesellschaftsstruktur lebten. Der Grieche Herodot kam im 5. Jh. v.Chr. sogar zu folgendem Mißverständnis: »Die Weiber sitzen zu Markt und handeln, die Männer bleiben zu Hause und weben.« – Er hatte nämlich kaum Männer in der Öffentlichkeit gesehen.
44 Hornung, Pharao, S. 502.
45 Ders., Geschichtliche Rolle, S. 124.
46 Assmann, Ägypten, S. 171.
47 Gehrts, Drachensieg und Bruderkampf, S. 189.
48 Dramatischer Ramesseum Papyrus, Szene 27.
49 Jung, Werke XIV,2,§ 205.
50 Assmann, ÄHG, Hymnus 241.
51 van der Leeuw, Phänomenologie der Religion, S. 127.
52 Jung, Werke Bd. XI, S. 490.
53 Campbell, Heros, S. 330.
54 van der Leeuw, Phänomenologie, S. 103, Anm. 1.

## 6. Mythologem

1 Hornung, Tal der Könige, S. 106.
2 Frankfort, Alter Orient, S. 28 (vgl. das Prinzip der Gleich- Wertigkeit!).
3 Jung, Werke VII, S. 80 und S. 81.
4 Assmann, Ägypten, S. 77.
5 Ders., Zeit und Ewigkeit, S. 14. (Sich seiner Sterblichkeit bewußt zu werden, heißt ja auch: sich seiner Schwäche bewußt zu werden.)
6 Campbell, Lebendiger Mythos, S. 30.
7 »Was die Unterweltsbücher der thebanischen Königsgräber beschreiben, sind Fahrten durch tiefste Räume der Seele. Darin wird das Bestreben des Ägypters deutlich, Weltbereiche nicht isoliert zu betrachten, sondern den Kosmos als eine Ganzheit im Blick zu behalten. Auch die Jenseitsräume der Seele sind ein Teil dieser Ganzheit, eingebunden in die elementaren Strukturen der Welt, welche der Mythos in die Form von Bildfolgen kleidet.« (Hornung, Totenbuch – Einleitung, S. 29.)
8 Assmann, ÄHG, Hymnus 41, S. 145.
9 Text 109, TT 102, Zeile 4 (in: Assmann, Sonnenhymnen).
10 Assmann, ÄHG, aus Hymnus 44 und 24.
11 Assmann, ÄHG, aus Hymnus 24.
12 Zitiert in: Assmann, Re und Amun, S. 86.
13 Grof, Jenseits des Todes, S. 31.
14 Hermann Hesse sagt:
»Jede Erscheinung auf Erden ist ein Gleichnis,
und jedes Gleichnis ist ein offenes Tor,
durch welches die Seele, wenn sie bereit ist,
in das Innere der Welt zu gehen vermag,
wo Du und ich und Tag und Nacht alle eins sind.«
15 Grof, Selbstentdeckung, S. 54/55.
16 Ders., Jenseits des Todes, S. 31.
17 de Buck, Die religiöse Auffassung des Schlafes, S. 11.
18 Zitiert in: Assmann, Re und Amun, S. 142.
19 A.a.O.
20 Jung, Erinnerungen, S. 271f.
21 Assmann, ÄHG, Hymnus 89, Z. 25-26.
22 Zitiert in Assmann: Re und Amun, S. 124.
23 Hornung, Anbetung des Re im Westen, S. 78.
24 Hornung, Licht und Finsternis, S. 79.
25 Hornung, Der Eine, S. 204.
26 Hillman, Am Anfang war das Bild, S. 53.

27 Rilke, Bd. 3, S. 93.

28 Rilke, Späte Gedichte.

29 Höhlenbuch (HB) 14. – Von diesem Namen für die Unterwelt (»Dat«) leitet sich der 1. »Jenseitsführer« ab, das »Amduat«, das heißt »das, was es in der Unterwelt gibt«. Es wird dargestellt auf den Wänden der Sargkammer Thutmosis I. (1505-1493), hat jedoch Motive und Vorstellungen, die aus dem MR stammen, hineingearbeitet (Hornung, Unterweltsbücher – Einleitung S. 17). – Der 2. »Jenseitsführer« war das »Pfortenbuch« im Grab des Haremhab (vgl.: a.a.O., S. 20/21). Dieses Buch »bedient sich ganz besonders der Wirkung und Aussagekraft symbolischer Bilder, verbunden mit hoher, dichterischer Fähigkeit der Gestaltung« (Hornung, Tal der Könige, S. 12). »Diese Tiefe, in die die Sonne hinabsinkt, zur Anschauung zu bringen, brauchte eine ungeheure Kraft der Gestaltung. Das gelang erst dem NR« (a.a.O., S. 119). – Das »Höhlenbuch« ist der 3. größte »Jenseitsführer«, entstanden vermutlich im 13. Jh. v.Chr.

Speziell diese drei Bücher zusammen nennt man die »Unterweltsbücher«.

»Pyramidentexte« waren die Totentexte an den Wänden der Pyramiden im *AR*. Im MR gibt es die sogenannten »Sargtexte«, die viel aus den Pyramidentexten nehmen und Neues dazubringen. Im NR entstehen dann die »Unterweltsbücher«.

Das sogenannte »Totenbuch« wurde von Champollion in den ägyptischen Sammlungen in Genf und vor allem in Turin entdeckt und übersetzt, 1842 dann von Lepsius als *»Totenbuch der alten Ägypter«* herausgegeben. Der ägyptische Titel heißt »Buch vom Herausgehen am Tage«. Die Einteilung dieses Buches erfolgt nicht in Kapiteln, sondern in »Sprüchen«. In anthroposophischer, freier Nachdichtung von Kolpatschy ist es im allgemeinen bekannter. Zu den »Unterweltsbüchern« kleinerer Art gehören: das »Buch von der Erde« aus der Grabkammer Ramses VI., ferner das »Buch von der Nacht«, das die nächtliche Sonnenfahrt in den Leib der Himmelsgöttin Nut verlegt (Abydos, unter Sethos I.). Im Grab Ramses VI. findet es seine Ergänzung durch das »Buch vom Tage«, das die Reise der Sonne über den Himmel beschreibt.

Zu den verwandten Texten gehört auch die »Sonnenlitanei«, ein liturgisches Buch, dessen Anrufungen dem unterweltlichen Sonnengott gelten.

30 Anfang des »Höhlenbuches« (HB).

31 Assmann, ÄHG, Hymnus 62, Z. 28ff.

32 HB 7.

33 Assmann, ÄHG, Hymnus 44, Z. 28-30.

34 Hornung, Tal der Könige, S. 123f.
35 Amduat II, 2. Stde., Schlußtext.
36 Vgl.: Hornung, Sinn der Mumifizierung, S. 170.
37 Ders., a.a.O., S. 173.
38 Hornung, Tal der Könige, S. 137.
39 Pfortenbuch (Pfb) 6. Stde., 40. Szene.
40 Totenbuch (Tb), Spruch 68, S. 144.
41 Hornung, Sinn der Mumifizierung, S. 173.
42 Campbell, Kraft der Mythen, S. 80.
43 »Im tiefen Teil der Welt regeneriert der Ka alle Geschöpfe. Er ist die Kraft, die die Sonne auf ihrem Weg hält.« (Hornung, Discovery of the Unconscious, S. 20.)
Er ist jener »überindividuelle Lebensgeist, der in den Generationen nur seine jeweilige Inkarnation erhält«. (Heyer, Der innere Ahn.)
44 Hornung, Auf den Spuren der Sonne, S. 448.
45 Assmann, Re und Amun S. 83 und S. 85.
46 HB 13.
47 Hornung, Discovery, S. 22. – »Der Tod hat eine zutiefst notwendige Funktion im Weltganzen. Er gehört zum Werk des Schöpfergottes am Anbeginn der Welt und ist ein Mittel, das Dasein fortwährend zu regenerieren. Nur er allein kann den Alterungsprozeß, dem alles Sein unterworfen ist, aufhalten und umkehren... Daß dieses Wunder möglich ist, kann nur der Tod bewirken. So ist auch das ägyptische Grab eine Stätte verjüngten Lebens. Es geht also nicht um Überwindung oder Aufhebung des Todes, sondern um Bannung der Gefahren, die ihn begleiten.« (Hornung, Unterweltsbücher – Einleitung, S. 9f.)
48 Assmann, ÄHG, Hymnus 25, Z. 10.
49 Assmann, ÄHG, Hymnus 96, Z. 7-10. (Theben, Grab 41.)
50 Aus dem Kairiner Amunhymnus, zitiert bei: Hornung, Licht und Finsternis, S. 78.
51 Ostrowski-Sachs, Aus Gesprächen mit Jung, S. 27.
52 Hornung, Einleitung zu den »Unterweltsbüchern«, S. 11.
53 Assmann, Ägypten, S. 82.
54 Campbell, Lebendiger Mythos, S. 223.
55 Ders., a.a.O., S. 242.
56 Hornung, Totenbuch, S. 27.
57 Hornung, Tal der Könige, S. 125.
58 Amduat II., 4. Szene, Texte im Sandweg.
59 Totenbuch, Spruch 144 und 147.
60 Totenbuch, Spruch 145.
61 Assmann, Tod und Initiation, S. 346.
62 Ostrowski – Sachs, Aus Gesprächen mit Jung, S. 27.

63 Assmann, Tod und Initiation, S. 347.
64 Ders., a.a.O., S. 342.
65 Otto, Mundöffnungsritual, Szene 55A, S. 12.
66 Aus: Apuleius, Der goldene Esel. Text hier zitiert bei: Assmann, Tod und Initiation, S. 350f. Bei Apuleius »erfüllt der Gang des Lucius durch die Unterwelt« bis zu »Proserpinas (= Persephones) Schwelle« die »Funktion eines symbolischen Todes«. Mit Re ersteht er dann am Morgen neu, gleichsam in der Rolle eines Sonnengottes: er wird in neuer Gestalt wiedergeboren aus dem Tod.
67 Zitiert bei: Assmann, LL, S. 102.
68 Ders., a.a.O., S. 30.
69 Amduat, 1. Stde., Schlußtext, 10-11.
70 Amduat II, S. 123.
71 Pfb, 6. Stde., 38. Szene.
72 Hornung, UB, Einl. S. 37. – Auch im Tempelkult treten die Götter in ihr »Bild« als »Ba« ein, und die »Beziehung von Ba und Bild« wird ebenfalls als »Vereinigung« beschrieben: »Nachdem sein Ba vom Himmel kam, um seine Denkmäler zu sehen, vereinigte sich sein Herz mit seinen Kultbildern.« (Assmann, Ägypten, S. 53.)
73 HB, 1. Abschnitt, 3. Register.
74 Assmann, Ägypten, S. 133.
75 Gebser, Ursprung und Gegenwart I, S. 293.
76 D. Bohm in einem Aufsatz über »Implizite Ordnung«. – Vgl. Nicolaus von Cues: »Die Ewigkeit faltet die Aufeinanderfolge ein und entfaltet sie wieder.«
77 Ders., a.a.O.
78 Bei einer Darstellung der weiblichen Wesensvereinigung könnte ich mir das gleiche Bild umgekehrt vorstellen: im Nadir Nephthys, mit der sich Isis, von oben kommend, vereinigt; auf der Horizontachse Osiris im Westen und Re im Osten, wobei die männlichen Götter dann andere, ihnen gemäße Gesten hätten.
79 Assmann, Ägypten, S. 279. – Die indischen Veden formulieren die gleiche Überzeugung so: »Die Wahrheit ist eine; die Weisen nennen sie mit vielen Namen.«
80 Apokryphe Evangelien aus Nag Hammadi, S. 116.
81 Jean Gebser glaubte einem interessanten Detail in den Vignetten des Totenbuchs entnehmen zu können, daß die Ägypter sich dessen bewußt waren. Er schreibt: »Es ist gewiß nicht zufällig, daß alle Figuren fast ausnahmslos nach rechts gewandt sind. Das aber besagt, daß die Lebenden, die sie zeichneten, den dunklen Todespol erfuhren und sich somit bewußter dem Leben, dem hellen Pol, zuwenden konnten.« (Ursprung und Gegenwart I, S. 320.) – Prof. Hornung verdanke ich den Hinweis, daß die Ägypter sich nach

Süden orientierten und der Osten für sie daher links, der Westen aber rechts war. Die Annahme Gebsers, die auf der tiefenpsychologisch allgemein üblichen Gleichsetzung von »links« mit »unbewußt« und »rechts« mit »bewußt« beruht, trifft demnach auf die alten Ägypter nicht zu. Wir müssen ihn also dahingehend korrigieren, daß die Figuren dem »schönen Westen« zugewandt sind, das heißt: dem jenseitigen Leben.

82 Hornung, Verfall und Regeneration, S. 434.

83 Ders., Tal der Könige, S. 165.

84 Ders., Licht und Finsternis. S. 78.

85 Ders., Chaotische Bereiche, S. 32.

86 Dieses Gedicht entstand einige Jahre vor Beginn der Therapie.

87 Die »Stimme« ist die eines Priesters. Überhaupt hat diese Frau viele religiöse Träume, und es ist sicher ihr Vertrauen auf Gott, das ihr Zeit ihres Lebens Halt gab, ihre Ängste durchzustehen und nicht in eine Psychose zu fallen.

88 Hornung, Verfall und Regeneration, S. 448.

89 Giegerich, Drachenkampf, S. 192.

90 Für die Ägypter war der 1. Tod kein eigentlicher *Tod*, sondern nur die Einleitung zu einem Übergang zur Auferstehung als »Selige«. Für sie ging das Leben in einer anderen Existenzform weiter. Erst der 2. Tod, jener, der *nach* dem Totengericht erfolgen kann, war ein wirklicher *Tod*. Daher unterscheidet man besser »Tote« und »Verstorbene«.

91 Campbell, Kraft der Mythen, S. 175.

92 Hornung, Discovery of the Unconscious, S. 24f.

93 »Eliade sagt, daß der Übergang von einem ›heiligen Kosmos‹ zur ›Säkularisierung der Materie‹ zu einer ›Säkularisierung der Arbeit‹ geführt habe. Je mehr Arbeit zwingend wird und leer von potentiellen geistigen Kräften, da sie nur dem ›Fortschritt‹ dient, um so mehr fehlt der Sinn für das ›Heilige‹, der dem Menschen existentielle Befriedigung geben könnte. Da der moderne Mensch, als Herr der Natur, sich vom ›Heiligen‹ entfernt hat, bedroht er sich selbst mit dem Verlust der eigenen Seele.« (Whitmont, Nature, Symbol and Imaginal Reality, S. 63.)

94 Gehrts, Initiation (in: Gorgo 8, S. 22).

95 Pfb., 3. Stde., 13. Szene.

96 Totenbuch, Spruch 39.

97 Totenbuch, Spruch 7.

98 Sargtexte IV, 178c (zit. bei: Münster, S. 106).

99 Hornung, Geist der Pharaonen, S. 57.

100 Sargtexte 332 (zit. bei: Münster, S. 108).

101 Bergmann, Ich bin Isis, S. 281.

102 Hornung, Licht und Finsternis, S. 80.
103 Eliade, Schöpfungsmythen, S. 43.
104 Hornung, Tal der Könige, S. 169.
105 Assmann, ÄHG, Hymnus 45, Z. 15.
106 Assmann, ÄHG, Hymnus 62, Z. 19, 22-23.
107 Hornung, Tal der Könige, S. 152.
108 Ders., Altägyptische Höllenvorstellungen, S. 15.
109 Pfb, 11. Stde., 70. Szene.
110 Pfb II, S. 255.
111 Pfb, 11. Stde., 73. Szene.
112 Schipperges, Die Welt der Engel, S. 52.
113 Assmann, LL, S. 132.
114 Numeri 6,25.
115 Hornung, Geist der Pharaonen, S. 112.
116 Assmann, LL, S. 132.
117 Hornung, Der Eine, S. 253.
118 Exodus 33,20: »Mein Angesicht kannst du nicht schauen. Denn kein Mensch kann mich schauen und dabei am Leben bleiben.«
119 Kassel, Biblische Urbilder, S. 277.
120 Assmann, ÄHG, Hymnus 195, Z. 275-278.
121 Hornung, Geist der Pharaonen, S. 103. – Im Leidener Amunshymnus 20 sagt man zu Re: »Du bist heute neuer als gestern. Beim Eintritt in die Nacht gehörst du schon dem nächsten Tag.« (ÄHG, S. 313.)
122 Ders., a.a.O., S. 46.
123 Ders., a.a.O., S. 109.
124 Totenbuch, Spruch 85.
125 Amduat II, S. 193.
126 Assmann, Sonnenhymnen, Text 151.
127 Ders., Ägypten, S. 80f.
128 Frankfort, Alter Orient, S. 34.
129 Jung, Erinnerungen, S. 255.
130 Sargtexte VI, S. 395.
131 Amduat, 12. Stde.
132 Zitiert bei: Assmann, LL, S. 197 und S. 202. Oder auch: »Du erscheinst, Isis zu deiner Rechten, Nephthys zu deiner Linken, Ma'at hinter dir.« (LL, S. 352.)
133 Die Aufschrift lautete: »O mein Herz, du innerster Teil meines Wesens. Wende dich nicht gegen mich als Zeuge vor dem Tribunal. Denn du bist der Gott, der in meinem Körper ist, mein Schöpfer, der meine Glieder erhält.«
134 Zitiert bei: Assmann, Re und Amun, S. 239.
135 Ders., Zeit und Ewigkeit, S. 22. – Insofern Re der Schöpfer allen

Lebens ist, gilt für ihn, was ein Hymnus in den Thebanischen Gräbern (Text 255; TT 387, Z. 23-24) sagt: »Du bist Vater und Mutter für jedes Auge. Du gehst täglich auf für sie, um ihren Lebensunterhalt zu schaffen.« – Die Anrede »Du bist Vater und Mutter« oder »Du bist Mutter und Vater« ist durchgängig in der neuen Sonnentheologie des NR, die auf Echnaton folgt. In der Aufgabe des Königs taucht dieses Elternbild von Gott allerdings bereits im MR auf.

136 Ders., Re und Amun, S. 243.

137 Frankfort, S. 12-14.

138 Morenz-Schubert, S. 47.

139 Hornung, Geist der Pharaonen, S. 37.

140 Assmann, ÄHG, Hymnus 20, Z. 26.

141 Zusammengesetzt aus verschiedenen Grabsprüchen.
Im Sonnenheiligtum in Der el Bahri gibt es auch eine Inschrift, in der es heißt: »Wenn der große Gott geboren wird zur 6. Stunde in der Unterwelt«. – In diesem Fall ist der Sonnen*aufgang* das »Erscheinen in den Augen« der Götter und Menschen der Oberwelt. (Vgl.: Assmann, Sonnenpriester, S. 28.)

142 Es ist auffällig, daß in den neuerdings wiederentdeckten »Schöpfungsberichten aus Nag Hammadi« Christus als der »Göttliche Selbsterzeugte« bezeichnet wird (S. 80ff.).

143 Neumann, Ursprungsgeschichte, S. 332.

144 Zitiert bei: Capra, Wendezeit, S. 417.

145 Ders., a.a.O., S. 298.

146 Die Ebene kosmischen Bewußtseins ist Hopi-Indianern noch heute selbstverständlich. Davon berichtet Rudolf Kaiser in seinem Buch »Gott schläft im Stein«. Er fragt: »Ist der Kosmos die Gegenwart Gottes, oder gibt es nur eine rein ›weltliche‹ Welt, in der Gott nicht vorkommt? Der Gedanke der Heiligkeit allen Seins scheint sich bei ausgeprägt umweltbewußten Menschen unserer Gegenwart wieder stärker durchzusetzen. Wir sollten uns bewußt bleiben, daß wir uns damit wieder vor-abendländischen und auch überlieferten indianischen Konzepten nähern«, für die »die Welt geistdurchwirkten Charakter« besitzt (S. 128 und S. 151). – In Europa waren es vor allem die Kelten, welche die Auffassung vertraten, daß »nur der Geist das Universum lenken« kann und daß dazu eine »Haltung der Verantwortung« gehöre. Daher war das Gebet des Menschen der »Versuch, sich in das kosmische Ganze einzufügen«. (Markale, Die Druiden, S. 233 und S. 237.)

147 Daß Mythen heute wieder sehr gefragt sind, deutet an, daß der in ihnen und durch sie wirkende Geist noch immer lebendig und in der Lage ist, auch den modernen Menschen anzusprechen.

148 Capra, a.a.O., S. 421 und S. 416.

149 Campbell, Der Heros, S. 253, S. 209 und S. 217.
150 Totenbuch, Spruch 115.
151 Campbell, Kraft der Mythen, S. 67f.
152 Jung sagte einmal, unser Unbewußtes mute uns nicht mehr zu, als wir verkraften können. Daraus läßt sich umgekehrt ableiten: wenn solche starken Träume in so schneller Folge auftreten, haben wir es mit einem sehr vitalen Menschen zu tun, der bisher unterfordert war.
153 Vgl. C.G. Jung Erlebnis, als er von einem Hügel in der Savanne Südafrikas aus in der unendlich weiten Ebene nur riesige Tierherden sah: »Es war die Stille des ewigen Anfangs, die Welt, wie sie schon immer gewesen, im Zustand des Nicht-Seins. Da war ich nun der erste Mensch, der erkannte, daß dies die Welt war und sie durch sein Wissen in diesem Augenblick erst wirklich erschaffen hatte... Mein alter Pueblo-Freund kam mir in den Sinn. Er glaubte, daß die raison d'être seiner Pueblos die Aufgabe sei, ihrem Vater, der Sonne, täglich über den Himmel zu helfen. Ich hatte sie um dieser Sinnerfülltheit willen beneidet und mich ohne Hoffnung nach unserem eigenen Mythos umgeschaut. Jetzt wußte ich ihn und dazu noch mehr: der Mensch ist unerläßlich zur Vollendung der Schöpfung, ja, er ist der zweite Weltschöpfer selber, welcher der Welt erst das objektive Sein gibt, ohne das sie ungehört, ungesehen, lautlos fressend, gebärend, sterbend, köpfenickend zu einem unbestimmten Ende hin ablaufen würde. Menschliches Bewußtsein erst hat objektives Sein und den Sinn geschaffen, und dadurch hat der Mensch seine im großen Seinsprozeß unerläßliche Stellung gefunden.« (Erinnerungen, S. 259f.)
154 Vgl. den »Großtraum« bei den Indianern.
155 Bohm, Die implizite Ordnung (in: Das holographische Weltbild).
156 Assmann, Zeit und Ewigkeit, S. 29.
157 Der griechische Totengott Hades heißt auch »Pluto«, deutsch: »Reichtum«.

# Literatur

Apokryphe Evangelien aus Nag Hammadi. Edition Argo/Dingfelder 1989.

Asklepios, in: Corpus Hermeticum, Traktat Asklepius § 25. eds. A.D. Nock u. A.-J. Festugière II, Paris 1960, S. 328.

Assmann, Jan: Ägypten. Urban-Taschenbücher Bd. 366, Kohlhammer 1984.

Assmann, Jan: Ägyptische Hymnen und Gebete (ÄHG). Artemis 1975.

Assmann, Jan: Der König als Sonnenpriester. Ein kosmographischer Begleittext zur kultischen Sonnenhymnik in thebanischen Tempeln und Gräbern. J.J. Augustin 1970.

Assmann, Jan: Liturgische Lieder an den Sonnengott (LL). Untersuchungen zur ägyptischen Hymnik. I. Bruno Hessling 1969.

Assmann, Jan: Re und Amun. Die Krise des polytheistischen Weltbilds im Ägypten der 18.-20. Dynastie. Orbils Biblicus et Orientalis 51. Vandenhoeck & Ruprecht 1983.

Assmann, Jan: Sonnenhymnen in thebanischen Gräbern. Philipp v. Zabern 1983.

Assmann, Jan: Zeit und Ewigkeit im alten Ägypten. Carl Winter, Universitätsverlag 1975.

Assmann, Jan: »Das Bild des Vaters im alten Ägypten«, in: H. Tellenbach (Hg.), Das Vaterbild in Mythos und Geschichte (1976) S. 12-49. Kohlhammer.

Assmann, Jan: »Tod und Initiation«, in: H.P. Duerr (Hg.): Sehnsucht nach dem Ursprung. Zu Mircea Eliade. Frankfurt 1983.

Barz, Helmut: Die zwei Gesichter der Wirklichkeit. Artemis 1989.

Bergmann, Jan: Ich bin Isis. Studien zum memphitischen Hintergrund der griechischen Isisaretalogien. Uppsala 1968.

Bohm, David: »Implizite und explizite Ordnung: zwei Aspekte des Universums« in: Das holographische Weltbild. Scherz 2. Aufl. 1986

Brunner-Traut, Emma: Ägypten. Kohlhammer Kunst- und Reiseführer, 5. Aufl. 1986.

Brunner-Traut, Emma: Altägyptische Märchen. Eugen Diederichs 1976.

Buck, Adrienne de: Die religiöse Auffassung des Schlafes insbesondere im alten Ägypten (1939) – priv. Übersetzung.

Campbell, Josef: Der Heros in tausend Gestalten. Suhrkamp- Taschenbuch Bd. 424, 1978.

Campbell, Josef: Die Kraft der Mythen. Bilder der Seele im Leben des Menschen. Artemis 1989.
Campbell, Josef: Lebendiger Mythos. Dianus-Trikont 1985.
Capra, Fritjof: Wendezeit. Bausteine für ein neues Weltbild. Scherz 1983.
»Der Dramatische Ramesseumpapyrus, Ein Spiel zur Thronbesteigung des Königs.« In: Untersuchungen zur Geschichte und Altertumskunde Ägyptens, hg. von Kurt Sethe. Bd. 10. Georg Olms 1964.
Eliade, Mircea: Kosmos und Geschichte. Insel 1984.
Eliade, Mircea: Das Mysterium der Wiedergeburt. Rascher 1961.
Eliade, Mircea: Mythen, Träume und Mysterien. Otto Müller 1961.
Eliade, Mircea: Die Religionen und das Heilige. Wissenschaftliche Buchgesellschaft 1976.
Eliade, Mircea (Hg.): Die Schöpfungsmythen (Ägypter, Sumerer, Hurriter, Hethiter, Kanaaniter und Israeliten). Wiss. Buchgesellschaft 1980.
Etter, Hansueli F.: Der Schöpfungsteppich von Girona. Jungiana Reihe B, Bd. 1, Verlag Stiftung für Jung'sche Psychologie 1989.
Frankfort, Henri: Alter Orient – Mythos und Wirklichkeit. Urban-Taschenbuch Bd. 9, 1981.
Franz, Marie-Louise von: Zahl und Zeit. Suhrkamp-Taschenbuch Bd. 602, 1980.
Franz, Marie-Louise von/Jung, Emma: Die Gralslegende in psychologischer Sicht. Studien aus dem C.G. Jung-Institut Zürich XII. Rascher 1960.
Gebser, Jean: Ursprung und Gegenwart, Bd. 1-3. DTV-Taschenbuch 1973.
Gehrts, Heino: »Drachensieg und Bruderkampf«, in: Antaios, Bd. VII, Klett 1966.
Gehrts, Heino: »Initiation«, in: Gorgo Heft 8, Jg. 4. Bonz
Gehrts, Heino: »Vom Weltenbaum zum brennenden Baum«, in: Gorgo Heft 13, Schweizer Spiegel-Verlag, Raben-Reihe Jg. 1987.
Gerlach, Richard: Die Geheimnisse im Reich der Säugetiere. Claassen 1969.
Giegerich, Wolfgang: Drachenkampf oder Initiation ins Nuklearzeitalter. Schweizer Spiegel-Verlag, Raben-Reihe 1989.
Griffiths, J.Gwyn: The Origins of Osiris and his Cult. Leiden 1980.
Grof, Stanislav: Das Abenteuer der Selbstentdeckung. Kösel 1987.
Grof, Stanislav und Christina: Jenseits des Todes. Kösel 1984.
Heyer, Gustav Richard: »Der innere Ahn«, in: Transzendenz als Erfahrung. Festschrift zum 70. Geburtstag von Graf Dürckheim, S. 152. Barth 1966.
Hillman, James: Am Anfang war das Bild. Kösel 1983.
Hornung, Erik: Ägyptische Unterweltsbücher (Enthält: Amduat, Pforten- und Höhlenbuch), Bibliothek der Alten Welt, Artemis 1984.

Hornung, Erik: Amduat. Die Schrift des vorborgenen Raumes, Teil II: Übersetzung und Kommentar. Harrassowitz 1963 (Amduat II).

Hornung, Erik: Das Buch der Anbetung des Re im Westen (Sonnenlitanei), Teil II: Übersetzung und Kommentar. Aegyptiaca Helvetica 3/1976.

Hornung, Erik: Der Eine und die Vielen. Wissenschaftliche Buchgesellschaft 1983.

Hornung, Erik: Geist der Pharaonenzeit. Artemis 1989.

Hornung, Erik: Geschichte als Fest. Wissenschaftliche Buchgesellschaft, Sonderausgabe 1966.

Hornung, Erik: Grundzüge der ägyptischen Geschichte. Wissenschaftliche Buchgesellschaft 1988.

Hornung, Erik: Tal der Könige. Wissenschaftliche Buchgesellschaft 1985.

Hornung, Erik: Das Totenbuch der Ägypter. Bibliothek der Alten Welt, Artemis 1979.

Hornung, Erik: »Altägyptische Höllenvorstellungen«, in: Abhandlungen der sächsischen Akademie der Wissenschaften, phil.- histor. Klasse Bd. 59, Heft 3. Akademie 1968.

Hornung, Erik: »Chaotische Bereiche in der geordneten Welt«, in: Zeitschrift für ägyptische Sprache und Altertumskunde 81 (1956), S.28-32.

Hornung, Erik: »The Discovery of the Unconscious in Ancient Egypt«, in: Spring Publications 1986.

Hornung, Erik: »Zur geschichtlichen Rolle des Königs in der 18. Dynastie«, in: Mitteilungen des deutschen archäologischen Instituts, Abtlg. Kairo, Bd. 15. Harrassowitz 1957.

Hornung, Erik: »Licht und Finsternis in der Vorstellungswelt Altägyptens«, in: Studium Generale, Heft 2, 18. Jg. 1965.

Hornung, Erik: »Pharao ludens«, in: Eranos-Jahrbuch 1982, S. 479- 516.

Hornung, Erik: »Seth – Geschichte und Bedeutung eines ägyptischen Gottes«, in: Symbolon N.F. 2,1974, S. 49-63.

Hornung, Erik: »Vom Sinn der Mumifizierung«, in: Die Welt des Orients Bd. XIV, Vandenhoeck & Ruprecht 1983.

Hornung, Erik: »Auf den Spuren der Sonne«, in: Eranos-Jahrbuch 1981, S. 431-475.

Hornung, Erik: »Verfall und Regeneration der Schöpfung«, in: Eranos-Jahrbuch 1977.

Hornung, Erik: »Zeitliches Jenseits im Alten Ägypten«, in: Eranos-Jahrbuch 1978, S. 269-307.

Jacoby, Mario: »Dornröschen und die böse Fee«, in: Das Böse im Märchen. Bonz 1978.

Jung, C.G.: Briefe I, 1906-1945. Walter 1973.

Jung, C.G.: Erinnerungen, Träume, Gedanken. Walter, 8. Aufl. 1976.
Jung, C.G.: Werke, Bd. V Walter 1973.
Jung, C.G.: Werke, Bd. VII. Walter 1974.
Jung, C.G.: Werke, Bd. XI. Walter 1973.
Jung, C.G.: Werke, Bd. XIV. Walter 1978.
Jung, C.G.: Werke, Bd. XVIII/1. Walter 1981.
Jung, C.G./Kerenyi, Karl: Einführung in das Wesen der Mythologie. Gerstenberg 1980.
Kaiser, Rudolf: Gott schläft im Stein. Kösel 1990.
Kassel, Maria: Biblische Urbilder. Pfeiffer 1980.
Keel, Othmar: Die Welt der altorientalischen Bildsymbolik und das Alte Testament. Benziger u. Neukirchener 1984.
Kees, Hermann: Ägypten. Religionsgeschichtliches Lesebuch, Heft 10. J.C.B. Mohr (Paul Siebeck) 1928.
Keleman, Stanley: Leibhaftes Leben. Kösel 1982.
Leeuw, G. van der: Phänomenologie der Religion. J.C.B. Mohr, 4. Aufl. 1956.
Markale, Jean: Die Druiden. Dianus-Trikont 1985.
Morenz, Siegfried/Schubert, Johannes: Der Gott auf der Blume. Artibus Asiae 1954.
Münster, Maria: Untersuchungen zur Göttin Isis. Inaugural- Dissertation, München 1968.
Neumann, Erich: Kulturentwicklung und Religion, Umkreisung der Mitte I. Rascher 1953.
Neumann, Erich: Ursprungsgeschichte des Bewußtseins. Walter, 2. Aufl. 1974.
Ostrowski-Sachs, Margaret: Aus Gesprächen mit C.G. Jung. Printed by Juris Druck « Verlag Zürich, 2. Aufl. 1977.
Otto, Eberhard: Das ägyptische Mundöffnungsritual. Harrassowitz 1960.
Rilke, Rainer Maria: Werke, 6 Bde. Insel 1980.
Roeder, Günther: Urkunden zur Religion des alten Ägypten. Diederichs 1978.
Schipperges, Heinrich: Die Welt der Engel bei Hildegard von Bingen. Otto Müller, 2. Aufl. 1979.
Schöpfungsberichte aus Nag Hammadi. Edition Argo/Dingfelder 1989.
Spiegel, Joachim: Die Erzählung vom Streite des Horus und Seth im Pap. Beatty I. Leipziger Ägyptologische Studien. Austin 1937.
Whitmont, Edward C.: Die Rückkehr der Göttin. Kösel 1989.
Whitmont, Edward C.: »Nature, Symbol and Imaginal Reality«, in: Spring Publications 1971.
Wilber, Ken: Halbzeit der Evolution. Scherz 1984.
Zimmer, Heinrich: Abenteuer und Fahrten der Seele. Rascher 1961.
Zimmer, Heinrich: Die indische Weltmutter. Insel 1980.

# Die Kraft des Weiblichen

Edward C. Whitmont

## Die Rückkehr der Göttin

Von der Kraft des Weiblichen in Individuum und Gesellschaft

301 Seiten. Gebunden mit Schutzumschlag

Unsere Welt, die lange von männlicher Rationalität dominiert war, hat eine Phase erreicht, in der klassiche weibliche Werte – Instinkt, Gefühl, Intuition – wieder größere Achtung genießen. Die Wiederentdeckung des Weiblichen, die Whitmont hier anhand des Göttinnen-Motivs verfolgt, wird weitreichende Folgen für die kulturelle Entwicklung und die Evolution des Bewußtseins haben.

Die thematische Breite und Fülle des verwendeten Materials reichen weit über das Psychologische hinaus in kulturelle, politische und gesellschaftliche Bereiche hinein. Deshalb gilt dieses Buch, das im amerikanischen Original großes Aufsehen erregt hat, als eines der wichtigsten, die je zum Thema »wciblich / männlich« geschrieben wurden.